歌情乐韵 舞绚剧新

——中学音乐剧教学研究

赖景琼 ◎ 著

海峡出版发行集团 | 海峡文艺出版社

图书在版编目(CIP)数据

歌情乐韵 舞绚剧新:中学音乐剧教学研究/赖景琼
著.－福州:海峡文艺出版社,2022.4
ISBN 978-7-5550-2946-5

Ⅰ.①歌… Ⅱ.①赖… Ⅲ.①音乐剧－教学研究
－中学 Ⅳ.①G633.952

中国版本图书馆 CIP 数据核字(2022)第 055384 号

歌情乐韵 舞绚剧新
——中学音乐剧教学研究

赖景琼　著

责任编辑　刘徐霖
出版发行　海峡文艺出版社
经　　销　福建新华发行(集团)有限责任公司
社　　址　福州市东水路 76 号 14 层
发 行 部　0591－87536797
印　　刷　福州凯达印务有限公司
地　　址　福州市金山红江路 2 号浦上工业园 B 区 47 号楼
开　　本　787 毫米×1092 毫米　1/16
字　　数　230 千字
印　　张　16
版　　次　2022 年 4 月第 1 版
印　　次　2022 年 4 月第 1 次印刷
书　　号　ISBN 978-7-5550-2946-5
定　　价　58.00 元

如发现印装质量问题,请寄承印厂调换

目录

前　言

　　音乐剧（Musical）是20世纪新兴的一门只有百余年发展历史的综合性舞台艺术，亦是一门现代的通俗艺术，它综合了音乐、舞蹈、戏剧、舞美等多种艺术元素，具有很强的现代性、灵活性、综合性和通俗性等特点。随着国际间音乐文化交流的增加，在我国很多城市都引入了国外原版经典音乐剧演出，国内也有着越来越多优秀的音乐剧作品上演，音乐剧在中国日益受关注，掀起了不少热潮，已成为音乐文化领域中不可替代的新生力量。

　　音乐剧有着优美动听的音乐，比如大家所熟悉的《雪绒花》《Do Re Mi》《回忆》《小草》等等，这些耳熟能详的旋律在我们生活中随处可见；音乐剧还有着极具戏剧性的动人的故事情节，比如《巴黎圣母院》《悲惨世界》《美女与野兽》《狮子王》等等，此外音乐剧还包涵多姿多彩的舞蹈语汇、流光溢彩的高科技灯光及绚丽夺目的舞台背景等多种元素，造就了音乐剧独特的艺术魅力。

　　音乐剧通俗易懂，囊括了许多富有时代气息的流行音乐，特别能激起学生的学习兴趣，因此深受青少年的喜爱。《普通高中音乐课程标准（2017年版2020年修订）》指出学生要"欣赏中国戏曲与中外歌剧、音乐剧及戏剧配乐等，了解戏剧构成的主要元素，认知音乐在不同类别戏剧艺术中的地位与作用。""选择适当的题材，编创有配乐的戏剧小品或小型音乐剧，并参与排练及演出。"《义务教育音乐课程标准（2011年版）》指出要"学习表演简单的歌剧、音乐剧、京剧或其他戏曲、曲艺片段，并能对自己与他人的表演做出评价。""聆听歌剧、音乐剧、舞剧音乐及其他体裁的歌曲和乐曲，能够随着乐声哼唱音乐主题，并能运用适当的形式对所听音乐做出反应。"音乐剧是现行音乐教材中不可或缺的知识内容，在高中新课程的《音乐与戏剧》《戏剧表演》模块里，音乐剧作为现代深受欢迎的艺术表现形式是其中重要的教学内容，初中音乐教材中亦有音乐剧独立的单元，此外，近些年来在教育系统各级各类文艺演出或比赛中，音乐剧这一表现手段丰富的节目形式已受到越来越多学校和老师的关注，并运用于演出实践中，可以说音乐剧已经成为校园文化不可忽视的艺术表现形式。从发展的趋势看，音乐剧是中学音乐教学中必不可少的内容，将其引入中学音乐课堂对于提高学生综合音乐素养有着其他艺术门类难以替代的作用。

本书从教师音乐剧教学所需及中学生全面发展的角度出发，概括了音乐剧相关的基础知识，并选择了中学音乐教材中常见的音乐体裁与之进行对比，加深学生对音乐剧知识的理解。同时精选了十八部适合中学生欣赏的中外经典音乐剧作品及五位著名音乐剧名家做简介，在每个知识点后面，都提出了教学要点和教学建议，供一线教师参考。

对中学音乐剧教学的研究，本人已坚持十五年之久，根据自己的教学经验，分别从音乐剧教学的意义、音乐剧校本课程的构建、音乐剧教学的模式方法、教学课例及评析、校园音乐剧编排的方法这几个方面进行分析阐述。具体以整合优秀经典音乐剧作品作为教学基础和主线、以学生对音乐剧作品的感受与体验为主要教学手段、以开展研究性学习为教学辅助，将多样化的学习方法渗透到每一个教学环节，将创编小型校园音乐剧作为提升创造力、表现力及培养学生优秀品质的有效手段，并通过大量教学案例及案例片段、实例分析供同行们在具体教学实践中借鉴参考。

当然，教无定法，学无止境，每位老师的教学思想、观点也各不相同，因此本书特意选用同一个音乐剧作品使用不同的教学方法，或是同一个教学目标选用不同的音乐剧作品作为教学案例，便于老师们增减补充各自需要的内容，并能引发思考，起到抛砖引玉的作用。

由于时间仓促、水平有限，书中难免存在疏漏之处，敬请各位专家、同行、读者批评指正。

第一章　音乐剧基础知识与教学要点

一、音乐剧概述

（一）音乐剧的概念

音乐剧作为 20 世纪新兴的一门综合性舞台艺术，以其独特的魅力、多元的艺术表现形式受到越来越多人的关注和喜爱。音乐剧包含多种元素，如具有优美动听、符合观众审美情趣的音乐，有贴近生活、感人至深的文学戏剧，有多姿多彩、风格迥异的舞蹈语汇，有绚丽夺目、华丽逼真的舞台布景及高科技灯光音响等，音乐剧还能融合各种现代表演艺术形式，如魔术、杂技、电影、幽默艺术等，这些丰富的元素汇成音乐剧独一无二的魅力，使得它从诞生那天起就显现出与众不同的影响力和生命力。

音乐剧（Musical）是舞台剧的一种，它以独特的艺术特征和表现形式区别于以台词、剧情为主的话剧（Play）和以演唱为主的歌剧（Opera），音乐剧本身就有着复杂的演化历史，与不同时代、文化背景有关，虽然它的形式本身派生于其他门类，但是它依然盛开成了一支艳丽的艺术奇葩。音乐剧风靡世界，说明它是一种贴近现代生活、深受大众欢迎的都市文化，百老汇和伦敦西区是戏剧特别是音乐剧的两大汇集地，随着全球经济一体化，西方音乐剧开始冲击各国市场。

那么，什么是音乐剧呢？首先音乐剧是一门舞台艺术，它是在舞台上进行表演。其次音乐剧是一门综合艺术，含有音乐、舞蹈、戏剧、舞台美术等元素，除此之外还有滑稽艺术、幽默艺术，甚至还包括魔术、杂技、电影等元素。综上所述，音乐剧是一门集音乐、舞蹈、戏剧、舞美等多种元素为一体的综合性舞台表演艺术，其中音乐、舞蹈、戏剧是音乐剧的三大要素。

音乐剧是以戏剧故事为基石，音乐、表演为灵魂，舞蹈、演唱为重要表现形式，与舞台美术融为一体的综合性舞台表演艺术。与歌剧、舞剧比起来，音乐剧在音乐的创作中使用了大量的流行音乐元素，并将观赏性放在首位，使舞蹈及戏剧表演更加通俗化、现代化、大众化。这大概就是音乐剧能在众多舞台艺术中异军突起，广受观众喜爱的一个重要原因。

教学要点：

音乐剧的概念：音乐剧是一门集音乐、舞蹈、戏剧、舞美等多种元素为一体的综合性舞台艺术，其中音乐、舞蹈、戏剧是音乐剧的三大要素。

流行音乐是音乐剧中音乐与舞蹈创作所使用的重要元素。美国百老汇和英国伦敦西区是音乐剧的两大汇集地。

（二）音乐剧的起源

关于音乐剧的起源，说法很多，目前国内外尚无定论。有的说起源于欧洲 19 世纪古典轻歌剧和喜歌剧，有的说起源于 19 世纪末英国人创造的音乐滑稽剧和音乐喜剧，有的说起源于美国本土的由黑人灵歌、爵士音乐、乡村音乐和流行歌舞拼装而成的歌舞杂耍。当然也有一种说法，认为像音乐剧这种表现形式多样、特征丰富、极为复杂的文化现象，不大可能仅从单一的文化源流中产生，它的来源应具有多元化、综合性的特点，因此，它必须从多种文化成分中吸收养料来构筑全新的艺术种类。

轻歌剧风格是音乐剧的形式来源之一。19 世纪中叶以前，随着西方工业革命的兴起，在歌剧史上，以莫扎特《费加罗的婚礼》和罗西尼《塞尔维亚的理发师》为代表的喜歌剧在欧洲大陆上风行起来，涌现出大批的喜歌剧和轻歌剧作品。这种古典轻歌剧和喜歌剧随着欧洲歌剧团的巡回演出以及欧洲移民的淘金热，也登上了美洲大陆，受到了当地美国民众的欢迎，若干年后，对音乐剧的形成产生了重要的影响。

在大洋彼岸的美国，人们甚至将音乐剧的起源推溯到 19 世纪中叶。作为移民国家，多民族的长期共存养成了文化的多样性、开放性、包容性，移居美国的大量欧洲移民带去了欧洲文化，其中就有古典轻歌剧和喜歌剧，后来也包含了英国人创造的音乐喜剧，当然还有另外一股移民力量不可小觑——就是黑人移民，他们把自己的爵士音乐、黑人灵歌以及极具特色的黑人民间音乐和歌舞带入美国，成为美国文化中一颗最为耀眼的艺术明珠。资料显示，19 世纪中叶的黑人杂剧对早期美国音乐剧的形成与发展产生了不可低估的影响，成为音乐剧的形式来源之一。

到了 19 世纪末 20 世纪初，人们的艺术视野更为开阔，他们在仔细研究了欧洲古典轻歌剧和喜歌剧，借鉴了美国本土的民间音乐、黑人杂剧及流行歌舞艺术经验之后，开始将借鉴吸收的目光投向美国本土以外的世界。

教学要点：

音乐剧的起源：关于音乐剧的起源地点国内外说法很多，一种观点是起源于欧洲 19 世纪古典轻歌剧和喜歌剧，一种观点是起源于美国本土的歌舞杂耍，一种观点是起源于 19 世纪末英国人创造的音乐滑稽剧和音乐喜剧，还有一种观点是来源于多种文化的融合，共同汇集成璀璨的明珠——音乐剧。

音乐剧的起源时间相对比较统一——19 世纪末，至今不过一百多年的时间。

（三）音乐剧的发展

音乐剧诞生至今不过一百多年的时间，但就在这短短的一百多年历史里，从歌舞大杂烩发展到题材严肃、音乐舞美讲究的艺术作品，从不被人们接受到剧迷遍天下，音乐剧走过了一段不太长但曲折艰辛的路。

最开始时期，可以说，并没有真正意义上的音乐剧。在 20 世纪 20 年代之前，欧美的歌舞剧形式还没有像现在这样自然融合。其中美国流行的歌舞剧并没有完整的故事情节，虽然它包括了魔术、滑稽戏、舞蹈、杂耍等一切能在舞台上表演的多种元素。此外，欧洲以轻歌剧见长，这些轻松、活泼、通俗但是没有太多思想内容的音乐形式给未来的音乐剧发展奠定了基础。

1927 年，由杰罗姆·科恩（Jerome Kern）创作的《演出船》（Show Boat）是现代音乐剧的里程碑，具划时代意义，它真正将美国本土故事与歌舞形式完整地结合，开创了音乐剧的黄金时代。1943 年，理查德·罗杰斯（Richard Rodgers）和奥斯卡·汉默斯坦二世（Oscar Hammerstein Ⅱ）创作的《俄克拉荷马！》（Oklahoma!）获得巨大成功，标志着音乐剧开始走向成熟。在 20 世纪 40 年代，美国百老汇音乐剧得到迅猛发展，到了五六十年代佳作迭出，如伯恩斯坦的《西城故事》（West Side Story），罗杰斯和汉默斯坦合作的众多作品如《旋转木马》（Carousel）、《南太平洋》（South Pacific）、《国王与我》（The King and I）和《音乐之声》（The Sound of Music）都是音乐剧史上的重量级剧目。这一段时期的音乐剧开始在叙事中挖掘更深刻内涵的社会意义，继续延续了美国早期音乐剧故事曲折、场景华丽的风格，内容范围也由美国本土扩展到世界的其他领域。

到了 20 世纪 60 年代之后，美国音乐剧创作开始出现低潮，音乐剧发展逐渐转向了伦敦。1963 年，被誉为"英国现代音乐剧之父"的莱昂内尔·巴特（Lionel Bart）创作的《奥里弗！》（Oliver!）备受瞩目，对百老汇有着巨大的挑战。1971 年，英国作曲家安德鲁·洛伊德·韦伯（Andrew Lloyd Webber）的一部摇滚剧目《耶稣基督万世巨星》（Jesus Christ Superstar）在音乐剧界引起了轰动，一鸣惊人。韦伯随后创作了多部在音乐和戏剧方面都大有突破的经典之作，如《艾薇塔》（Evita）、《猫》（Cats）、《歌剧院的幽灵》（Phantom of the Opera）、《日落大道》（Sunset Boulevard）、《微风轻哨》（Whistle Down the Wind）等，其中的《猫》刷新了票房纪录，创造了音乐剧史上的奇迹。1985 年，克劳德－米歇尔·勋伯格（Claude-Michel schönberg）创作的《悲惨世界》（Les Misérables）被搬上伦敦舞台，开创了具有歌剧般史诗风格的巨型音乐剧的先河。勋伯格另外一部作品《西贡小姐》（Miss Saigon）延续了《悲惨世界》的风格并同样大受好评。至此，《猫》《悲惨世界》《歌剧院的幽灵》和《西贡小姐》被公认为现代音乐剧的四大剧目。

20 世纪八九十年代，百老汇开始推出一些题材内容新颖，并具有现代价值观和社会意义的剧目，动画巨头迪斯尼公司也加入了音乐剧的竞争行列。1994 年和 1997 年，迪斯尼分别将其动画长片《美女与野兽》（Beauty and the Beast）和《狮子王》（The Lion King）搬上百老汇的舞台；1998 年更是邀请艾尔顿·约翰（Elton John）创作了与威尔第著名歌剧同名的《阿伊达》（Aida），显示了迪斯尼在音乐剧制作方面不俗的实力。

在英美音乐剧的强势来袭当中，法国的本土音乐剧从 20 世纪 90 年代后期开始逐渐发展。1998 年，吕克·普拉蒙顿（Luc Plamondon）的《巴黎圣母院》（Notre Dame de Paris）在法国一炮走红，并在英语国家中受到热烈欢迎。这部浪漫主义风格的剧目与后来的《罗密欧与朱丽叶》（Romeo & Juliette）、《阿里巴巴》（Ali Baba）、《十诫》（Les Dix Commandements）并称法国的四大音乐剧。法国音乐剧构成了当代音乐剧剧坛上的一大亮点，可以说树立了音乐剧走出英语文化圈、开始本土化的榜样。

教学要点：

音乐剧的发展历史：

第一阶段：20 世纪二三十年代，以美国流行歌舞剧、欧洲轻歌剧、踢踏舞风格为代表，《演出船》是现代音乐剧的里程碑。

第二阶段：20 世纪四十年代，以古典、芭蕾舞风格为代表，美国百老汇音乐剧迅猛发展。

第三阶段：20 世纪五六十年代，以《西区故事》所开创的爵士舞蹈和民族舞蹈风格为代表。《猫》《悲惨世界》《歌剧院的幽灵》和《西贡小姐》被公认为现代音乐剧的四大名剧。

第四阶段：20世纪六七十年代至今，英国伦敦西区与美国百老汇分庭抗礼，创造出音乐剧的繁荣景象，音乐剧走向全世界，风靡全球。

（四）音乐剧的特征

音乐剧经过一百多年的发展，已经成为具有独特魅力的剧种之一，甚至有业内专家认为，音乐剧是当代世界舞台剧中最成功的剧种。音乐剧相比其他舞台艺术，如歌剧、舞剧、话剧等更容易使观众产生亲切感。那些被称为经典的著名剧目，被不同年代的艺术家们多次复排，有的音乐剧一演就是十几年甚至几十年，有的音乐剧被搬上了银幕改编成电影，有的音乐剧则向全世界的舞台延伸……那么，成功的音乐剧一般要具备什么样的特点呢？第一，要有新颖精巧的艺术风格，展现编创者的创造力；第二，要有深入人心的感染力，展现编创者的情感表现力；第三，要有独到的表现方式，展现编创者的实际创作能力。纵观音乐剧的发展历程，虽然经过了不同的几个阶段，但无论哪个阶段，总有一些共性的东西，可以说是音乐剧共有的主要艺术特征：综合性、自由性、艺术性、通俗性等，历史上几乎每一部成功的音乐剧都兼有或是分别有其中的某一个特征。

1.综合性，音乐剧是一种综合了多种元素的舞台表演艺术，它的构成要素几乎包含了当今世界上现有的绝大多数艺术品种——从音乐、舞蹈、文学、戏剧、诗歌、绘画、雕塑、造型，到幽默艺术、滑稽表演和声光艺术，甚至还包括了魔术、电影、杂技等等。众所周知，综合艺术有着不一样的独特的美，但音乐剧的综合成分及综合状态较其他一般的综合艺术要丰富得多、复杂得多。比如话剧也是一种综合艺术，但它却是以语言和动作作为展开戏剧的主要表现手段；又比如歌剧也是一种综合艺术，但它是以音乐尤其演唱作为展开戏剧的主要手段，其他的艺术元素只是补充、丰富音乐的表现功能；再比如舞剧也是一门综合艺术，但它是以舞蹈动作及人的形体语言作为展开戏剧的主要手段，其中舞蹈永远是最主要的地位。而音乐剧则是在整体上综合了话剧、歌剧、舞剧这三种综合性舞台艺术样式的表现要素，而成为一个更具综合性的舞台艺术。可以说，音乐剧是综合的综合，是对综合艺术的再综合，因此，音乐剧可以成为高度综合的综合性舞台戏剧艺术。

从美学上看，散文、诗歌以及这两者写成的戏剧文学，都属于文学范畴；音乐则是听觉艺术、时间艺术、情感艺术；戏剧、舞蹈，乃至绘画、建筑、雕塑等，都属于视觉艺术、造型艺术、表情艺术、空间艺术。音乐剧将这些不同美学范畴、不同审美形式、不同艺术魅力的门类高度融合起来，从而使自己有了时间艺术与空间艺术、听觉艺术与视觉艺术、表情艺术与造型艺术的一切元素和优势，它向观众展示了综合性剧场审美效应，真正具备了高度综合的剧场趣味和剧场魅力。

2. 自由性，在如何综合这个问题上，音乐剧艺术家表现出极大的自由和灵活性，创造出许许多多千姿百态的综合形态。比如歌舞剧型，又比如音乐和戏剧作为综合手段，再比如在歌舞剧的基础上又融进其他艺术成分，使综合因素更加复杂丰富。音乐剧并不必将其形式框定在某一种或某几种固定的模式中。

3. 艺术性，一部音乐剧无论综合了多少艺术要素，关键看是否将各种艺术独特的美感发挥到极致，并将它们有机融合为音乐剧艺术的综合美。要将各种艺术要素综合成有生命力的整体，使作品主题思想、人物特征、情节和戏剧冲突的表现达到高度的融合美的境界，就需要充分考量和反复权衡以下几个因素的相互关系：第一，是作品本身的特点或者演出舞台效果的需要；第二，是音乐剧综合的各个艺术门类自身的特色；第三，是将各种艺术手段有效组合，营造出优势互补的展示空间。

4. 通俗性，音乐剧的通俗性，指的是它艺术风貌的特性，音乐剧讲究要有一个好故事，崇尚情节的曲折动人，要求音乐好听，舞蹈好看，舞台美术逼真，十分注重舞台叙事手法的通俗化技巧，也就是无论戏剧语言表达、舞台风格呈现、故事内容表达等等，音乐剧要求雅俗共赏、通俗易懂、流畅自然、平易近人、好听好看。

教学要点：

成功的音乐剧一般具备的特点是：第一，新颖精巧的艺术风格；第二，深入人心的感染力；第三，独到的表现方式。

音乐剧主要的艺术特征：综合性、自由性、艺术性、通俗性。

（五）音乐剧的基石——剧本

音乐剧是舞台戏剧表演形式之一，从一般的戏剧常识来看，它的剧本创作当然要遵循戏剧表演艺术最基本的规律，比如，音乐剧剧本要具备人物、时间、地点、事件等要素，同时将这些要素构成故事情节，以开展戏剧冲突、塑造人物形象，并表现一定的思想内涵及人文主题。

剧本（Book）一词源自意大利语 Libretto（Booklet），这也是对歌剧剧本、小说剧本、小品剧本等等的称呼。但仅仅做到以上所提这些对于音乐剧剧本创作来说，还是远远不够的。从艺术组成形态上来说，音乐剧有着自己独特的规律和形式，与话剧、舞剧、歌剧等舞台戏剧样式相比，音乐剧的剧本在保障实现戏剧目的与意义的前提下，它还要同时为音乐、舞蹈、舞美、音响灯光、服装等多种元素的创作提供必要的时间与空间，因为音乐剧是一门综合性艺术，必须依赖于这些艺术表现形式，因它们的存在而存在。所以，音乐剧剧本的创作会尽可能把复杂的故事情节简约化、概念化，给生动的音乐、灵动的舞蹈、绚丽的舞美等其他的艺术表现形式腾出更多的位置，但同时确保故事情节好看、角色情感丰富、戏剧冲突强烈，构建多元要素融合的艺术形式。

音乐剧剧本的基石作用主要体现在以下几个方面：

第一，戏剧冲突是所有作品中最吸引观众的核心所在，音乐剧剧本也不例外。音乐剧剧本同样应搭建起完美的结构框架，提供扣人心弦的故事线索，编织好看的故事情节，制造激烈的戏剧冲突，这样的音乐剧作品才能真正激发观众的兴趣，引起观众的共鸣，获得观众的喜爱。

第二，音乐剧中的其他元素都是以剧本为依据展开的，因此，剧本是音乐剧中最为重要的载体。一部音乐剧作品中的歌曲、音乐、舞蹈、舞美等等都是在剧情发展的基础上逐一展开的，这就对剧本的要求非常高。音乐剧要吸引人，必须有一个好的故事作为基础，并在这动人的故事中，深入浅出地讲述戏剧情节变化，再配上生动的音乐，优美的舞蹈，嘹亮的歌声，这样，音乐剧从一开始就可以吸引观众，提升整部音乐剧的效果。

第三，音乐剧的剧本是整部作品创作表演中最费心血的部分了，从一开始的构思、创意、搭建框架起，到最终的定稿，乃至排练，剧本一直处于不断修改和调整当中。剧作家会根据排练、走台、彩排甚至是正式演出时的情况，与导演和词曲作者、舞蹈编导等人不断地调整剧本，直到剧本最终能很好地融合歌曲、音乐、舞蹈等元素，取得最终最好的演出效果为止。

一部好的剧本应具备什么特点呢？首先，它必须有一个好故事，包含着强烈的戏剧冲突，并且能与观众产生思想、情感上的共鸣，在两个小时左右的时间内把故事讲好，让观众一看就懂，一看就喜欢，跟着你哭，跟着你笑，看了第一遍还想再看第二遍第三遍；其次，它要重视观念和情节，主题贴近观众的生活和社会现实，能将复杂的故事简约化、通俗化，采取深入浅出的叙事方式，让观众容易理解和接受，崇尚简洁，情节发展几句话即可叙述明白，预留出大量空间交给音乐来表现；第三，采用家喻户晓的名作改编成音乐剧，通常是具有成功保障基础的；第四，选择重大历史事件作为音乐剧创作的主题内容，突显积极的社会责任感和生活态度，以深刻的思想内涵留给观众思考和启迪。

优秀的音乐剧剧本完整、曲折、真实、动人并有哲理深度，在完成所有剧情的连接之后，剧作家还要充分考虑多方面的因素，结合实际演出可能出现的各种状况，包括演员的出场顺序、时间安排、舞台设置等等，在考虑周全的基础上，才能够保障最终完成的剧作是一部自然流畅、新颖巧妙的音乐剧作品。

教学要点：

剧本是音乐剧的"基石"，要具备时间、地点、人物、事件等要素，展开冲突、塑造形象、有哲理深度。同时要为音乐、舞蹈、舞美等创作提供必须的时间和空间，情节故事尽可能简约化、概念化。

好剧本的特点：1. 有一个好故事；2. 深入浅出的叙事方式；3. 可改编名作或使用社会历史题材。

（六）音乐剧的核心——剧诗

剧诗就是音乐剧中的唱词，也就是我们平常所说的"歌词"，每部音乐剧总有一首首脍炙人口的歌曲令人难以忘怀，其中的唱词更是起到画龙点睛的作用。

在绝大多数剧目中，剧本创作与剧诗创作是由剧作家和诗人分别担任，当然也有不少特例，一人身兼双重任务，兼具剧本和剧诗的创作任务，比如像小哈姆斯坦这样的创作天才。那么剧本（Book）和剧诗（Lyrics）有什么区别呢？剧本作为一剧之本，是整个音乐剧剧作的戏剧载体，指的是一整部剧作展开故事情节的全部。剧本主要侧重于对音乐剧作品情节的刻画，它要交代好作品发生的时间、地点以及故事发生的背景，介绍好音乐剧中各个人物之间的关系，为观众提供一条清晰的故事主线。而剧诗则是专指音乐剧中歌曲唱词的具体内容，既是关于语言的艺术，又是音乐的艺术，它短小、上口、能哼唱，更易于流传和推广。剧诗和剧本二者构成了音乐剧文本的全部，可以说，在音乐剧中，剧诗和剧本有着不可分割的密切关系。

一首首歌曲构成了音乐剧的经典之作，甚至有不少音乐剧因为歌曲的广泛流传，而让观众记住了音乐剧。在音乐剧中，歌曲由乐曲和剧诗组成，它是连接和推动故事情节发展的重要部分。剧诗赋予旋律内容，让旋律变成了可唱之歌，让歌唱的表达更加富有激情。虽然剧诗一直被称为是"音乐剧中的歌词"，但是剧诗同我们日常所接触到的声乐作品中的歌词又有着明显的区别：首先，剧诗是对音乐剧作品中与人物情感表达、戏剧情节冲突等有着密切关联的唱词的专称，而声乐作品中所有可唱之词都称为歌词；其次，剧诗与剧中人物的性格特征、剧情中人物所处的环境及思想感情紧密相连，它必须要准确表达剧中人物的内心世界，所以要充分考虑多方面的因素，比如剧中角色的身份、性格和特点等等，才能准确到位刻画所要表达的人物形象，而声乐作品中的歌词只需抒发歌词作者的心声即可；第三，剧诗的创作有其独特的规律与方法，尤其对韵律有严格的要求，独特新颖的韵脚是成就经典剧诗的关键之一。当然，剧诗作者要始终秉承求实、严谨的创作习惯，并不断从自己的创作中总结得失，才能够取得更大的进步。

音乐剧中剧诗的创作是一项非常复杂和细致的工作，除了考虑剧作本身的诸多因素之外，还要受自身创作规律的约束。首先，音乐剧中的剧诗必须有助于观众了解剧情；其次，剧诗要避免使用复杂、拗口的词汇，尽量使用最简练、最朴素的语言来表达剧情和情感；第三，注重兼具娱乐性、创造性的韵脚的设计，可以为音乐剧中的歌曲增色，一般来说，韵脚出现在剧诗的每一句末尾，有时也会出现在句子的中间，让剧诗听起来更顺口和对称。以上便是剧诗创作中的常用原则，当然剧诗创作中最本质、最有效、最能打动观众心灵的还是剧诗作者的直觉，他需要仔细聆听来自内心深处的感受，揣摩人物所处境地，写出真正符合剧种人物身份和剧情的唱词。

教学要点：

剧诗即音乐剧中的歌词，与音乐剧情节、人物情感、剧场冲突有着密切关系，剧诗的创作要充分考虑剧中角色的身份、性格和特点，对韵律有严格的要求。

剧诗创作的原则：1. 有助于观众了解剧情；2. 使用最简练、最朴素的语言来表达剧情和情感；3. 注重兼具娱乐性、创造性的韵脚的设计。

（七）音乐剧的灵魂——音乐

音乐是音乐剧的灵魂，作为音乐剧三大要素之首，音乐的地位和作用无可替代。一部音乐剧可以没有舞蹈，戏剧可以弱化，但是如果没有音乐，那么音乐剧也就不能称之为音乐剧，只能是话剧了，因此可以说，在音乐剧中，音乐是最为重要和关键的表现手段之一。如果把音乐剧以戏剧作为本体，那么音乐作为抽象的艺术，对于戏剧这一具象的艺术则起到了高度概括和凝练升华的作用，从这个角度来讲，音乐就是另外一种戏剧语言，音乐也是戏剧的一部分，因此，音乐在音乐剧中最重要的任务就是表现戏剧，用音乐独特的手段去扩展戏剧空间的另外一个维度。因此，一部音乐剧的好坏，不仅仅只是拥有几首旋律优美、通俗易懂、传唱度高的歌曲，更重要的是看它能否与戏剧进行默契的配合，完美地表现戏剧。

音乐剧中的音乐主要具备这么几个特征：1.戏剧性，既要有抒情性（表现人物的内心情感，刻画人物性格），又要有叙事性（交代情节、表现戏剧冲突）。2.多样性，在同一部作品中可以同时出现民歌、抒情歌曲、摇滚乐、爵士乐、乡村音乐、迪斯科舞曲甚至黑人灵歌等多种形式。3.现代性，如使用了乡村音乐、摇滚乐、爵士乐等现代的流行音乐，与现代的生活和审美趣味相投。

音乐剧中的音乐基本应具有以下几个方面的功能：

第一，推动叙事。音乐作为音乐剧中最重要的表现手段，它必须帮助和推动戏剧完成叙事功能，同时音乐所表现的叙事必须是准确而恰当的。一段好的音乐，甚至不用舞台的呈现，就能独立完成戏剧的叙事功能。作曲家对于音乐元素的运用，不在于是否丰富多样，简单的音乐语言同样可以将人物复杂的心理过程描述得细致入微。

第二，呈现意念。任何一件艺术作品，无处不见创作者的意念渗透。音乐剧中的音乐所呈现的意念必须与戏剧相吻合，使得观众在视觉与听觉有机结合后，能够准确理解作品的内涵意蕴。

第三，介绍角色。每一部舞台剧都能看到一个个鲜活的角色，在音乐剧中，我们不仅要看得到人物，还要听得到他们。每部音乐剧中的角色都有自己独具特色的音乐语汇，就像日常生活中，我们每个人都有自己的语言习惯一样，音乐剧汇总的音乐语汇，可能是一个标志性的旋律动机，也可能是一组节奏型，或是一个固定的演唱音区、一种特殊音效，抑或是演员有特色的演唱音色，这些都能起到介绍角色的作用，突出角色的性格特征。

对于音乐剧的音乐创作来说，音乐中的任何一种形式，如声乐、器乐，乃至更加细化的独唱、重唱、对唱、合唱、轮唱、乐队音乐等等，任何一种作曲手段，如旋律、和声、配器、复调、曲式乃至更加细化的音高、音量、音色、节奏、速度、节拍等等，都是不可或缺的表现手段。音乐剧音乐的主要任务是用音乐、歌唱来抒发人物的情感，表现人物在特殊情境中的内心世界，它不需要具备歌剧音乐中的强烈戏剧张力和严整的形式规范，可以说扣人心弦就是音乐剧音乐创作的首要条件。

一首好歌的旋律，首先必须是新颖独特，音调具有鲜明的个性；其次必须是精炼精致的，善于在变化中求统一，在统一中求变化，也就是将简约的素材衍生发展成为全曲；第三应当是短小精悍，结构以小型曲式为主；第四应当是易唱易记，音域不宽，声区不广，音调简单易学，便于传唱。

而音乐剧中的纯器乐段落，包括前奏曲、间奏曲、舞曲等等，独立性强，只要整体情绪上符合戏剧情节发展的总要求，出现时机恰当，具有色彩性、趣味性、对比性，就能很好地发挥器乐艺术的表现功能了。

值得注意的是，直至现在，流行音乐自始至终都是音乐剧音乐风格的主流，占据着重要的地位，这是由音乐剧的都市文化性质所决定。音乐剧的音乐语言呈现出大众化、通俗化、流行化的特点，从各国的民间音乐、流行音乐、滑稽歌舞中汲取养料，把音乐创作得更加地通俗、优美、动听，这样便于流行、传唱，这些特点也成为百老汇音乐剧长盛不衰、风靡世界的第一个看家法宝。

教学要点：

音乐是音乐剧三大要素之首，它的主要任务是，抒发人物的情感，表现人物在特殊情境中的内心世界。

音乐在音乐剧中的功能：1. 推动叙事；2. 呈现意念；3. 介绍角色。

好歌的旋律特点：1. 新颖独特；2. 精炼精致；3. 短小精悍；4. 易唱易记。

（八）音乐剧的绚色——舞蹈

音乐剧作为一门综合性舞台艺术，其中的舞蹈元素是仅次于音乐的第二大要素。音乐剧的舞台剧性质决定了它对舞蹈的依赖性，通过一个个独立的舞蹈片段，将音乐剧的精神内涵完全展现在剧场的舞台中，成为舞台中最灵动、最绚丽的表现方式。舞蹈演员的动作及肢体语言能够在舞台上营造此时无声胜有声的境界，最能集中体现剧场美学的特点，舞蹈通过演员的肢体语言抒发角色的内心情感、烘托舞台气氛，是最为形象和传神的舞台表演艺术形式之一。

在音乐剧中，舞蹈表演有着更为宽广的舞台，它所起的作用也更为多样，概括来说，舞蹈元素在音乐剧中的作用主要表现在以下几个方面：

首先，用舞蹈绘色——色彩性舞蹈：以舞炫美，渲染舞台气氛。舞蹈能够通过飞扬灵动的舞步、绚丽多彩的服装、抒情动人的音乐，打造多姿耀眼的舞台。舞蹈可结合舞台灯光、布景、服装、化妆等多种元素，紧密联系在一起，交相辉映，密切配合，打造光彩照人的音乐剧舞台；无论是古典美感的芭蕾舞，还是优美典雅的古典舞，或是激情四射的拉丁舞、动感十足的街舞，都能在巧妙的编排下，完美融合在同一个舞台、同一个作品中，营造剧场激情，调动观众情绪，推动演出进行。

其次，用舞蹈写情——抒情性舞蹈：以舞抒情，表达内心情感。舞蹈最大的优点就是能借助肢体语言来表达角色的欢乐与悲伤，用舞蹈节奏的变化来表现剧中角色的内心情绪起伏，舞蹈和音乐紧密联系在一起，二者相互融合、互相搭配，相得益彰，在音乐声中通过动作来表现和抒发语言所无法表达的情感，可以取得意想不到的效果。音乐可以为舞蹈营造气氛、烘托舞台氛围，为舞蹈的展开做好铺垫，对舞蹈角色的性格特征和内心情感进行刻画，而舞蹈则通过音乐节拍、节奏的变换来改变、影响舞蹈的走向。舞蹈可以通过肢体动作的速度、力度、幅度等变化来表现故事情节的发展，使音乐的进行更加具象化、清晰化、戏剧化，让戏剧冲突更加强烈。

第三，用舞蹈写戏——戏剧性舞蹈：以舞叙事，推动情节发展。音乐剧通过舞蹈来交代剧情的发展，表现戏剧冲突，是舞蹈元素的又一个重要的作用。舞蹈的戏剧功能，就在于它能帮助观众从单纯的肢体动作中洞悉剧情的发展和转折，通过舞蹈来表现人物的性格特点和内心情感的变化和发展，进而推动戏剧冲突。舞蹈还能将不同的时间、冲突、情节、人物串联起来，弥补了音乐交代不明给观众带来的困惑。舞蹈演员的肢体语言展示了基本情节，舞步的变幻推动着情节发展，舞蹈种类的多样化暗示着戏剧冲突的转移，舞蹈可以将音乐剧的深层次意旨凸显出来。

音乐剧中的舞蹈语汇，主要来源于以下几种：一是流行舞，二是芭蕾舞，三是踢踏舞，四是非洲和拉丁美洲民间舞，五是欧美代表性民间舞。五种舞蹈成分融入音乐剧，应该说在广度和深度上各不相同。当然，对于音乐剧的舞蹈创作来讲，舞蹈语汇仅仅只是一种素材，它还需要舞蹈编排者经过再创造、再加工，融会贯通、巧妙编创，与特定的故事情节、人物性格、角色情感、规定场景等有机结合，创造出新颖独特的舞蹈语汇，共同完成统一的戏剧任务。

教学要点：

舞蹈是音乐剧的三大要素之一，通过肢体语言根据剧情需要尽情抒发情感、烘托气氛。

舞蹈在音乐剧中的作用：1.色彩性舞蹈以舞炫美，渲染舞台气氛；2.抒情性舞蹈以舞抒情，表达内心情感；3.戏剧性舞蹈以舞叙事，推动情节发展。

音乐剧中的舞蹈语汇主要有：1.流行舞；2.芭蕾舞；3.踢踏舞；4.非洲和拉丁美洲民间舞；5.欧美代表性民间舞。

（九）音乐剧的渲染——舞美

舞美即舞台美术，主要包括人物造型、服装、化妆、道具、舞台布景、灯光、音响等等，它是对戏剧及其他舞台演出艺术中除了表演以外的各种造型元素的统称。音乐剧舞台美术的作用主要有：

第一，渲染舞台气氛。舞美应根据音乐剧剧本内容和具体演出要求，在统一构思的基础上，运用多种造型艺术形式，创造角色形象，创设故事发生的环境。

第二，刻画人物形象。通过舞台美术，刻画出音乐剧中演员的角色特征，使人物形象栩栩如生。

第三，推动剧情发展。舞台美术能通过造型手段来再现生活，协助完成音乐剧时间和空间的转换。

第四，交代戏剧环境。根据音乐剧剧情的发展，暗示故事即将要发生的变化，渲染音乐剧戏剧发生的环境。

第五，揭示深层情感。舞台美术可以从其他的角度表达音乐和台词无法刻画的深层次情感，让音乐剧中的情绪情感得到充分的宣泄。

音乐剧作为一门综合性舞台表演艺术，它的舞台美术在整个发展过程中同样受到绘画、雕塑、设计、建筑等多种造型艺术的深刻影响，各种造型艺术的发展和成就，也成为音乐剧舞美吸取养料的沃土，因此，音乐剧舞台美术在表现方法、使用材料、制作技术等诸多方面不断地推陈出新、与时俱进。

舞美中的舞台布景设计与制作是一项综合性很强、过程很复杂的技术，涉及了材料、建筑、照明等，内容涵盖了美学、科技等方面，舞台布景的风格和形式能影响一部音乐剧的风格，可以说，它对于一部剧来说至关重要。舞台布景的出现和发展，不仅能为音乐剧营造适当的戏剧环境，还能拓展音乐剧的演出空间，形象地加强了时间和空间的对比，从而使得音乐剧的所有剧情发展及表演活动得以顺利进行，更为重要的是，舞台布景还能将剧场内短暂的瞬间变为观众心中永恒的经典场面。

服装是刻画音乐剧角色形象的重要手段之一，除此之外，服装对于整个音乐剧舞台的色彩有着直接的影响力，服装穿在演员身上，随着形体动作的表演而发生视觉上的变化，对观众可以形成强烈的色彩冲击，所以美国戏剧家弥尔顿·史密斯（Milton Smith）曾称服装为"演员穿着的布景"。从表现手法来看，舞台的服装主要由写实和抽象两种，写实的服装一般都是塑造正面形象的人物，出现在正剧中，而抽象的服装则通过夸张的手法来恶化反面角色或者是丑角。因此，评价一部音乐剧服装的设计是否成功，主要是看它能否很好地突出和反映音乐剧的主题内涵。

众所周知，音乐是音乐剧的灵魂，因此，作为音乐传声筒的音响设备在音乐剧中的重视程度越来越高，随着音响在音乐剧中地位的提高，更是成为一个不可或缺的舞美手段。音乐剧剧中音乐的声音，可分为现场演奏和录音伴奏两种。不管哪种，舞台的声音可以制造烘托气氛，强调剧中矛盾冲突，突出人物情绪变化，暗示剧情的转折或转场，增强剧作的艺术感染力。

舞台灯光又称为舞台照明，亦是音乐剧舞台美术造型的重要表现手段之一。在演出过程中，随着故事情节的进展和人物形象刻画的需要，运用照明灯具、各种幻灯、控制系统等技术手段，以光电及色彩变化来显示环境，渲染舞台气氛，创造出色彩斑斓的舞台空间感、时间感及意境。

音乐剧中的舞台灯光具备以下几个功能：一是视觉照明，二是突出人物，三是加强美感。除了突显音乐剧的主题、服装及场景的华美、舞蹈的绚丽以外，灯光还能表现许多只可意会不可言传的意境，它不仅能够营造浓厚的戏剧氛围，更有助于音乐剧形成统一的戏剧风格。

教学要点：

舞美即舞台美术，主要包括人物造型、服装、化妆、道具、舞台布景、灯光、音响等等，它是对戏剧及其他舞台演出艺术中除了表演以外的各种造型元素的统称。舞美的风格和形式影响着音乐剧的风格。

舞美的作用：1.渲染舞台气氛；2.刻画人物形象；3.推动剧情发展；4.交代戏剧环境；5.揭示深层情感。

（十）音乐剧与流行音乐

流行音乐（Popular Music）于19世纪末20世纪初起源于美国，是现代社会中深受欢迎、节奏鲜明、或轻松活泼、或抒情优美、生活气息浓郁、易于流传的音乐表现形式，亦是现代社会的主流音乐，它包含了多个种类，风格迥异，比如爵士乐、摇滚乐、布鲁斯、说唱乐、乡村音乐、新世纪音乐等等，它具有通俗易懂、结构短小、形式丰富、情感真挚等特点。随着时代的发展，音乐剧的形成与发展和流行音乐保持同步，它积极与流行音乐风格进行有机共融，逐步体现出音乐剧与流行音乐彼此成就的关系，可以说，在音乐剧中，流行音乐是其中一个非常重要的元素。

音乐剧为了适应时代的发展及人们审美观念的改变，同时也为了满足剧情及演员个性特征的需要，势必选择最受大众欢迎、风格多样、具有时代特征的音乐类型——流行音乐，音乐剧与流行音乐的结合，广泛取材，依据剧情的需要，将多元化特征的流行音乐元素融入其中，使之成为音乐剧构成的重要元素。

1914 年，爵士乐被使用在音乐剧中登上了百老汇舞台，到了 1924 年作曲家格什温的音乐剧开创了 20 世纪 20 年代百老汇音乐剧的爵士舞风，爵士乐对音乐剧的影响逐渐扩大。同时爵士乐在音乐剧中的使用也促成了音乐剧在美国的本土化发展，为音乐剧带来了灵感和生机，爵士乐和爵士舞成了音乐剧特有的艺术风格，这种风格延续至今。

1960 年，音乐剧在情节上开始反映摇滚时代的社会现象，1968 年起开始有音乐剧注入摇滚乐元素，但摇滚乐并不普遍适合于任何一种剧目，这种音乐风格在表达情感上有一定的局限性，但当剧情需要摇滚宣泄感情时，摇滚乐的出现就顺理成章了。

直至今日，只要是音乐剧剧情需要、人物角色塑造需要，流行音乐中的任何种类都可以运用于音乐剧当中，使得音乐剧的音乐要素呈现出百花齐放的状态，并具有综合性、自由性、艺术性、通俗性、娱乐性的特征。

教学要点：

流行音乐是音乐剧构成的重要元素，它通俗易懂、节奏鲜明、风格多样、贴近生活、易于流传、广受欢迎，音乐剧的形成与发展和流行音乐保持同步，二者有机共融，彼此成就，使得音乐剧中的音乐元素呈现百花齐放的状态。

（十一）音乐剧与演唱方法

音乐剧在发展之初是使用美声唱法的，当然它与单纯美声唱法还是有很大的不同。音乐剧的美声唱法融合了多种演唱风格，美声唱法只是演唱的基础，根据演员的声音、特质、性格、气质等特点，还可以加入与之相匹配的流行唱法、爵士唱法、摇滚唱法等，在具体的演唱技巧上，音乐剧演员还可以不拘一格地使用诸如本嗓、沙哑、念白等各种技巧，可以说，一切可以用来表现角色和剧情的唱法均可以被借鉴，演唱者可以根据角色需要使用与之相适应的演唱风格。

流行唱法又称为通俗唱法，它起源于西方，20世纪二三十年代在我国兴起。与对发声有诸多限制、有固定模式的美声唱法不同，流行唱法更加的生活化、大众化，它没有固定模式，追逐随意和自然，其演唱风格也比较多样化，情感的表达更加简易明了，表演更具煽动力。在高音区，更多地展现出强烈的情感表达，在中音区较多表现倾述交流、低声细语，而低音区则犹如耳边呢喃一般。流行唱法更多地运用自身的嗓音，极少进行修饰，更强调人物角色个性的发挥。这种个性化、自然流露的唱法受到了广大观众的欢迎和喜爱，因为它的受众市场广泛，因此它在音乐剧中也得到了越来越多的应用。

美声唱法与流行唱法在音乐剧中的综合运用给音乐剧带来了巨大的发展空间。音乐剧唱法同时具有了美声与流行唱法的特征。美声唱法的高难度演唱技巧和艺术张力对表现音乐剧中情节冲突和人物情绪矛盾等具有很强的表现力，而流行唱法的细腻抒情、亲切自然、近似说话的特点，则能使音乐剧的情感表达更加真实，人物的心理变化更加自然，更能拉近与观众的距离。二者的结合既丰富了音乐剧的表现技巧，又兼顾了广大观众的需求，使音乐剧既具有高雅的音乐元素，又符合大众口味，为音乐剧的创作提供了更多的可能性，声音表达更加多样，表现力也更加丰富。通常来说，在实际演出中，演员在中高音区多使用美声唱法，而中低音区则多使用流行唱法，不同音区使用不同唱法，可以使歌曲中的过渡更加自然，高潮部分的爆发力更加强烈。

美声唱法与流行唱法二者优势互补，相互融合，不要求音色统一，允许演唱者自由灵活地运用声音，主要是突出角色声音的个性特点，进而突显人物的性格特征。同时更方便于剧中情绪情感的表达，演唱过程主要强调舞台表现的真实与自然，而不是注重声乐技巧的展示，多种歌唱方法的运用，更易于服从剧情的需要。可以说，自由灵活的演唱方法使用，给音乐剧发展带来了蓬勃生机。

教学要点：

音乐剧的演唱风格多样化，根据故事情节及人物性格特征的需要，一切可以用来表现角色和剧情的唱法均可以被使用，演唱者可根据角色需要使用与之相适应的唱法。通常，在中高音区多使用美声唱法，而中低音区则多使用流行唱法，注重情感表达及表演的煽动力，强调个性化及自然流露的演唱。

（十二）音乐剧的欣赏方法

如今的音乐剧已不再仅限于美国纽约、英国伦敦等发达国家中的城市了，早已风靡全球，作为一种舞台表演艺术，音乐剧的内容与现代社会生活息息相关，承载着大众文化的重要体裁形式。作为剧场的表演艺术，音乐剧具有流行化、通俗化等特征，大多内容或以改编名著为主，或与弘扬民族文化有关。音乐剧包含了多样元素，在剧本的基础上，结合音乐、舞蹈、表演、舞美等多种艺术，通过台位的调度，演员的动作及演唱等表演，对戏剧情节和人物之间的关系进行了生动的体现，加上服装、化妆、灯光、道具、背景等舞台美术的设计，对剧情进行了一个完整的展现。

如何欣赏音乐剧呢？一般需要做到以下几点：

1. 了解音乐剧所包含的艺术表现手段：歌曲、舞蹈、戏剧表演、角色的演唱特点、动作抒发的情感，以及丰富多彩的演唱形式、舞蹈形式等等。

2.了解音乐剧的风格、地域特点、不同时期流派的创作观、不同演员的表演风格以及导演对作品的不同艺术处理方式等。

3.知晓音乐剧的故事情节，了解剧情及作品的历史背景、角色的性格特征。

4.通过音乐剧作品中的音乐（序曲、唱段、间奏曲、舞蹈音乐、背景音乐等等），感受戏剧冲突、人物的心理变化等。

5.通过音乐剧的不同唱段，感受剧中角色的音色特点及演唱技巧，了解演唱与角色性格特征及特定时间场景的情绪特点，能不由自主地跟着哼唱旋律。

6.知晓音乐剧中的主要人物姓名，熟悉主题音乐的旋律或是主要角色的音乐。

7.了解音乐剧创作的背景、矛盾冲突、人物命运等，把握音乐剧的历史、现实意义和作品，体会作者的思想境界及创作理念。

8.通过舞台上人物的化妆、服装、道具、灯光、背景等舞台美术效果，感受音乐剧的时代特色，进而认识相关民族、民俗风情。

音乐剧是视听结合的艺术，在条件允许的情况下，可以鼓励学生走进剧场，现场感受舞台艺术的实况演出，感受音乐剧唱段及音乐的美，体验戏剧场面的震撼及人物性格的细腻变化，观看绚丽多姿的舞美、生动灵活的角色表演、不同时代不同风格的化妆服装，深入体会剧场中的气氛，这种沉浸式的音乐剧欣赏能达到意料不到的效果。

教学要点：

欣赏音乐剧，要了解音乐剧所包含的艺术表现手段、思想境界、创作理念及时代特色。了解音乐剧的风格、地域特点、流派的创作观、演员的表演风格等，知晓故事情节、作品的历史背景、角色的性格特征，感悟音乐所表现的戏剧冲突及人物的心理变化，熟悉音乐旋律。

（十三）中国音乐剧的"本土化"历程

中国音乐剧的发展源于 20 世纪 80 年代初，在 80 年代至 90 年代初，中央歌剧院、上海歌剧院、南京军区前线歌剧团、总政歌剧团等院团开启了中国原创音乐剧的探索，在《我们现在的年轻人》《搭错车》《特区回旋曲》等作品中，我们不难感受到这个时代的声音和气质。1988 年，中央歌剧院音乐剧中心大胆地进行了名著的改编，推出了音乐剧《日出》，1991 年，作曲家刘振球推出了大型音乐剧《巴黎的火炬》，也是中国艺术家在音乐剧舞台上第一部表现国外重大题材的剧目。

20 世纪 90 年代中后期，随着艺术院校的介入、中国音乐剧研究会的成立，中国原创音乐剧开始有了新的发展环境。1997 年，珠海成立的音乐剧团、上海话剧艺术中心、四川省歌剧舞剧院等越来越多的艺术院团也显露出对中国原创音乐剧的兴趣，民族音乐剧、秧歌音乐剧、戏曲音乐剧等等，不同的提法和尝试丰富着中国的音乐剧市场。进入 21 世纪，中国原创音乐剧的创作呈现出进步的总趋势，越来越多的创作者开始注重剧本的质量，注重歌舞与戏剧的整合，以及技术手段与美学意义的联系，注重观众群体的开发。越来越多的从业者开始涉足音乐剧的不同层级，既有在大剧场上演的音乐剧，也有短小具有青春气息的校园音乐剧，以及小成本制作的实验音乐剧。

音乐剧的本土化，就是用现代的艺术语言、创新的艺术手法，表现独特的民族文化和现实生活。

首先，题材和内容要本土化，给人以亲切感，倾向于和民族记忆、现实生活有关的音乐剧，这样的题材能使观众产生共鸣。我国有 56 个民族，每个民族都有波澜壮阔的发展史、丰富多彩的文化，这些都是音乐剧创作取之不尽、用之不竭的素材库。

其次，音乐的本土化，中国民族民间音乐犹如一个大宝藏，丰富多彩千姿百态，将民族音乐直接或间接使用，可以使音乐剧的音乐带有浓郁的民族艺术亮点，这是对音乐剧和音乐作品产生的极力丰富，既填充了音乐剧的需要，还有助于民族音乐的传播。

第三，表演的本土化，歌唱和舞蹈是音乐剧最重要的两种表演手段，是音乐剧作品外在特征的展示和内在精神的传达，中国民族唱法、戏曲唱法、原生态唱法等的借鉴与融合，以及每个民族自己独特的舞蹈形式、丰富多彩的舞蹈素材，这些具有中国特色的演唱及舞蹈精华融入音乐剧的表现形式中，可以使音乐剧作品的本土化风格更加鲜明，更能体现中华民族传统文化的意蕴。

教学要点：

中国音乐剧的发展源于20世纪80年代初，本土化的发展要注重题材内容、音乐及表演的本土化，中国民族民间音乐、舞蹈、戏曲等等都是取之不尽的音乐剧创作素材库。借鉴和融合中国传统文化，可以使中国音乐剧本土化风格更加鲜明。

二、音乐剧与其他姊妹艺术的区别

将音乐剧置于一个更为宏观的文化背景中，让它与几个具有可比性的姊妹艺术品种，相互形成一个参照，进行横向的比较，可以让学生更深入、更理性、更细致地了解各个艺术品种不同的艺术特征。之所以选择以下几种类型：歌剧、舞剧、话剧、中国传统戏曲，是因为它们都是舞台表演形式，同样是综合艺术，都包含了多种的艺术表现形式，彼此之间存在着或多或少的内在联系，可以在相互的比较中看出各自的异同点来。而与电影的对比，则是因为不少优秀的音乐剧都被翻拍成电影，同样的故事情节、同样的音乐等等，由不同的艺术表现形式展示出来，将二者进行对比，可以让学生更加明确音乐剧的文化性质。

（一）音乐剧与歌剧的区别

歌剧也是一门综合性舞台艺术，同样包含了文学、戏剧、音乐、歌唱、舞蹈、绘画等多种艺术元素，单从这一点来看，歌剧与音乐剧之间貌似没有太大的区别。从音乐剧发展的源头上来看，早期的音乐剧是从轻歌剧和喜歌剧中吸取了大量的艺术养分，比如喜剧的情节和展开方式等等。

19 世纪中叶，德国伟大的歌剧大师瓦格纳提出"歌剧是用音乐展开的戏剧"这一权威论断，它反映出了歌剧的基本特点，即歌剧是通过音乐来展开戏剧的，音乐要根据戏剧冲突、情节发展、歌剧形象的需要进行创作，音乐在歌剧中占有主导地位，它对情节的推进、戏剧冲突的发展、情感的抒发、戏剧形象的塑造等等具有很强的戏剧功能，因此，在歌剧创作中，作曲家占据着中心地位，所以，我们往往都只知道歌剧作曲家的名字，却极少人知道剧作家是谁。

歌剧中的音乐是由一个逻辑结构缜密的表现体系组成的，包含咏叹调、咏叙调、宣叙调、抒情短歌、重唱、合唱、交响乐队等等有机地融合在一起，极其丰富，因此，欣赏歌剧时，人们更看重的是音乐，走进剧场的目的只有一个——听歌唱家的演唱、作曲家的音乐、指挥和乐队的演奏，至于歌剧中的其他元素，观众其实并不是十分在意。

因此，音乐剧与歌剧虽然在综合性上大同小异，但其侧重点、综合方式、艺术形式却不尽相同，它们的区别主要有以下几个方面：

第一，与歌剧重音乐、轻剧本不同，音乐剧中剧本和剧诗对作品的成功负有重大的责任，可以说是与音乐同等重要，因为好的音乐剧需要一个好的故事，故事好可以扣人心弦、发人深省，抓住观众的心。音乐与戏剧同为音乐剧的两大基本要素之一。同时，歌剧中的叙事情节一般不太讲究连贯性，大多是跳跃型的，甚至留下许多空白，由观众自己去填补。而音乐剧讲究故事情节的连贯性，有头有尾，交代事情快，情节推进快，场面衔接快，进入冲突快，善于营造一种紧张感，造成一种戏剧悬念，形成强烈的反差。

第二，与歌剧的音乐第一重要相比，音乐剧并不十分强调由咏叹调、宣叙调、重唱、合唱、交响乐队等严格的音乐表现体系，大多数情况下，音乐剧主要由二十几首歌曲和舞曲组成，演唱只要符合人物的性格特征、情感表达就可以了，并不要求有多强的戏剧性。同时，音乐剧中的白话台词也比宣叙调更加地直白和简明。从歌唱技巧来讲，音乐剧并不像歌剧那样追求高难度的演唱技巧和戏剧张力，它更注重的是歌唱的旋律性，讲究自然平易的发声、亲切随和的演唱，演唱是为了情绪情感表达的需要。

第三，歌剧中的舞蹈是作为一种色彩性元素存在的，可有可无，有的时候也只是一种过渡性、穿插性的需要。而音乐剧则不相同，舞蹈是音乐剧中的一种极为重要的表现元素，其重要性不亚于音乐和戏剧这两个元素，可以说是"歌、舞、剧"三足鼎立。不少音乐剧中的舞蹈场面或者舞蹈段落都给观众留下了极其深刻的印象，甚至比单纯看舞蹈节目还要震撼、还要强烈！这样的感觉，在歌剧中是不可能出现的，因为歌剧中的舞蹈是不这么使用的。

第四，歌剧属于传统的高雅艺术，大多的歌剧都是使用美声唱法，由交响乐队演奏音乐，而音乐剧属于现代的通俗艺术，有不少音乐剧唱法介于美声唱法与流行唱法之间，在音乐剧的音乐中也使用了大量的流行音乐，比如爵士乐、摇滚乐、拉丁音乐、乡村音乐等等，正因为文化性质上的根本差别，才决定了它们在艺术形式上的诸多不同，正如韦伯说的一句话："如果我生活在 17 世纪，那我写的肯定是歌剧。"

教学要点：

歌剧与音乐剧的主要区别：

	歌剧	音乐剧
起源时间	17世纪	19世纪末
综合元素	主次分明，音乐占主导地位，以歌唱为主，以歌写剧	音乐、舞蹈、戏剧三者并重，歌舞一体
音乐	严肃音乐，交响乐队演奏	不仅有严肃音乐，还使用大量流行音乐；除交响乐队演奏外还使用电声乐队等
演唱风格	以美声唱法为主，追求高难度的歌唱技巧和戏剧性的表现力	根据剧情和人物性格需要，运用任何合适唱法，注重自然平易的发声、亲切随和的歌唱
舞蹈	不是必需的，即便有也只是一种色彩的、过渡的需要	一种极为重要的表现手段，有踢踏舞、芭蕾舞、民族舞、爵士舞等

（二）音乐剧与舞剧的区别

舞剧也是一种综合性舞台艺术，它通过形体动作来表达情感和戏剧形象。毫无疑问，舞蹈语汇是舞剧的第一要素，也是舞剧有别于其他舞台艺术的根本标志。当然，舞蹈与音乐密不可分，音乐可以说是舞蹈和舞剧的灵魂，但无论怎么说，舞蹈之于舞剧，在任何情况下，永远都是头等重要的。

舞蹈及舞剧都是以人类的形体、动作为基本素材，然后提炼为一种丰富的视觉语言，形成富于美感的动态视觉意象，并通过节奏、韵律、队形、画面、构图等等，形成表情达意的形体话语系统，因此，舞蹈艺术被称之为"流动的雕塑"。而舞剧最大的局限性在于，它将语言（不仅是对白，也包括歌唱中的语言因素）都摒弃于它的表现体系之外了，所以舞剧需要借助哑剧的手法来交代故事情节中的某些细节过程，因此，舞剧对于较复杂的戏剧内容而言较难表现。

而音乐剧的表现体系十八般武艺样样俱全，都可以酌情选用，它吸收了舞剧中用肢体语言表情达意形成视觉意象的优势，根据作品的需要，在最恰当的时候用上多种舞蹈语汇来表现戏剧冲突，可以充分展示舞蹈艺术的魅力。当然，在音乐剧中对舞蹈元素的使用是灵活且节制的，基本上是当舞则舞，当止则止，在很多音乐剧作品中，舞蹈是作为一种渲染舞台气氛或是抒发人物情感的色彩性元素存在的，因此可以说，音乐剧的舞蹈在艺术性的考量上，自然不能与舞剧相提并论，但是对舞蹈手段的灵活运用，以及表现时代气息、生命动感、戏剧冲击力等方面，音乐剧的艺术感染力是多数舞剧所远远不及的。

教学要点：

舞剧和音乐剧的主要区别：

	舞剧	音乐剧
综合元素	舞蹈之于舞剧，在任何情况下都是头等重要的，以舞写剧	音乐、舞蹈、戏剧三种元素并重。载歌载舞，边唱边演
语言	没有使用语言，较难表达复杂的戏剧内容，借助哑剧手法	无论是对白台词还是歌唱语言，在音乐剧中都是至关重要的，可以细腻地表达人物的内心情感、促进剧情发展
舞蹈	充分利用人体的艺术表现力，自由连接、复杂组合，形成富于美感的动态视觉意象	灵活且节制，当舞则舞，当止则止

（三）音乐剧与话剧的区别

话剧也是一门综合性舞台艺术，它同样综合了文学、诗歌、戏剧、音乐、舞蹈、雕塑等等，就综合性这个特点，话剧与歌剧、音乐剧的综合特征并没有太多的差别。但进一步细究，我们可以发现，正如歌剧是以音乐为主要表现手段一样，话剧是以语言作为主要的戏剧表现手段。歌剧以歌写剧，舞剧以舞写剧，话剧以话写剧，这就是三种不同的戏剧表现形式在主要艺术表现手段上的根本区别。当然，话剧除了语言之外，人物动作、形体表演也同样重要，这与歌剧、音乐剧一样也要倚重动作和形体表演，尤其舞剧更是如此，它的第一表现要素便是动作和形体，而且它的工作和形体语言更加抽象化、艺术化。

由于话剧把语言视为自己艺术表现的第一要素，因此话剧特别重视剧本。话剧的剧本几乎描绘和规定了话剧演出中的一切细节，话剧剧本甚至可以当作独立的文学作品来看，即使没有舞台的演绎，话剧剧本同样能够以"戏剧文学"的身份独立存在。相比其他艺术形式，因为歌剧、音乐剧、舞剧都不是以语言作为第一表现要素，它们对于其他综合要素的依赖性极强，因此，离开了舞台演绎，观众除了能够把握情节、人物行动和戏剧发展的大致方向外，对那些重要的表现手段就不一定能想象得到了。比如，音乐剧剧本可以描绘出一个舞蹈场面的大致气氛，可以通过一首剧诗表现主人公复杂的内心活动，但它却无法描绘出这个舞蹈场面在舞台上实际演绎的舞姿、队形和节奏变化。

话剧是音乐剧的艺术来源之一，尤其在剧本方面，音乐剧从话剧那学得了舞台叙事的传统技巧，虽然音乐剧对于白话台词的依赖逊色于话剧，但比起其他舞台戏剧种类则强了许多。音乐剧的白话台词运用极其普遍，可以将事件交代清楚简明了然，情节推进明快，戏剧展开流畅，省时省力，因此可以腾出大量的时间和篇幅用于歌唱和舞蹈，因此不少音乐剧作品纯粹采用"话剧加唱"的结构，有的称之为"音乐话剧"，由此可见，话剧对音乐剧的影响颇深。

教学要点：

话剧与音乐剧的主要区别：

	话剧	音乐剧
综合元素	以语言为主要表现手段，以话写剧	音乐、舞蹈、戏剧三者并重，能歌善舞，唱演俱佳
剧本	特别重视剧本，规定话剧演出的一切细节，能以戏剧文学身份独立存在	剧本除了剧情外还要充分考虑音乐、舞蹈等其他元素，因此离开了舞台的演绎，剧本难以描绘舞蹈、音乐带给观众的那种美感
表演形式	以无伴奏的对白或独白为主，使用少量音乐、歌唱等	使用歌唱、舞蹈、对白、戏剧表演等多种表演艺术

（四）音乐剧与戏曲的区别

中国传统戏曲是人类世界所创造的最为辉煌的音乐戏剧成果之一，近千年的戏剧史，涌现出了无数戏剧经典作品与大师。中国戏剧有这么些特点：极度自由的时空概念，程式化的表演套路和展开方式，虚拟表演，写意舞台，类型化的行当区分和任务造型，浓烈的乡土风格及地域特色等等。正是这些美学特征，构成了中国传统文化最为灿烂的篇章，举世瞩目。

我国近代国学大师王国维曾经精辟地概括了中国传统戏曲的综合特征是"以歌舞演故事"，而音乐剧也是以歌舞的形式演故事，歌、舞、剧三者并重，因此从综合成分及综合形态来看，中国戏曲与音乐剧具有共同的综合特征。但二者的区别还是有的，且极其明显。

首先从最重要的要素"音乐"来看。

戏曲的音乐具有程式化的特征，主要表现在："一曲多用""地域特色""程式化表演"。

戏曲音乐是按照人物的情感类型来决定的，即同一种情感就用同一个板腔或同一个曲牌，不论是表现何种主题或情节。因此，戏曲人物的演唱，音乐都是似曾相识大同小异，除了唱词各不相同，比如，同一段二黄，是可以在同一剧目中被不同的人物共同使用的。由此可知，戏曲音乐的"一曲多用"，讲究的是情感类型的真实性，较少注意人物性格的真实性。

而"地域特色"主要指戏曲音乐受地方方言的影响颇深，其音乐风格具有浓郁的地方特色，注重"依字行腔"的原则，因此，中国地方戏曲形成了众多的剧种，一个重要的原因就是各地方言所起的决定性作用。比如，粤剧使用广东腔，豫剧使用河南腔等等，其音乐也是一律具有当地的风格，就连主奏乐器也都是有一定的规定，例如京剧中使用京胡，豫剧中使用板胡等等，熟悉我国地方戏曲的人，只要一听音乐，便知道它是哪个剧种。

"程式化表演"是指戏曲音乐在表现戏剧性发展手法上，有一套固定的程式。在戏曲发展的历史积淀中形成了两种揭示戏剧性的方法：一是"板腔体"，另一个是"曲牌体"。所谓的"板腔体"是以一个音乐音调的基本腔为基础，发展成各种不同情感、节奏、速度的板式和腔式，同时，根据故事情节发展和人物形象刻画的需要，将这些不同的板式和腔式组合成成套的唱腔，作为戏曲唱段和场面的基础，并且循环反复促进全剧音乐的发展。而"曲牌体"则是指用二三十个甚至更多个不同音调、不同色彩、不同情绪、不同风格的曲牌，主要是来源于当地的民歌、说唱乐或者民间器乐曲作为基本素材，然后根据剧情需要，从这些素材中找寻情感类型相对应的作品来使用，为了表现较为复杂的情绪，也可将几个曲牌组合起来，形成大段成套的唱腔。

针对以上特点，音乐剧的音乐创作特征也可归纳为三点："专曲专用""个性原则""结构自由"。

与戏曲音乐的"一曲多用"相比，音乐剧的音乐不能挪为他用，必须专曲专用，如果还要创作新的剧目，则必须另外创作新的音乐和唱段。

所谓"个性原则"，指的是音乐剧的风格不受任何地域性的限制，高度自由，无所不能。音乐剧中的音乐和唱段必须遵循剧情发展和人物情绪变化的需要，作品要符合人物的性格特征及其在特殊的戏剧情节和环境中的独特情感状态，准确刻画人物此情此景中的心理活动。

而"结构自由"是指，音乐剧在音乐戏剧性发展手法中，并无固定的模式，通常是一部音乐剧由一二十首歌曲、舞曲连接起来，形成全剧的大结构，所有的音乐都是作曲家为某部剧专门创作的原创作品。有时也会设计一些独具性格的音乐主题，根据情节需要贯穿发展，注重重唱和乐队在推进戏剧冲突方面的表现功能，讲究结构布局等等。不管哪种方式，音乐剧的音乐都是注重通俗性和原创性为首要。

可以说，戏曲音乐的根本特征在于它的民间性，音乐剧音乐的根本特征在于它的原创性。

其次，从表演上的区别来看。

戏曲表演来源于生活且高于生活，历经数百年的概括提炼，形成了表情达意的程式化工作规范——虚拟表演，就是通过对生活动作的虚拟化模拟来再现生活。比如，双手做开合状，就表示开门关门；走一个圆场，就表示越过了千山万水……人物的喜怒哀乐，也都有程式化的动作与之相对应。当然，虚拟化的动作是在真实的生活中提炼出来的，以虚拟为主，虚实相生。

音乐剧的表演讲究生活化、写实风格，演员要尽可能地接近角色，融入角色的特定生活环境，展示角色最真实的内心世界，准确把握人物的心理活动，并按照人物的性格特征和情感表达需要来设计戏剧动作和表情，尽最大可能做到真实、可信，因此，演员在舞台上的形体动作、表演、演唱放松自如，尽可能接近生活原型，这种崇尚写实风格的表演，在美学上属于体验派。

教学要点：

中国戏曲与音乐剧的主要区别：

	中国戏曲	音乐剧
表演	建立在东方写意美学基础上的戏剧表演体系。使用虚拟化表演和程式化动作	崇尚写实主义风格。形体动作自然，尽可能接近生活原型，注重生活化的表演
音乐特点	一曲多用，富有地域特色，使用程式化展开手法。包含板腔体及曲牌体结构	专曲专用，个性原则，自由结构，音乐取决于作品和人物，剧变乐变，人异乐随
音乐创作	民间性	原创性

中国戏曲与音乐剧共同的综合特征：中国戏曲是"以歌舞演故事"，音乐剧是歌、舞、剧三者并重。因此，国内外一些专业界人士得出结论说："欧美音乐剧是洋戏曲，中国戏曲是中国土生土长的音乐剧。"

（五）音乐剧与电影的区别

随着大众欣赏品味和审美水平的不断提升，越来越多的音乐剧改编成音乐剧电影，成为电影类型之一，比如大家所熟悉的《音乐之声》《歌剧魅影》《西区故事》《妈妈咪呀》等等，或者将电影搬上音乐剧舞台，只要是曲调活泼、音乐在电影里是重要元素的作品，都可能被改编搬上舞台，比如《日落大道》《美女与野兽》《狮子王》等等。

音乐剧与音乐剧电影有什么区别呢？

首先，音乐剧与电影最大的区别在于表现剧情的空间不同。音乐剧是舞台剧，它只能是局限在剧场的舞台当中，因此，音乐剧的表演场地是受到限制的，在这有限的表现空间里，往往需要观众们自由发挥想象。而电影在空间上，几乎不受任何的限制，只要镜头拍摄得到的地方，都可以根据剧情的需要进行表现，它不拘于室内空间，可以通过镜头、布景等在任意的场景中表演，能够构建出更立体的真实世界。

其次，对于受众面来说，一场音乐剧演出面对的观众数量，会受到演出剧场观众席数量的多少的限制，同时，因为音乐剧具有更强的艺术性，因此观众需要具备一定的艺术积淀。而电影则有着更广阔的受众范围，随着现代科技及网络传输的发展，电影可以打破固定场所播放的局限，同时价格也更能为大众所接受，所以它的传播速度快。

第三，在场景转换及调度上，音乐剧在固定的舞台上，表现形式较为抽象，大多通过平面调度来完成，强调戏剧感以及跟观众的互动，因此它需要更多的舞台调度，留给观众更多的创造和想象空间，所以音乐剧有时还要分上下半场，为的是中间有足够的时间来进行场景的切换。而电影可以用更为具象、真实的拍摄手法，多角度多景别展现故事内容，甚至用各种蒙太奇手法，拉近观众与剧情的距离感，它可以在同一个场景中剪辑多个镜头，也可以由多个场景组成一场戏，最后组成完整的一部电影，在这个过程中，它的转场更加细腻甚至无缝连接，电影的转场手法可以让整个作品的情绪情感表达更加连贯，更加富有内涵。

第四，在音乐唱段上，无论音乐剧还是电影，歌曲的演唱以及器乐曲的演奏都是主要的表达情感方式，但侧重点还是有些不同的地方。音乐剧中，对白多采用带有旋律的宣叙调，更强调舞台表现力与震撼感。对于电影而言，对白则是最主要的声音元素，为了更好地表达情感情绪，演员可以在演唱及台词中进行转换，因此电影音乐往往要对经典唱段进行取舍、提炼甚至重新编配，同时电影画面的特写会使演员的演唱表现张力显得更为突出。

第五，在表演形式上，音乐剧最大的魅力在于演员的现场演唱和表演，这种面对面的真情演绎、直接的声音传达，给人带来的感染力是极其震撼的，同时，音乐剧更倾向于用音乐、演唱、舞蹈等来表达人物的性格特征和情绪情感，进而推动剧情的发展，由于舞台与观众之间有一定的距离，演员的现场表现会更为夸张明显，艺术表现张力会更大，而且，因为音乐剧是现场演出，每一场的演员表演都不可能是一模一样的，有时甚至可能会出现小瑕疵。而电影作为视听艺术，虽然也有大量的歌舞场面，但它可以经过无数次打磨，去掉表演中的小瑕疵，多角度反复拍摄，最后将数个镜头剪辑而成，最终观众所看到的是最完美的表演，这样也同时减轻了演员们现场演唱、舞蹈等方面的压力，而且电影有许多的特写镜头，可以大大拉近观众和演员之间的距离，观众所看到的演员表演会更加细腻，更贴近生活中的真实反应。

可以说，音乐剧和电影各有特色，各有魅力，无法相互替代，相信未来二者可以继续互相借鉴，各自发挥优势，让观众拥有更好的视听盛宴。

教学要点：

电影与音乐剧的主要区别：

	电影	音乐剧
表现空间	根据剧情的需要，可以在任意的空间里表演，构建更立体的真实世界	局限于剧场的舞台空间
受众面	可以打破固定场所播放的局限，在世界各地的电影院都可以同时播放，受众范围更广阔	受剧场观众席数量的限制
场景转换	用具象、真实的拍摄手法，多角度多场景展现故事内容，可以有特写，可以在同一个场景中剪辑多个镜头，转场细腻、无缝连接	在固定的舞台上，场景表现形式较为抽象，需要更多的舞台调度
演唱	演员可以在演唱及台词中进行转换，要对经典唱段进行取舍、提炼甚至重新编配	对白多采用带有旋律的宣叙调，更强调舞台表现力与震撼感
表演形式	经过无数次打磨，多角度反复拍摄，呈现最完美的表演。特写镜头使表演更加细腻，更贴近生活中的真实反应	现场真情演唱和表演，带来震撼的感染力。更倾向于用音乐、舞蹈来表达人物性格特征及情绪，推动剧情发展，表演可能会出现小瑕疵

第二章　适合中学生欣赏的音乐剧作品及名家

音乐剧作为 20 世纪之都市文化，对现代人类精神生活和物质生活产生了巨大而深远的影响。无论是美国音乐喜剧，还是震撼人心的伦敦西区音乐剧，或是打着各种旗号的欧洲或亚洲音乐剧，在一个多世纪的历史长河中，音乐剧作品争奇斗艳，成为大众文化的一颗璀璨的明珠。在这么多的音乐剧作品中，如何选择具有教育意义、文化底蕴深厚、富有青春气息或童趣的音乐剧作品，应用于中学音乐剧课堂，是需要我们认真斟酌、细致考虑的。对中学生而言，优秀的励志的音乐剧作品学习可以在提升素养、净化心灵、陶冶情操、培养高雅气质的同时，提高综合音乐素质和创造潜能的发展，拓展音乐视野，音乐剧作为校园艺术文化的一朵奇葩，能为更多的学生播下热爱音乐、热爱艺术、热爱生活的心灵种子。

一、音乐剧名作鉴赏解读与教学建议

（一）《音乐之声》(The Sound of Music)

1. 作品简介

音乐剧《音乐之声》于 1959 年 11 月 16 日在百老汇首演，由音乐剧大师理查德·罗杰斯作曲，奥斯卡·汉默斯坦二世作词，根据玛利亚·冯·特拉普的自传《冯·特拉普家的歌手们》改编而成。1960 年获得第 14 届托尼奖最佳音乐剧、最佳女主角、最佳女配角等 6 项大奖；1979 年，该剧获得劳伦斯·米格纳奖。由百老汇原剧组录制的专辑获得了包括最佳音乐剧专辑在内的 8 项格莱美奖。1965 年，20 世纪福克斯公司拍摄了电影版《音乐之声》，从此它登上了世界舞台，广受欢迎。该电影荣获了第三十八届奥斯卡最佳导演、最佳影片、最佳配乐等大奖，电影《音乐之声》从 1965 年至 1972 年一直高居票房榜首，受到全世界成千上万观众的喜爱，它也是最早的一部真正走进中国的音乐电影。

2. 剧情介绍

音乐剧《音乐之声》的故事发生在 1938 年的奥地利萨尔茨堡一个修道院里，修女玛利亚心地善良，天性活泼好动，她成了奥地利海军冯·特拉普上校家的家庭女教师。上校自从妻子去世后，对待自己的孩子特别严厉，像管教士兵一样，上校也要求玛利亚像他一样严格管教孩子，但玛利亚没有听从，用她的善良和温暖赢得了孩子们的欢迎和喜爱。她教会了孩子们唱歌、游戏，也用音乐融化了上校的心。可惜的是，他们并没有从此过上幸福快乐的生活，上校接到了纳粹发来的电报，要求他立即到纳粹海军报到，一向十分痛恨纳粹的上校决定带领全家人离开奥地利。最后，在萨尔兹堡音乐节的演出中，一家人深情演唱歌曲《雪绒花》，表达了对祖国浓浓的热爱之情，这份真挚的情感打动了现场的观众，他们不顾身旁持枪的纳粹守卫，跟着上校一家一起演唱了《雪绒花》。演出结束后，趁着颁奖的机会，上校一家逃离了演出现场，在修女们的帮助下，他们一家躲过了纳粹的追踪，翻过阿尔卑斯山脉，离开奥地利去寻找新的生活。

3. 推荐曲目

（1）《音乐之声》（The Sound of Music）

歌曲《音乐之声》（The Sound of Music）是剧中的点题之作，由玛利亚在修道院后的山坡上独唱，女主角以磁性的声音、纯熟的演唱技巧，将这首脍炙人口的歌曲演唱得淋漓尽致，优美的音乐配上优美的景色，给观众们带来一场视觉和听觉的盛宴，充分体现了主人公玛利亚对家乡、对大自然、对音乐的无比热爱之情。

（2）《哆来咪》（Do-Re-Mi）

歌曲《哆来咪》（Do-Re-Mi）是玛利亚趁上校不在家里的时候，给每个孩子缝制了新的衣服，带着他们到市场游玩，在美丽的阿尔卑斯山上进行野餐，并教会了他们演唱的一首有趣的歌曲。这首歌曲活泼、诙谐，从学唱 do、re、mi 开始，每个音符都有一个小故事，玛利亚将七个音编成了一首好听的歌曲，使得音乐学习变得轻松、愉快，让这些调皮的孩子们在游戏和歌声中很快学会了这七个音符。

（3）《雪绒花》（Edelweiss）

歌曲《雪绒花》（Edelweiss）是一首脍炙人口的歌曲，在音乐剧《音乐之声》中出现了两次，第一次是上校回家后弹着吉他为孩子们演唱的歌曲，第二次是在最后的音乐会上，上校弹起吉他，唱起了这首奥地利民歌，之后哽咽唱不下去，玛利亚和孩子们走上台去与他一起演唱，表达了他们对祖国奥地利浓郁深厚的热爱之情，在上校的示意下，在场的观众们都激动地与他们一起演唱完《雪绒花》。《雪绒花》只有七度的音域，速度中等，三拍子，因其具有浓郁的爱国情怀、优美动听的旋律，不仅被奥地利人喻为第二国歌，更是被世界各国人民所喜爱。

（4）《孤单的牧羊人》（The Lonely Goatherd）

歌曲《孤单的牧羊人》（The Lonely Goatherd）是玛利亚和孩子们一起为男爵夫人准备一场木偶戏时演唱的作品，歌曲旋律活泼跳跃、节奏紧促欢快，大跳音程的频繁出现，使得歌曲充满活力。《孤独的牧羊人》使用约德尔山歌唱法，真假声快速交替进行，歌词多为啦、哩、哦等衬字，形成独特的效果。

4.教学建议

（1）使用柯达伊手势指挥演唱二声部合唱曲《哆来咪》。

（2）能以角色的身份演唱不同场景中的《雪绒花》，注意引导不同情感的表现。

（3）了解歌曲《孤独的牧羊人》中约德尔唱法的特点，并尝试演唱歌曲。

（4）设置场景，分组分角色表演歌曲《哆来咪》《雪绒花》《孤独的牧羊人》，在演唱的同时，注意表现人物的情绪和情感。

（5）聆听歌曲《音乐之声》的同时，可结合阿尔卑斯山脉美丽的风光片进行欣赏，感受音乐与风景的美，可用旋律线画出作品旋律音阶式的行进方式，思考其作用。

（6）研究性学习内容：电影版与音乐剧版《音乐之声》的异同点，故事发生的历史背景。

（二）《西区故事》(West Side Story)

1. 作品简介

1949 年，杰罗姆·罗宾斯有感于纽约东区青少年团伙斗殴导致的惨剧，邀请列昂纳德·伯恩斯坦与亚瑟·劳伦茨共同创作一部《东区故事》，以音乐剧的形式表现一场罗密欧与朱丽叶式的爱情悲剧。但由于各种繁忙事务，直到 1955 年三人才正式开始合作，并吸收了年仅 27 岁、日后鼎鼎大名的史蒂芬·桑德汉姆担任该剧的词作者。后来由于纽约的犯罪团伙从东区发展到了西区，剧名也随之变为《西区故事》。伯恩斯坦并没有邀请大明星来出演该剧，而是请了一些新面孔。1957 年 9 月 26 日，一群年轻人带着希望和理想走上了百老汇的舞台，《西区故事》正式诞生。该剧富有创造性的布景、现代感强烈的舞蹈以及浓厚的现实悲剧色彩，使它成为"美国音乐剧历史上最大的成功"。该剧获得 1958 年度托尼奖的最佳编舞奖以及最佳音乐剧奖等多项奖提名。《西区故事》首演后 5 年被改编成同名电影，由罗伯特·怀斯（Robert Wise）执导，获得了奥斯卡最佳影片、最佳导演、最佳男女配角、最佳歌舞片配乐等 10 项金像奖。

音乐剧《西区故事》中的罗密欧与朱丽叶式的情节对于观众来说并不新鲜，但它在音乐及舞蹈方面的创新，在当时是相当轰动的。尤其舞会上两个帮派互相赛舞的片段，风格截然不同却又同样激烈奔放，这个片段是全剧所有舞蹈的精华。而剧中的歌曲大多数都是感情的直接抒发。《西区故事》至今仍然是世界各地音乐剧演出的热门剧目，它那令人折服的魅力，使得人们对该剧的评价越来越高，普遍认为它是现实主义和印象派完美结合的一部杰作。

舞蹈，尤其是爵士舞是成就该剧的主要因素之一，故事的时代感和现实意义给编舞家罗宾斯提供了更大的创作空间，作品中波多黎各风情的韵律以及切分音的大胆运用，也给罗宾斯那富有煽动性的舞蹈创编提供了前提。音乐具有丰富的戏剧性和巨大的吸引力。全剧共有十二段舞蹈段落，每一段都承担了戏剧内容的表达及人物刻画的任务。每一个舞蹈演员都分配一个角色，没有两个角色会跳一样的舞蹈，而且每人都有一个名字，具有独立个性，真正表现舞蹈的多样和丰富。

2. 剧情介绍

故事发生在 20 世纪 50 年代的纽约西区，男主人公托尼曾经是一伙本地白人街头青年"喷气帮"的头目，但他想寻求一种友好相处的和谐环境，所以一直想脱离原来的帮派，因为他的同伙们长期以来和另一个由波多黎各移民青年团伙"鲨鱼帮"之间有着很深的敌视和经常性的争斗。后来他遇到了一位姑娘叫玛利亚，两个人一见钟情，不幸的是玛利亚竟是"鲨鱼帮"头目本纳多的妹妹，托尼感到他有责任来结束两个团伙之间的敌意，使大家和平相处。不幸托尼的努力没有成功，反而因为要阻止一场斗殴误杀了本纳多，两伙人长期的积怨彻底爆发，最后，原本不愿意挑起争斗的托尼也在残酷的争斗中死去了，玛利亚抱着托尼的尸体悲痛万分，她举起那支杀死托尼的手枪，对准两边的仇杀者，发出感天动地的呐喊，最后两个团伙的年轻人共同抬起托尼的尸体结束了全剧。整部剧以极为敏感的视角讲述了美国现实中民族对立和团伙斗殴这两个严重的社会问题，有着震撼人心的艺术力量。

3. 推荐曲目——《阿美利加》（America）

歌曲《阿美利加》中的波多黎各女孩们有两种不同的观点，用歌声表现出来，罗萨莉亚演唱时，怀着愉悦的心情表达对波多黎各的亲切感，而安妮塔都一一加以嘲讽，为了表现这种语气，演员有时加上了夸张的滑音，甚至用带有"喊叫"式的唱法来表现，接近于自然的声音，加上热情的西班牙风格舞蹈及带有幽默、诙谐的舞蹈动作，体现出一个生动的场面。这首歌用自嘲的语言述说异乡人在美国受歧视的生活和心中强烈的不安。

4.教学建议

（1）对比音乐剧《西区故事》与莎士比亚戏剧《罗密欧与朱丽叶》悲剧性故事的异同。

（2）对比音乐剧与话剧的不同特点。

（3）欣赏舞蹈音乐片段，结合声势动作，体验爵士乐节奏的特点。

（4）学习爵士舞基本动作，能跟随音乐舞蹈。

（5）欣赏舞蹈片段，用抢答的方式，快速分辨出芭蕾舞、爵士舞、拉丁舞等舞种。

（6）分析作品谱例，找出所有三全音（增四度音程），感受不协和音程的频繁运用所带来的危险气氛和不安全感，理解音乐是如何来烘托全剧的悲剧气氛的。

（7）研究性学习内容：探究爵士乐节奏的特点。

（三）《奥利弗！》(Oliver！)

1.作品简介

著名的音乐剧《奥利弗！》是根据英国19世纪批判现实主义作家查尔斯·狄更斯（Charies Dickens）1838年出版的经典长篇写实小说《雾都孤儿》改编的。它的作者莱昂内尔·巴特（Lionel Bart）被誉为"英国现代音乐剧之父"。1960年6月30日，《奥利弗！》在伦敦西区阿尔伯里剧院首演，在那个时期，伦敦舞台一直由美国作品所主导，可以说，巴特为英国音乐剧的复兴发挥了重要的作用。1963年音乐剧《奥利弗！》获得了第17届托尼奖最佳作曲和最佳指挥奖。1968年《奥利弗！》被搬上了大荧幕，这是一部纯粹的音乐片，保留了音乐剧的全部曲目，还加上了大量的舞蹈，影片借助电影独有的优势，展现了许多精彩的歌舞片段，更加令人赏心悦目，同年电影版获得了奥斯卡最佳影片、最佳导演、最佳美工、最佳音响、最佳改编音乐5个奖项。1994年12月8日，由麦金托什制作的《奥利弗！》大型复排版重新在伦敦演出，1998年2月23日复排版开始向百老汇进军，直到现在《奥利弗！》还是伦敦西区和纽约百老汇的保留剧目。《奥利弗！》是伦敦西区 20 世纪 60 年代最优秀的音乐剧作品，也是将著名小说改编成音乐剧版本的经典之作，它最终成了英国音乐剧的代表，几乎每所英国中小学校都会排演这部音乐剧。

音乐剧《奥利弗！》的故事情节大家都非常熟悉，加上歌舞，每个人物的个性特征就更鲜明了。巴特用了活泼的音乐来表现社会的黑暗面，这种以喜写悲的形式更能打动观众的心，它是一部激动人心、险象环生的音乐剧。同时，《奥利弗！》创造了一个崭新的布景概念——令人炫目的巨大转台，将维多利亚时代的伦敦一幕接一幕地在舞台上自如地展现，可以说，这是西区的一部令人骄傲的代表作。

2.剧情介绍

故事发生在 19 世纪的英国，在一个寒冷的深夜里，一个婴儿降生在伦敦的贫民区里，他刚刚出世，母亲便离开了人世，谁都不知道他的母亲是谁，他一出生便成了无名孤儿。于是他被当地的教会收留，由女管事抚养，并给他起了一个名字奥利弗·特维斯特。在奥利弗 9 岁的时候，他不能像有钱人家的孩子们那样到学校读书，女管事还把他送进了一个专门雇佣童工的工厂，和其他孩子一起日夜干着苦不堪言的重活，饱受饥寒的煎熬。为了能增加粮食，性格倔强的奥利弗被大家推选为代表，向工厂提出要求，结果工厂的职员大惊失色，担心奥利弗会影响其他童工，便不再愿意继续收留他了。

棺材店的老板索贝立先生刚好需要学徒，便花了五个金镑把奥利弗领去，换了个新环境，奥利弗生活过得稍好些，但因老板很满意他的表现，奥利弗遭到了年长学徒的嫉妒，并故意讥笑侮辱他，忍无可忍的奥利弗和大他好几岁的大徒弟打了起来，索贝立夫妇将他关进了地窖中，没想到地窖的铁窗年久失修，轻轻一推就掉了，于是奥利弗决定逃跑，步行了 7 天，最后爬上一辆马车辗转来到伦敦流落街头。

绝望中奥利弗遇到了少年道奇，带着他来到贫民窟一栋破旧的屋子，一个专门教唆儿童偷盗的法金的老窝，过了几天，道奇和其他孩子上街偷窃带上了奥利弗，结果因道奇失手被发现，奥利弗被抓了起来，而被偷了钱包的老绅士勃朗罗先生于心不忍，证明奥利弗是无辜的，后来勃朗罗先生发现奥利弗就是他侄女的孩子。最后市民们纷纷加入声势浩大的抓贼活动，法金下令小扒手们逃散，自己抱着一盒贵重财宝从独木桥逃走，但因为太匆忙了，不小心摔倒了，财宝掉进了深深的泥沼中，他带着自己最得意的门徒道奇离开故地，去寻找新的生活，而奥利弗也被勃朗罗先生带回家，祖孙俩终于团聚。

3. 推荐曲目

（1）《爱在何处？》（Where Is Love？）

这是奥利弗被关进地窖里，孤独恐惧的奥利弗思念母亲时所唱的感人至深的歌曲。作品以童声独唱的形式，展现抒情、感人的旋律，令人听了动容。

（2）《谁来买？》（Who Will Buy？）

奥利弗站在勃朗罗先生家阳台上和小贩们合唱的歌曲，这首作品长久以来一直深深打动着听众的心，每一个角色都有自己固定的旋律，用对唱的形式逐一展现，在歌曲的后半段合唱部分，带有鲜明角色特点的旋律叠加在一起，形成丰富而又极具特色的效果。

4. 教学建议

（1）研究性学习内容：对比小说《雾都孤儿》和音乐剧《奥利弗！》剧情的异同点，思考音乐剧是如何用歌唱、舞蹈来表现故事内容及人物内心的情绪变化的。

（2）演唱歌曲《爱在何处？》（Where Is Love？），感受歌曲所表达的对母亲的思念之情，并以角色的感觉体会演唱时的内心情绪。

（3）表演歌曲《谁来买？》（Who Will Buy？），由学生分别扮演奥利弗、卖玫瑰花的姑娘、卖牛奶的姑娘们、卖草莓的姑娘、磨刀的小贩等角色，每个人先记住自己角色的主旋律歌词，根据音乐剧中歌曲的演唱顺序逐一演唱，慢慢叠加，最后合成一首多声部合唱。可选用位置较为宽敞的场地进行表演。

（四）《约瑟夫与神奇彩衣》（Joseph and The Amazing Technicolor Dreamcoat）

1. 作品简介

这是一部摇滚儿童剧，最初《约瑟夫与神奇彩衣》只是韦伯和蒂姆·莱斯应邀创作的一部期末学校剧，但绝对是一部新颖独特、富于革新精神的音乐剧作品，是作者无意识的上乘之作。1967 年，伦敦一所男子学校的教师阿兰·道基特打电话给韦伯，请他为学校创作一部作品作为学期结束的表演，随后，韦伯与他的朋友蒂姆·莱斯一起开始了设想，选择了约瑟夫和他的五彩衣故事为主题，因为这个故事更加通俗易懂，更能让孩子们接受。这个故事也深深打动了韦伯和莱斯，他们从 1968 年开始正式创作，并于同年 3 月 1 日在伦敦首演，第一个版本只有 20 分钟的长度，那些脍炙人口的歌曲还没有创作出来，后来他俩一直被要求不断改进、加长，于是他们又增加了一些新的角色。5 年后增加到 40 分钟长度的第二个版本在威斯敏斯特中央剧场（Central Hall in Westminster）上演，之后他们意识到有必要将"约瑟夫"改编成一部结构完整的音乐剧，1973 年在伦敦首演时，该剧已经达到了 90 分钟。这是一部完全用歌唱而没有说白的音乐剧，故事在大合唱的歌声中展开，整部剧音乐形式活泼丰富，有摇滚乐、乡村音乐、歌舞小品、法国民谣和西印度风格的小调等，该剧终于一炮而红。1981 年 11 月该剧在百老汇首演，并于 1992 年获得劳伦斯·奥利维亚（Laurence Olivier）奖的最佳场景设计和最佳服装设计奖。

自从约瑟夫的舞台形象诞生以来，这一形象就传遍了全世界，每年都有数不清的业余学校剧团演出约瑟夫的故事，用韦伯的话来说："约瑟夫最初就是为学校的孩子们写的，我们想运用音乐剧的创作手段为孩子们创作出一部精美的作品，最初约瑟夫的确以它的戏剧感吸引了孩子们。"

究竟是什么原因让《约瑟夫与神奇彩衣》如此受欢迎呢？是因为这部音乐剧又符合音乐剧传统，同时又现代感十足。最有特色的就是剧中那件"神奇七色彩衣"，设计师们运用了各种基色，再加以无尽的变化，使得服装道具的颜色随着剧情的发展而不断变化，但又始终保持协调一致。该剧另一个吸引人的地方就是，台上台下的互动性非常强，根据剧情的发展，演员们经常向观众提出问题，互动的方式使得观众全身心地投入到剧情中，与剧中人物同喜同悲。绚丽多彩的舞台设计、目不暇接的歌舞场面、引人入胜的故事情节，加上异常丰富的音乐元素，使得《约瑟夫与神奇彩衣》成为一部不可不看的老少咸宜的经典家庭音乐剧。

2. 剧情介绍

一天，学校组织了一次听讲会，所有的教师和学生都到齐了。这时进来了一位年轻的女教师，她说将给大家带来一个有关梦想的故事，她相信只要大家愿意付出努力，每个人都能像故事中的男孩那样，实现自己心中的美梦，这时演讲厅的门打开了，一个面带笑容、充满亲和力的男孩走了进来，他就是那个实现了心中梦想的约瑟夫，于是故事开始了。

靠着牧羊为生的雅各和他的12个儿子们住在伽南，在所有儿子中，约瑟夫是他最疼爱的儿子，雅各能够给予约瑟夫一切。为了表达对约瑟夫的偏爱，雅各为约瑟夫买了一件五颜六色的彩衣，衣服样式新颖、设计独特、非常精美。当约瑟夫沉浸在色彩包围中时，他的哥哥们埋藏许久的嫉妒情绪暴露了出来，他们把约瑟夫卖到了奴隶市场，就这样约瑟夫被人带到了陌生的埃及，历经重重磨难，这个不幸的人终于抓住了生活中的一次机遇，他的聪明智慧受到了法老的赏识，约瑟夫不仅重获新生，还拯救了灾荒中的国家，因此他成了"埃及第二"。善良的约瑟夫原谅了曾经对他不义的哥哥们，当年的错误已经使他们后悔不已，一家人又重新团聚。

3. 推荐曲目

（1）《关起每一扇门》(Close Every Door)

被人陷害关进监狱的约瑟夫感到失望和沮丧，但他并不绝望，相信自己的梦想终有一天会实现，在这首歌曲中，约瑟夫和孩子们用对唱的形式来演绎，表现出他乐观开朗的天性。

（2）《每个梦都会实现》(Any Dream Will Do)

音乐剧开场部分，听讲会上，年轻的女教师说将给大家带来一个有关梦想的故事，她相信只要大家愿意付出努力，每个人都能像故事中的男孩那样，实现自己心中的美梦。这时候演讲厅的门打开了，一个充满亲和力的男孩走了进来，他就是那个实现了梦想的约瑟夫，唱着这首歌曲，用轮唱的形式，与现场的孩子们用歌声"交流"。

4. 教学建议

（1）学唱歌曲《每个梦都会实现》（Any Dream Will Do），先用游戏的方式理解轮唱的演唱形式，可借助道具或图片将这种演唱形式形象化、视觉化，表演时，全班的学生可以围坐在一起，请一名同学扮演小男孩约瑟夫领唱，其他同学用轮唱的方式配合。

（2）感受歌曲《关起每一扇门》（Close Every Door）的情绪，使用多声部声势动作，体验六拍子的律动感，根据学生的不同情况，可选择演唱歌曲，亦可使用配乐诗朗诵的形式朗读歌词，重点在于表现约瑟夫相信自己梦想的决心。

（五）《艾薇塔》（Evita）

1. 作品简介

在音乐剧舞台上，像《艾薇塔》这样政治色彩浓厚的传记性音乐剧并不多见。传统音乐剧的重要因素之一就是幽默轻松，严肃主题的作品并不容易讨巧，但《艾薇塔》却做到了，精炼的剧情、富丽精致的音乐、华丽的服装和舞美，再加上演员们上乘的表演，使得《艾薇塔》成为一部同时受到剧评人和观众赞赏、欢迎的优秀作品。这部音乐剧是韦伯和莱斯合作的中期作品，全剧共有 34 首歌曲，首首精品，包含了南美音乐的热情与流行音乐的柔美，全剧曲风多样，有摇滚、迪斯科、爵士、探戈、华尔兹等等，既有流行音乐，也有严肃管弦乐等元素，架构出多姿多彩的民族情感及波澜壮阔的史诗气派。

韦伯和莱斯在剧中安排了一位说书人的角色，在剧中形成"夹叙夹议"的特色。艾薇塔是内容的主线，切负责旁白议论，从一种客观或者第三者的角度，评论艾薇塔的丰功伟绩，从始至终说出作者对这个人物的看法。音乐剧于 1978 年 6 月在伦敦爱德华王子剧场首演，1979 年 9 月在百老汇的百老汇剧院首演。

音乐剧《艾薇塔》于 1978 年获得劳伦斯·奥利维亚年度最佳音乐剧奖和年度最佳表演奖，1980 年获得纽约戏剧评论奖的最佳音乐剧奖，1980 年获得 7 项托尼奖、6 项戏剧课桌奖，并获得 1980 年洛杉矶戏剧评论圈授予的杰出成就奖等 9 项大奖；原百老汇剧组录音专辑获得 1981 年格莱美最佳音乐剧专辑奖。

电影于 1997 年获得 5 项金球奖提名，最终获得最佳影片、最佳女主角（麦当娜）和最佳原创歌曲 3 项大奖；获得 5 项奥斯卡奖提名，最后获得最佳原创歌曲奖——《你必须爱我》(You Must Love Me)。

2. 剧情介绍

1952 年 7 月 26 日，年轻的阿根廷学生切（Che）在布宜诺斯艾利斯的电影院看电影时，电影被新传来的消息打断了，艾娃·贝隆，阿根廷的精神领袖，离开了人间。艾娃的葬礼隆重而盛大，无边无际的人群、华丽的场面、无数的痛苦和哀号，切是唯一没有加入这场悲剧的人。

时间回到 1934 年，艾娃 15 岁的时候，整个故事跨度近 20 年，以二战前后阿根廷充满巨变的历史进程为背景，讲述了阿根廷前总统伊娃·贝隆波澜壮阔且充满传奇性的人生经历。伊娃本是出生贫穷且饱受社会歧视的阿根廷女孩，但她不屈于命运的安排，凭借自己的才貌、智慧，一步步收获名望与财富，最终成为权倾阿根廷的政坛明星，但无情的病魔结束了她短暂而辉煌的一生，留给人间无数的争议和叹息。

3. 推荐曲目——《阿根廷，别为我哭泣》(Don't Cry for Me, Argentina)

主题曲《阿根廷，别为我哭泣》，是全剧中流传最广的一首，1977 年荣获英国排行榜冠军，1979 年音乐剧《艾薇塔》到了百老汇，以现代的时尚音乐风格征服了众多的观众，而这一单曲也成为美国最畅销的单曲之一。《阿根廷，别为我哭泣》写尽了艾娃对祖国的一往情深和她个人渴望人民支持的坚强意志，在韦伯和莱斯的作品中，它是一首掷地有声之作。

4. 教学建议

（1）可以以艾薇塔传奇的一生作为教学主线，结合剧中不同时期的音乐作品展开教学，注重体现音乐剧中所要塑造的敏锐、坚毅的女性形象，结合阿根廷历史进行讲解，让学生了解相关文化背景，加深对作品内涵的理解。

（2）亦可以以剧中的拉丁元素作为教学主线，通过分析探戈、伦巴等拉丁音乐的特征，结合声势教学体验相关舞曲节奏，在律动练习中感悟这部音乐剧中所体现的民族特色。

（3）设计剧中场景模拟，如家乡的酒馆、最后的告别、阿根廷别为我哭泣等，在课堂即兴表演中，感受不同剧情中角色情绪的变化，提升想象与创造能力。

（六）《猫》（Cats）

1. 作品简介

1981 年 5 月 11 日音乐剧《猫》在英国伦敦新伦敦剧院正式首演，1982 年 10 月 7 日，《猫》在纽约百老汇冬日剧院上演。音乐剧《猫》于 1981 年获劳伦斯·奥利佛奖最佳音乐剧杰出成就奖、年度特别奖，以及标准晚会奖中的最佳音乐剧奖，1982 年获托尼奖最佳音乐剧奖、最佳剧本奖（托马斯·斯蒂恩·艾略特）、最佳作曲奖（安德鲁·劳埃德·韦伯）、最佳作词奖（托马斯·斯蒂恩·艾略特）、最佳导演奖（特雷沃·努恩）、最佳音乐剧女演员奖（贝蒂·布克莱）、最佳服装奖（约翰·纳皮尔）、最佳灯光奖（大卫·赫西），1983 年获戏剧舞台奖最佳音乐、最佳服装、最佳灯光奖，在纽约获得外界评论奖项中的最佳音乐剧奖。此外，英国演员灌制的《猫》在 1982 年获得格莱美最佳唱片奖，百老汇演员灌制的《猫》音乐在 1983 年获得此项奖项。可以说，《猫》是当今世界音乐剧中最成功的作品之一，无论演出场次、观众人数还是票房价值都创造了音乐剧文化历史上的新纪录。

《猫》的剧本取材于英国诗人托马斯·斯特尔斯·艾略特（Thomas

Sterns Eliot）的诗集《擅长装扮的老猫经》，这部诗集是艾略特为儿童创作的，韦伯小时候就对这部诗集充满着浓厚的兴趣。可是韦伯要创作《猫》的念头遭到了绝大多数人的反对，因为他们认为诗作无法表达剧情，而在音乐剧中剧情是一个重要的因素，但韦伯相信，音乐剧可以不用剧情来打动人，他找来一批能人——导演、舞蹈编导、服装设计师等等，开始排练，可大家依然对《猫》的前景并不看好，直至正式演出的前一天，剧团甚至还没有筹集到足够的资金，导致剧院的老板想要违约退出，但后来的情况大家都清楚，音乐剧《猫》的首演一炮打响，成为世界瞩目的经典音乐剧。

2. 剧情介绍

剧中讲述了这样一个故事：在一个月色中的垃圾场，杰利柯猫群聚集在一起，召开着每年一场的家族庆贺会，每只猫通过歌声与舞蹈介绍自己，舞会结束后将有一只猫被选送到九重天获得重生，最后，曾经光彩夺目而现在却邋遢无比的"魅力猫"以一首《回忆》打动了所有在场的猫们，获得了重生的机会。

全剧共有 36 只形象性格各异的猫，其中的几只主角如下：

（1）Old Deuteronomy 老杜特洛内米——"领袖猫"

"领袖猫"的年纪很大，它饱读诗书、充满智慧、颇有经验，它是整个猫族部落的首领，在猫族里最受大家的尊敬和爱戴。"领袖猫"是一只几乎没有花纹的大灰猫，身材十分硕大，它的皮像个斗篷似的披在身上，它的个子也很高，在舞台上比其他猫儿更显气势。平时"领袖猫"极少出现在猫族里，日常工作都是由年轻的"英雄猫"在打理，但是一年一度的舞会，"领袖猫"是一定参加的，因为只有它才有资格来选定获得重生的猫儿。

（2）Rum Tum Tugger 若腾塔格——"摇滚猫"

"摇滚猫"若腾塔格是猫族中的摇滚歌星，傲气十足，它的歌是摇滚乐，受到年轻的猫们的欢迎。"摇滚猫"个子很高，动作矫健有爆发力，十分有魅力，但是它也极具个性，性格反复无常，而且很叛逆，只喜欢得不到的东西。

（3）Mungojerry and Rumpleteazer 蒙哥杰利与蓝蓓蒂泽——"小偷猫"

蒙哥杰利和蓝蓓蒂泽都是"小偷猫"，它俩十分淘气，而且顽皮，它们形影不离，是配合默契的最佳搭档，总在一起做些恶作剧和偷盗的坏事，而且经常能避开追捕，但是，最终还是被"英雄猫"所悉破，并且受到了惩罚。

（4）Bustopher Jone 布斯托夫·琼——"富贵猫"

"富贵猫"相当胖，因为它很喜欢吃，但是它却坚持自己保养得很好，可以保持最佳状态而不是肥胖。"富贵猫"受过教育，是一只穿着整齐得体的上层社会的猫，它总是穿最好的衣服，去最好的饭馆，这一点，让它在猫族里特别受尊敬。"富贵猫"全身黑色，只有鼻尖和领口是白色的，总是挺着个大肚子，舞台上它身穿燕尾服，用一根小汤勺作为拐杖，很有绅士风度。

（5）Rumpus Cat 蓝蓓斯——"超人猫"

"超人猫"和超人一样，拥有无比厉害的威力，所以，当所有的狗疯狂地撕咬在一起打架时，"超人猫"只要一出现，就能把它们全部吓跑，因此它也是猫族中跟超人一样的英雄。

3. 推荐曲目

（1）音乐元素——歌曲《回忆》（Memory）

音乐剧《猫》中的音乐优美动人，全剧近三个小时，共由二十三首乐曲组成，主要有歌曲，以及配合不同舞蹈场景的器乐曲。在这当中的歌曲《回忆》流传广泛，已经成为现代流行音乐的经典之作，这个作品多次获奖，成为音乐剧《猫》的招牌和象征了。

据说，直到音乐剧《猫》首映式接近时，导演拿恩仍然对剧中的高潮部分不够满意，他觉得应该有一首更富有感情的歌曲让观众全身心投入其中。于是韦伯花了整整一个晚上的时间重新创作了一个曲子，第二天，拿恩听完后，对旁边的人说："我请你们记住现在的日子和时间。因为你们现在听到的，就是下一个能称为传奇的乐曲。"而这个曲子就是后来在音乐剧史上流传得最广的《回忆》。

歌曲《回忆》在当时还只有旋律没有歌词，它和其他《猫》剧的歌不一样，并不是根据已有的诗编写的，当时离首映只有几天了，于是拿恩决定由自己来写《回忆》的歌词，他花了整整一个星期的时间重读艾略特的诗集，他借用了其中的《风夜狂想曲》和《魅美的猫》作为线索，不但写出了动人心弦的《回忆》歌词，也更明确了整部音乐剧《猫》的主题思想。魅力猫 Grizabella 成为整部剧的情感出口，她在歌曲《回忆》里表白了自己在外面世界所受的痛苦，她所永远失去的快乐和美好的日子，以及她归家的渴望之情。就这样，这首让人难以忘怀的歌诞生了。

这首歌在剧中前后出现了三次，在第三次的演唱之前"领袖猫"告诉猫儿们，幸福的含义不仅仅只是现在的情感，也包括过去那些令人难以忘怀的事情，猫儿们都流露出感动的表情，宽大为怀，猫儿们的包容与同情，唤起了"魅力猫"内心对生活坚定的信心，它鼓起勇气再次唱响了《回忆》，并向大伙伸出了渴望的手，它期待能获得亲人们的谅解，告别过去，重新获得新生活。其中的小猫杰米玛与格里泽贝拉短短两句的合唱堪称绝笔，一个在痛苦地回忆，一个在天真地憧憬，一个饱经沧桑，一个天真无邪，令人无限感慨。

（2）舞美元素

在音乐剧《猫》中，最吸引人的地方就是角色的化妆，全剧共有 36 只猫，为了突显每只猫的不同性格特征和地位，每个演员的化妆也是五花八门、形态各异、各具特色，做到形象逼真，尤其服装上结合了人类的因素，每一只猫都有自己的服装，考虑到音乐剧中的舞蹈特质，绝大多数的服装都是柔韧而且易于移动，方便表演和舞蹈。

《猫》的全剧共有 2500 件道具，剧中以一个大垃圾场作为基础布景，使用了 1500 件由废旧轮胎、可乐罐、牙膏筒、碎碟子、废弃的汽车等等组成的各类垃圾道具，还有几根可供猫儿们爬进爬出的水管通向舞台外部，一切物品都按猫眼中的尺寸放大，比实际大三倍。在观众席还安置了一些演员进出口，让那些"猫儿"蹿进蹿出，给观众一份惊奇，因此被人们称为是"最令人意外的舞台"。

舞台布景方面，开场时黑暗中金色的猫眼一起闪耀，然后慢慢消退，一轮诡异色彩的明月悬挂在舞台后方。结尾部分——通往九重天这一段，从舞台上方降下的一座巨型的阶梯，让获得重生的魅力猫登上重生的道路，这些舞台效果可以说是到了登峰造极的地步了，对剧情的表达及人物的塑造都起着非常重要的作用。

（3）舞蹈元素

音乐剧《猫》中用了大量的舞蹈场面，有高雅华丽的芭蕾舞，有动感热情的爵士舞和现代舞，还有活泼轻快的踢踏舞，通过这些不同的舞蹈种类来表现猫儿们的不同性格和特点，使得整部音乐剧风格活力四射、魅力无穷。

例如在杰利柯舞会中，"摇滚猫"带领猫儿们跳的现代舞，不仅动感十足，突出了他狂野的个性，也表现出了舞会的场面宏大、激情澎湃。又如为了体现"白猫"纯洁善良的心灵，用优美的现代芭蕾舞舞姿及高难度的动作，让我们感受到一种纯洁无瑕的美。

再如猫中的保姆"保姆猫"，它非常具有亲和力，大家都很喜欢它，它总是忙忙碌碌的，要为猫族做一些慈善公益性的事业。白天它总是显得很懒散，整天睡，但是一到了晚上，它就开始繁忙起来，因为它要训练老鼠织毛衣，还要担忧蟑螂失业，为了表现出"保姆猫"风趣幽默的性格特征，剧中使用轻松活泼的踢踏舞，展示了一段它与它的蟑螂童子军的舞蹈。

4.教学建议

（1）使用剧中的音乐，配乐朗诵Ｔ·Ｓ·艾略特的诗作《擅长装扮的老猫经》（节选），感受这部没有完整剧情、几乎没有台词、打破传统故事叙述方式、拥有极度鲜明性角色特征的音乐剧，是如何将这部妙趣横生的儿歌集改编成家喻户晓的音乐剧。

（2）对比聆听剧中出现三次的歌曲《回忆》，体会不同剧情中，歌曲所表达的不同情绪，感悟剧中所体现的生命的意义及对生活不屈不挠的精神。

（3）欣赏音乐剧《猫》中的舞蹈片段，能分辨芭蕾舞、踢踏舞、现代舞等舞蹈种类，理解音乐剧中舞蹈元素的多样性，懂得舞蹈在音乐剧中所起的功用。

（4）课外搜集音乐剧《猫》的相关剧照，分析剧中舞台布景、角色服装、化妆的特点，尤其关注舞美设计中将所有物品放大，打造"猫眼"里的世界部分。

（七）《歌剧院的幽灵》（The Phantom of The Opera）

1. 作品简介

《歌剧院的幽灵》被称为音乐剧四大名剧之一，由安德鲁·洛伊德·韦伯（Andrew Lloyd Webl ber）作曲，查尔斯·哈特（Charles Hart）作词，安德鲁·洛伊德·韦伯编剧，制作人是卡梅隆·麦金托什（Cameron Mackintosh）。1986年10月在伦敦女皇剧场首演，同年获得劳伦斯·奥利维亚奖年度最佳音乐剧奖、最杰出表演奖等奖项。并于1988年获得7项托尼奖、7项戏剧课桌奖、3项纽约剧评人奖，1989年获得4项洛杉矶戏剧评论圈奖，2002年获得劳伦斯·奥利维亚观众票选最受欢迎音乐剧大奖。

音乐剧《歌剧院的幽灵》是根据法国作家盖斯顿·勒胡（Gaston Leroux）的同名小说（Le Fantome De L'opera）改编的，《歌剧院的幽灵》是法国通俗小说，到了20世纪20年代，它成了无声电影和早期恐怖电影的宠儿。在中国，新中国成立前也有一部《夜半歌声》是根据此书改编的。1984年韦伯和卡梅隆·麦金托什决定携手把这个故事改编成音乐剧。

《歌剧院的幽灵》有着悲伤的爱情主题，富丽奢华的布景，千变万化的舞台奇观，朗朗上口的旋律，优美婉转与充满悬疑感、富有震撼力的音乐，又有作为戏中戏、经典歌剧和芭蕾舞剧的精彩片段穿插其中，让这部作品大放光彩。整部剧中，场景一次比一次盛大，尤其地下湖的场景，让人有着似幻似真的感觉，几乎已经感觉不到舞台的存在了。剧中的幽灵戴

着一只遮住半边脸的假面具，而这个白色假面具也成了全世界演出音乐剧
《歌剧院的幽灵》的宣传广告标志。

2. 剧情介绍

故事开始于 1911 年的巴黎歌剧院，此时的歌剧院濒临倒闭，年迈的
贵族拉乌尔正在剧院里参加一场拍卖会，这时，拍卖师提到了一件拍卖
品，就是在著名的歌剧院幽灵事件中摔碎的大吊灯，为了让大家能看清修
复后的吊灯，拍卖师开启了新安装的电灯，一时全场灯火通明，舞台上
的大吊灯也随之亮起，把在座的人带回了 50 年前——巴黎歌剧院的鼎盛
时期……

在巴黎歌剧院里，近期怪事频繁发生：首席女高音卡洛塔差点被一个
从天而降的布景砸到，剧院里出现了一个令人恐惧的虚幻男声……这是来
自剧院地下迷宫的幽灵的声音，他爱上了女演员克里斯汀，他暗中教克里
斯汀唱歌，帮她获得了女主角的位置，可是克里斯汀却爱上了年轻的贵族
拉乌尔，因此引发了幽灵的嫉妒、谋害等等一系列事件。最终，幽灵发现
自己对克里斯汀的爱已经超过了个人的占有欲，于是，他留下了披风和白
色面具，解脱了克里斯汀，独自消失在昏暗的地下迷宫中……从此，巴黎
歌剧院就再也没有关于歌剧魅影的传说了。

3. 推荐曲目

（1）《想起我》（Think of Me）

《想起我》（Think of Me）是女主角克里斯汀演唱的一首咏叹调，第一
次出现在原首席女高音卡洛塔在排演中的演唱，后因意外发生，被激怒的
卡洛塔离开了剧组，换上了克里斯汀在正式演出中演唱这首歌曲，克里斯
汀的歌声轻柔悦耳，在剧院中有着空灵的效果，回音饱满，但不失轻灵。
这首歌是全剧最为经典的一首抒情咏叹调，刚开始为 D 大调，节奏平缓，
旋律抒情流畅，恬静中带些伤感，随着演唱的推进，歌曲由 D 调转为降 E
调，伴随着调性的转变，场景也转换为正式演出的华丽布景。整首歌曲由
四个乐段组成，每个乐段相互独立，包含了不同的力度和速度的变化，全
曲在花腔的高潮中结束。歌曲的节拍则使用了 4/4 拍和 12/8 拍交替使用的

模式，使得音乐更具感染力。这个唱段主要表述了克里斯汀在试唱过程中从不自信转变为自信的过程，同时也陈述了她自己对拉乌尔的情感，在这一段演唱中，需要演唱者使用大量的美声唱法技巧。

（2）《歌剧院的幽灵》（The Phantom of The Opera）

作为音乐剧的同名主题曲，这首二重唱的旋律始终贯穿全剧。歌曲《歌剧院的幽灵》（The Phantom of The Opera）具有非常鲜明的歌剧宣叙调语气感，它的旋律中，每一个音基本上都对应着歌词中的一个单词，可以说，这是音乐剧灵活转化运用宣叙调的典型形式，并融入流行和摇滚元素，加上管风琴气势磅礴的特效，营造了紧张压抑的气氛。这个唱段是男女声二重唱，表现出男主角剧院幽灵用他充满魔力的歌声，一步一步将女主角克里斯汀引至歌剧院地下迷宫中的湖泊，并驾着小船驶向湖心小岛。幽灵的歌声和克里斯汀沉醉于歌声中如梦如幻、不能自已的迷失状态，极具张力和感染力。

（3）《黑夜的音乐》（The Music of the Night）

歌曲《黑夜的音乐》（The Music of the Night）在音乐剧中出现了两次，第一次是在幽灵居住的地下湖心的屋内，他演唱了这首歌曲引诱克里斯汀的心智，并表达了自己的爱意。第二次是在第二幕即将结束前，幽灵目送着克里斯汀离去后，自己慢慢地走向一角的自己的王座，这段音乐旋律再现。这首歌曲是一个独唱唱段，旋律非常舒缓、优美，一部分歌词对应着时值较长的多个音的旋律片段，表现出优美的抒情音调和悠长的旋律感。歌曲共分为三个重复乐段，随着角色情绪、情感的不断变化，演唱上做出不同的处理。

（4）《我唯一的请求》（All I Ask of You）

《我唯一的请求》（All I Ask of You）出现在第一幕快结束时，因幽灵的破坏，剧院大乱，混乱中克里斯汀和拉乌尔一起逃到她所知的一个安全地方——剧院的屋顶上面，克里斯汀神情紧张地脱口说出自己的经历，拉乌尔提出要好好保护她时所演唱的歌曲。这首歌是整部音乐剧中难得的温情之作，歌曲分为两段体结构，前段的优美舒缓，与后段的激昂情绪形成了对比。唱段中拉乌尔的独唱平缓朴实，用交谈般的气息来表现，安慰着无助的克里斯汀。

4. 教学建议

（1）欣赏音乐剧《歌剧院的幽灵》中歌剧与芭蕾舞剧的表演场面，感受戏中戏的效果，对比音乐剧与歌剧、舞剧的区别。

（2）欣赏音乐剧中经典的音乐作品《The Phantom of The Opera》《The Music of the Night》《Think of Me》等等，感受旋律的优美，体会不同音乐作品在推动剧情发展，抒发人物情感中所起的作用。

（3）研究性学习内容：探究音乐剧《歌剧院的幽灵》中的舞台场景设计，不同角色所使用的不同演唱方法，作曲家如何将古典音乐元素融合在音乐剧作品当中。

（八）《悲惨世界》(Les Misérables)

1. 作品简介

改编自法国文学巨匠雨果同名小说的音乐剧《悲惨世界》诞生于 1978 年的法国，首演于 1980 年，1985 年被改成英文版登上伦敦舞台，1987 年亮相美国百老汇，是当今世界音乐剧"四大名剧"之一。与大多数音乐剧相比，《悲惨世界》的剧情要哀伤沉重得多，有很多严肃悲壮的歌曲，偶尔有一两首轻松的或是悠扬的歌，又会马上被铁和血的声音盖过。它以撼动人心的情节、波澜壮阔的音乐和变化无穷的舞美令全世界的音乐剧爱好者为之着迷。

曾经普契尼等一些 19 世纪的作曲家都曾考虑将《悲惨世界》谱成歌剧，但直至一百多年后这个梦想才成为现实……词作家阿兰·鲍伯利受到音乐剧《奥利弗！》的影响，找到长时间合作的搭档克劳德－米歇尔·勋伯格商量改编《悲惨世界》，仅仅 10 分钟的讨论，俩人就确定了《悲惨世界》的创作大纲。1980 年 9 月，首个法语版的《悲惨世界》在巴黎体育馆进行了演出。而真正将《悲惨世界》推向国际舞台，使之名声远扬、闻名世界的，是音乐剧界大名鼎鼎、号称音乐剧"沙皇"的制作人——卡梅隆·

麦金托什。他召集了一批精兵强将，把法语版的《悲惨世界》剧本精心修整了一番，邀请了英国著名的词作家赫伯特·克莱茨莫创作该剧的英文版歌词，乐曲部分在保留了原有的 1/3 基础上，又为强化角色的塑造重新写了 1/3，剩下的 1/3 是将原有一些曲目重新删减和编排。经过这些精益求精的艺术家们的通力合作，1985 年 10 月 8 日，全新的英文版《悲惨世界》在伦敦巴贝肯剧院亮相，获得了巨大的成功，随后 1987 年进军美国百老汇，在当年的托尼奖评选中，一举夺得最佳音乐剧、最佳原作乐谱、最佳脚本、最佳导演、最佳男女配角等 8 项大奖及 3 项提名，成为当年的头号大赢家，从此《悲惨世界》开始席卷全球，奠定了其非凡的国际影响与地位。《悲惨世界》在全世界共有 54 个制作，用 21 种语言演出，1995 年 10 月 8 日，在伦敦皇家阿尔伯特大厅举行的 10 周年纪念演出上，历个《悲惨世界》剧组中最优秀的演员聚集一堂，最后由 17 位来自不同国家的冉·阿让出场，用各自的语言共同演唱《你可听见人们在歌唱？》，再一次有力地印证了该剧在全世界的知名度。2012 年 12 月根据同名音乐剧改编的电影版《悲惨世界》由英国导演汤姆·霍伯再次搬上荧幕。

引用一位音乐剧迷的话，"《悲惨世界》之所以如此感人，正是因为它对人性的描写如此真实如此深刻，又如此亲切。"

2. 剧情介绍

音乐剧《悲惨世界》的故事以 1830 年巴黎七月革命和 1832——1834 年的工人起义为背景，讲述了主人公冉·阿让的坎坷经历。冉·阿让因为偷了面包被关进了监狱，直到 19 年之后才被假释，但是他受够了没有自由的监禁生活，于是想办法逃脱了假释，并且改了名字。之后，他凭借着自己的努力，成了一个工场主，还当上了市长。同时，一直坚持着"正义"的警长沙威一直都没有放弃对冉·阿让的抓捕。为了帮助受伤的女工芳汀，冉·阿让在沙威面前暴露了自己的身份，于是他们之间开始了一系列的纠缠。因为女工芳汀临死前的嘱托，冉·阿让带着她的女儿珂赛特开始逃亡，沙威穷追不舍。

后来，珂赛特爱上了一个参加革命工作的学生马吕斯，马吕斯却因为冉·阿让曾坐过牢而歧视他。在一起起义中，起义军全军覆没，马吕斯也受了重伤，被及时赶到的冉·阿让冒死救下，沙威被冉·阿让的仁慈和善良所感动，决定放弃追捕，但他一生恪守的原则却被彻底击溃，沙威在绝望中跳河自杀。

在马吕斯和珂赛特的婚礼上，偶然间使马吕斯得知了自己被救的真相，于是他们赶到了冉·阿让的住处，此时一生经历坎坷的老人已生命垂危，他们彼此和解了，珂赛特也知道了自己的身世，冉·阿让在亲人的陪伴中去世。全剧在主题曲《你可听见人们在歌唱？》中结束。

3. 推荐曲目

（1）《还有一天！》（One Day More!）

这是全剧最有代表性的一首歌曲，所有的演员都参与了演唱。"明天"对剧中的所有人来说，都是决定性的一天。冉·阿让为明天的再一次奔逃而无限感慨；学生们就要为了自己的信念走上街垒；警长沙威为了捍卫政府而乔装深入敌营；而在巴黎社会底层，像旅店老板德纳等人，则觉得明天的混战正好可以让他们浑水摸鱼，捞点好处……所有人的声音，所有的欢乐、忧伤、痛苦、希望、阴谋、梦想，最终汇成了一个气势恢宏的多声部大合唱。

（2）《你可听见人们在歌唱？》（Do You Hear the People Sing？）

这首歌曲将这部音乐剧推向了高潮部分。准备起义的青年学生们隐藏在人群当中，他们伺机而发，这时，小男孩伽弗洛用他那稚嫩的童声，唱出了坚定的旋律，在他的歌声的感染下，所有起义青年走出人群参与革命，整个演唱由童声独唱逐渐发展为所有人的大合唱，歌曲旋律激动人心。在经历了苦难后，尽管革命惨烈地失败了，但是自由与爱的精神将永存人们心中，激昂的旋律将永远激荡在人们的耳边。

1995 年 10 月 8 日在伦敦皇家阿尔伯特大厅举行的 10 周年纪念演出上，历个《悲惨世界》剧组中最优秀的演员聚集一堂，最后由 17 位来自不同国家的冉·阿让用各自的语言演唱《你可听见人们在歌唱？》，"铁与血"的声音震撼全场。

（3）《云中的城堡》（Castle on a Cloud）

这首歌曲突出了曲作者勋伯格在创作该剧时的理念：音乐风格采用通俗、流畅、直率、质朴的定位，同时要让听众方便熟识、记忆，有利于歌曲的传唱，给人产生亲近感。歌曲《云中的城堡》是一首 a 小调的三部歌谣曲式结构歌曲，旋律简单，以小节为单位的节奏型贯穿全曲，使用了变换拍子，前四个乐句构成 A 段旋律，用三拍子和二拍子交替进行，表现出小柯赛特对美好生活的幻想与渴望，B 段旋律为四拍子，表现了珂赛特所幻想的幸福生活即将实现时的迫切心情，随后的再现部分，延续着珂赛特渴望能到梦中的城堡过上幸福、快乐生活的幻想以及对妈妈的思念。这首童声曲音色稚嫩，体现出小女孩虽身处动荡黑暗社会，但依然纯真无瑕，刻画出珂赛特"美的化身"的形象。

4. 教学建议

（1）对比音乐剧版《悲惨世界》与同名文学巨著在剧情上的异同点，理解作品所蕴含的对人类理想的追求：正义、平等和人道主义。

（2）以小组为单位，尝试用人的组合造型来打造舞台街垒的场景。

（3）聆听来自 17 个国家的冉·阿让扮演者分别用各自国家的语言共同唱出全剧最为震撼人心的歌曲《你可听见人们在歌唱？》，在这令人震撼的歌声中，领悟雨果心中公理正义的真谛。

（4）用声势动作学习歌曲《云中的城堡》中固定的节奏型，并能有感情地演唱这首歌曲，同时结合音乐剧中的其他片段，如《酒店老板》《我曾有梦》等等唱段作为补充，了解剧中的人物关系及唱段是如何表现出人物特点的。

（九）《美女与野兽》（Beauty and The Beast）

1. 作品简介

音乐剧《美女与野兽》由艾伦·孟肯（Alan Menken）作曲，霍华德·艾许曼（Howard Ashman）、提姆·莱斯（Tim Rice）作曲，1994 年 4 月 18 日首演于百老汇的纽约皇宫剧院，1995 年获得托尼奖最佳服装奖项。

这部音乐剧的前身是由迪士尼公司 1991 年拍摄的极受好评的同名动画电影，在制作音乐剧的时候，除了采用原电影里的歌曲外，艾伦·孟肯和提姆·莱斯又在其中添加了七首歌曲。还有一首歌曲叫作《恢复人形》，是当初为电影而作但是未被采用的作品，最后也出现在音乐剧中。将电影搬到百老汇舞台上，最难的地方在于，其中的因为受了魔法而变成座钟、茶壶等生活物品，在角色扮演上如何扮得又像物品，又不会影响到他们的表演和动作。而舞台设计里难度最大的一项，就是在音乐剧的结尾，野兽最终变回了王子的一幕，为了这一幕，他们找来了曾经给著名魔术师大卫·科波菲尔做过魔术设计的约翰·高汉和吉姆·斯滕梅尔，果然取得了很好的效果。

音乐剧《美女与野兽》的音乐充满着纯真和可爱，有着无限憧憬的希望、绝对浪漫的爱情、永远快乐的幸福，音乐无处不体现出童话世界中简单而乐观的表达，即使是反面的角色，音乐中也有着一种傻气的可爱。这部剧颇受那些喜欢动画的孩子的青睐，父母也很高兴为孩子们找到了一份轻松、健康的娱乐。

2. 剧情介绍

美丽的少女和变成野兽的王子的爱情故事打动了几个世纪人们的心，野兽其实不是野兽，而是王子，因为不懂得慈悲与宽容被仙女变为野兽，唯有学会如何爱人后，才能变回原貌，更要命的是还有期限，这可把王子急疯了。后来，美女贝尔为了救父亲，答应被野兽囚禁，两人从最初的针锋相对到相知相守，结果，这个外形酷似美洲野牛的家伙竟然得到了美女贝尔的爱，剧中，贝尔这个软软弱弱的乖乖女，却用自己的力量拯救了两个大男人，她先是用自己换回了落在野兽手中的父亲，又用自己的爱解除了野兽身上的魔咒，使他最终恢复了王子的模样。

3. 推荐曲目——《美女与野兽》(Beauty and the Beast)

剧中茶壶太太看着贝尔和野兽在大厅里翩翩起舞，高兴地唱起了歌曲《美女与野兽》，歌曲旋律大多采用音阶级进和五度七度音程大跳相结合，来表现出角色内心的喜悦及有些忐忑的心情，生动有趣的歌曲突显了动画人物的特色。

4. 教学建议

（1）研究性学习内容：对比音乐剧《美女与野兽》与同名迪士尼动画片的异同点，可从剧情、人物形象塑造、音乐作品、表现元素、场景、影响力等等方面进行探究。理解音乐剧与动画电影的不同点。

（2）搜集音乐剧相关剧照，对比人物形象的设计（服装、造型、化妆等）与动画片形象的异同点，了解音乐剧中舞美的设计特点。

（十）《狮子王》（The Lion King）

1. 作品简介

1994 年迪士尼出品的动画片《狮子王》横扫全球，被翻译成 27 种语言在 46 个国家和地区上映，这是一部以原创故事为脚本的动画电影，也曾是影史上最卖座的动画片，获得了奥斯卡最佳电影音乐奖，该片的灵感主要来自莎翁名剧《哈姆雷特》，背景则搬到了非洲大陆。1997 年迪士尼公司在纽约新阿姆斯特丹剧院正式推出同名音乐剧，1998 年该剧获得托尼奖最佳音乐剧奖、最佳场景设计奖、最佳服装设计奖、最佳灯光设计奖、最佳编舞奖、最佳音乐剧导演奖。音乐剧《狮子王》有一个非常绝妙的舞台装置设计，这是一个有着螺旋线的机械装置，既可以升降，也可以向不同的方向旋转，这个装置非常符合剧中的主题——生命的循环，生生不息。剧中华丽的服装和造型，使演员们变身为草原上的动物角色，形象逼真。为了让观众更好地领略角色的情感表达，导演在设计理念中做到不让演员藏匿在整面的面具之后或者动物的皮囊之中，使人成为风格化的一个节本组成部分，没有面具遮脸演员更方便演唱，观众也能看清演员的面部表情，这些面部表情有助于观众对假借动物的名义，上演真正的人间戏剧的欣赏。

2. 剧情介绍

非洲大草原的清晨，所有的动物都集中到荣耀石下，等待狮王木法沙的到来。木法沙与妻子沙拉碧刚刚出生的儿子，未来的狮王辛巴被介绍给王国的所有动物，大家都一起为未来的国王欢呼。

不久以后，辛巴由婴儿长成了一个淘气的孩子。木法沙带辛巴登上荣耀石，让它看看整个荣耀大地——将来它要统治的王国，并警告它不要到那些有阴影的地方去，因为那里有邪恶的鬣狗。辛巴没有听父亲的话，带着好朋友娜拉开始了一段冒险，却在途中被三只鬣狗袭击，及时赶到的木法沙救了它们，并教育辛巴不要忘记先辈们留下的责任。

木法沙的弟弟刀疤设计害死了木法沙，因为它暗中觊觎着国王的宝座，它还设计逼迫小辛巴远走他乡，让小辛巴认为是自己导致了父亲的意外身亡。辛巴十分内疚，对自己的前途深感绝望，正在这时，它偶遇了猫鼬丁满和疣猪彭彭，它俩告诉辛巴，要学会抛弃过去，及时行乐。辛巴逐渐成长为一只年轻的雄狮，而在这期间，荣耀大地由于刀疤不负责任的统治变得干旱而毫无生机，面对鬣狗们的破坏和威胁，娜拉决定到远方的丛林去寻找一块新的土地，让母狮们安宁居住。辛巴和娜拉在丛林中重逢，再一次认识到自己肩负的责任，经过一番思想上的挣扎后，它决定重返家乡，坦然面对过去，夺回国王之位。黎明到来了，朋友们拥护辛巴成为荣耀的国王。

3. 推荐曲目

（1）《生生不息》（Circle of Life）

《生生不息》（Circle of Life）是电影《狮子王》的片头主题曲，荣获1994年奥斯卡最佳原创音乐大奖和金球奖最佳原创歌曲奖，也是音乐剧《狮子王》开场的第一首歌曲，所有的动物们都集中到荣耀石下，大家一起为未来的国王小狮子辛巴欢呼。歌曲的引子部分在一声具有非洲风格的祖鲁语呐喊声中开始，在非洲土语的和声伴唱下引出了充满激情的主题旋律，歌曲的旋律动听，在激情的情绪中包含着抒情。

（2）《哈库那·马塔塔》（Hakuna Matata）

歌曲欢快、活泼，哈库那马塔塔是一句古老而神奇的非洲谚语，意思是从此以后无忧无虑，梦想成真。Hakuna Matata 是音乐剧《狮子王》中最有名的一句口号，也是丁满和彭彭的生活哲学，当他们救了辛巴之后，便教他 Hakuna Matata 的哲学来忘记烦恼，在歌曲的后半段间奏中，小狮子辛巴成长为一只年轻的雄狮。

（3）《今夜感觉我的爱》（Can You Feel the Love Tonight）

歌曲《今夜感觉我的爱》（Can You Feel the Love Tonight）出现在娜拉和辛巴两位久不见面的伙伴在林子里相遇时，娜拉无比惊讶，彼此发现各自心里埋藏了一些微妙的感情。这首歌曲优美、浪漫、富有诗情画意，以丁满和彭彭一问一答的开场，预示着他们已经感受到了爱的气息。歌曲中优美的旋律、动人的歌词，配上温馨的画面，让人仿佛置身于充满爱的光芒的世界中。

4. 教学建议

（1）欣赏音乐剧《狮子王》的歌曲《生生不息》，体会作品所蕴含的生命的真谛。

（2）欣赏歌曲《哈库那·马塔塔》，体会音乐作品对推动剧情发展所起的作用，感受这首动感十足又生动有趣的歌曲是如何交代小狮子辛巴的成长的。

（3）从音乐要素入手，分析歌曲《今夜感觉我的爱》是如何体现出抒情、柔美、富于诗意的意境，尝试演唱歌曲，感受音乐作品对抒发角色情感的作用。

（4）了解音乐剧《狮子王》中的舞美设计，知晓每一个动物角色的服装、造型、化妆设计的特点，体会无论非洲式面具、人偶或是皮影，对塑造角色形象及将动物形象人性化的设计意图。

（十一）《巴黎圣母院》（Notre Dame De Paris）

1. 作品简介

法国大文豪维克多·雨果生平两部最出色的作品《悲惨世界》和《巴黎圣母院》都被搬上了音乐剧舞台，其中《悲惨世界》是四大音乐剧之一，成为经典中的经典，而作为新生的法国音乐剧代表作《巴黎圣母院》也以其独特的风格受到了世界观众的喜爱。

词作家吕克·普拉蒙顿从 1993 年就开始创作《巴黎圣母院》了，在阿兰·鲍伯利和克劳德－米歇尔·勋伯格将《悲惨世界》和《西贡小姐》

成功推向世界后，他也从雨果的另一部长篇小说《巴黎圣母院》获得了灵感，并与曲作家理查德·科奇安特一拍即合。1996年，拥有50段音乐、40多首歌曲，长达3小时的大型音乐剧《巴黎圣母院》初步完成。1997年，加拿大导演吉里斯·米舒应邀为该剧执导，《巴黎圣母院》剧团有限公司成立，共有7位主要演员、24位群体演员、30位舞美、15位技术人员及若干行政人员，同年发行了该剧的录音版，大受欢迎。

经过一年的筹备，1998年9月16日音乐剧《巴黎圣母院》在巴黎正式上演，轰动全国，仅在当年剩下的3个月时间里就上演了3126场，50万张门票全部售罄。此后，《巴黎圣母院》开始世界巡回公演，2000年音乐剧《巴黎圣母院》的英文版在伦敦西区上演，这意味着《巴黎圣母院》已经在世界更广阔的范围内被认可了。

作为新兴法语音乐剧的成功典范，《巴黎圣母院》有着一种独特的魅力。其一，这是一部纯流行音乐的音乐剧，无论歌曲风格、演唱形式、舞蹈，还是服装、道具、纯电子配乐，甚至是演员们耳挂式的麦克风，都摆出了一副流行的"架势"，这在音乐剧史上可谓空前。其二，与传统音乐剧不同的是，它采用了歌唱与舞蹈分离的表现手法，既歌唱演员不参与舞蹈，舞蹈演员不参与歌唱，在舞台上，真正演唱的只有几个主要角色，而其他的和声部分都是事先录制好的，以保证更完美的演出效果。更有创意的是，群舞演员不只是跳舞，还要表演大量高难度的杂技动作，大大加强了舞台的视觉效果。

2. 剧情介绍

15世纪的巴黎，善良的吉普赛女郎爱斯梅拉达（Esmeralda）出于同情心，为了让诗人格兰古瓦（Gringoire）免于被族人处死才允诺和他结婚。天生丑陋、被巴黎圣母院收容而担任敲钟人的卡西莫多（Quasimodo），以及圣母院的副主教弗罗洛（Frollo）与皇家军官腓比斯（Phoebus），都情不自禁地爱上了美丽的爱斯梅拉达。卡西莫多自惭形秽，只能把爱意深埋心中。爱斯梅拉达爱上了腓比斯，引起弗罗洛的妒恨，他趁着爱斯梅拉达与腓比斯幽会时，刺伤了腓比斯，然后嫁祸给爱斯梅拉达，要挟她以身相许，否则就要将她处死。爱斯梅拉达拒绝服从，被送上了绞刑台，卡西莫多奋不顾身到法场劫人，把她藏在圣母院中。不久，吉普赛人的领袖克洛潘（Clopin）率众攻打圣母院，意图解救爱斯梅拉达，腓比斯率领卫队击溃了吉普赛群众，克洛潘被杀。自知无力对抗军队的卡西莫多，让弗罗洛把爱斯梅拉达交给腓比斯，因为他以为腓比斯是来解救她的。未料及腓比斯由于不敢再触怒未婚妻，而宣布将爱斯梅拉达处死。悲愤之中，卡西莫多把弗罗洛从钟楼顶端推下，然后去解救爱斯梅拉达，只可惜为时已晚。他哀求刽子手的同意，抱走了艾斯梅拉达的遗体，哀求她醒过来跳舞，卡西莫多最后倒在爱人身上气绝身亡。

3. 推荐曲目

（1）《大教堂时代》（The Age of the Cathedrals）

音乐剧第一幕开头，在 15 世纪的巴黎，诗人格兰古瓦在巴黎圣母院外徘徊并吟唱了开场词《大教堂时代》，作为开场曲，作品交代了故事发生在 1482 年的法国巴黎，同时陈述了大教堂时代的文学、音乐和历史等方面的成就。歌曲为单二部曲式，旋律激昂，演唱带有叙事性，音域达两个八度，气势磅礴。

（2）《波西米亚女郎》（Bohemienne）

这是一首具有波西米亚风格的歌曲，作品使用了回旋曲式结构，用分节歌和调性的不断转换来发展歌词内容。歌词简洁通俗，蕴含了浓郁的诗情和哲理，引人深思。爱斯梅拉达舞蹈着、歌唱着吉普赛女郎的身世，她告诉腓比斯，自己从家乡普罗旺斯流浪到巴黎，"我的命运全写在我的掌纹上"。歌曲刻画出年轻美丽的波西米亚女郎爱斯梅拉达能歌善舞、心地善良单纯、崇尚自由的形象。

（3）《美人》（Belle）

这首歌曲由卡西莫多、弗罗洛、腓比斯三人共同演唱。三个人物各有两段歌词，最后一段由三人共同演唱，通过对"美人"一词反复咏唱，升华了歌曲的意境、渲染了气氛，同时也强化了爱斯梅拉达的魅力，突出主题。歌词中叠句的使用，增强了节奏感及音乐感，形成了百转千回的美感。这首歌曲是典型的二段体结构，共转调五次，充满了戏剧性，旋律不仅优美而且非常大气，一气呵成，荡气回肠，将三人对爱斯梅拉达不同性质的爱表达得淋漓尽致。

4. 教学建议

（1）了解音乐剧《巴黎圣母院》是如何改编雨果的同名长篇小说，感受作品所歌颂的下层劳动人民的善良、舍己为人的品质，以及作品中所反映的雨果的人道主义思想。

（2）研究性学习内容：探究音乐剧《巴黎圣母院》中所融入的大量流行音乐元素的种类，感受美声唱法与摇滚乐有机结合的不同效果。

（3）欣赏歌曲《Belle》，体会作品中三位不同身份的男士，如何通过不同音色、不同演唱方法来塑造不同的人物形象，并在歌声中表现出其突出的性格特征及社会地位。

（4）欣赏剧中的作品《钟》，感受舞蹈演员与卡西莫多的演唱相得益彰，所刻画出的卡西莫多内心从疑问、挣扎到觉醒的过程，体会该剧"歌者不舞，舞者不歌"的特色，演员用歌声诠释内心感受，舞者用肢体语言表达内心感情，歌与舞互相补充、相互配合、相辅相成。

（十二）《妈妈咪呀！》（Mamma mia！）

1. 作品简介

音乐剧《妈妈咪呀！》于 1999 年 4 月在英国伦敦西区的爱德华王子剧院首演，这是一部当代轻喜剧样式的二幕音乐剧，以其独特的艺术魅力征服了亿万观众的心。该剧的创作方式十分独特，先有音乐，再有音乐剧，这样的创作方式在音乐剧的历史上实属罕见。音乐剧《妈妈咪呀！》由超级天团 ABBA 乐队脍炙人口的 22 首经典金曲贯穿全剧，最为奇妙的是，不改动原作一句歌词，通过剧情化、角色化的处理，赋予 ABBA 乐队经典老歌以强烈的时代感，恰到好处地融入剧情，充当剧中主人公的内心独白，使人觉得 ABBA 乐队的作品像是为这部音乐剧量身定做一般。在《妈妈咪呀！》的歌曲创作中，音乐与歌词完美融合，音乐为音乐剧服务，剧中所有的词曲都是由乐队成员比约和本尼共同创作。

2. 剧情介绍

唐娜和自己的女儿苏菲在希腊小岛上过着悠闲惬意的生活，长大成人后的苏菲即将步入婚姻的殿堂，她希望在婚礼当天，自己的亲生父亲能亲自将她的手递到新郎手中，可是婚期将至，守口如瓶的母亲丝毫没有透露任何关于父亲的消息。情急之下，苏菲偷看了母亲的日记，发现了三个可能是自己父亲的人，于是她同时向他们发出邀请。与此同时，唐娜多年未见的好友罗茜和坦娅也及时赶到，一场混乱搞笑的寻亲故事轰轰烈烈地展开了。

3. 推荐曲目

（1）《妈妈咪呀！》（Mamma mia！）

这首歌曲的歌词生动地描述了唐娜看到昔日恋人后，内心既矛盾又欣喜的复杂感情。旋律采用连续的八分音符节奏，运用同音重复的手法，将这种惊慌失措、矛盾重重的复杂情绪淋漓尽致地表现出来。同时采用柱式音型的伴奏，渲染了又惊又喜的心情，音乐与歌词的完美结合，成就了一首经典的作品。

（2）《金钱，金钱，金钱》（Money，Money，Money）

将妈妈独自带女儿生活打拼的艰辛描写得惟妙惟肖。这首歌的旋律与歌词、剧情都有着密不可分的关系。例如旋律中使用连续的八分音符和跳音，来表现一天从早忙到晚的紧张生活，作品的结尾处整个音程移高大二度，表达了主人公内心的呐喊。

（3）《甜蜜，甜蜜》（Honey，Honey）

这首歌曲以轻松、活泼、欢快的旋律表现了主人公苏菲乐观、积极向上的性格特点，歌曲中使用了大量的切分节奏，结合生动、形象的歌词，恰到好处地展现出苏菲和伙伴们对自己的计划得意扬扬的情景，使得观众很容易跟着进入快乐的情绪当中。

4. 教学建议

（1）研究性学习内容：了解瑞士 ABBA 乐队的代表作。

（2）了解音乐剧《妈妈咪呀！》是如何根据 ABBA 乐队的经典作品创造出角色，并将它们融入剧中的故事主线，使得情节和歌曲完美地结合在一起。

（3）欣赏剧中部分歌曲，感受《妈妈咪呀！》中的音乐所体现的世界流行元素，理解流行音乐在音乐剧中的重要作用。

（4）通过欣赏剧中脍炙人口的作品，理解演员在演唱时如何运用力度、速度、音色的变化，来表现角色的情绪、情感，更好地表现出角色的思想感情及唱段内涵主旨。

二、音乐剧名家解读

（一）理查德·罗杰斯与奥斯卡·哈默斯坦二世（R. and H.）

1. 作者简介

在百老汇创作历史上，产生过许多优秀的创作集体和合作伙伴，组成了一个又一个"强力集团"，在所有这些黄金搭档中，成就最高、影响力最大、持续时间最长的，首推"R. and H."这一对梦幻组合。"R"指的是百老汇作曲家理查德·罗杰斯，"H"指的是百老汇编剧作词家奥斯卡·哈默斯坦二世。奥斯卡·哈默斯坦二世（Oscar Hammerstein Ⅱ），1895 年生于纽约，1960 年在宾夕法尼亚州的多依列斯城逝世。哈默斯坦二世以一部旷世杰作《演艺船》登上百老汇舞台，一鸣惊人。理查德·罗杰斯（Richard Rodgers）1902 年生于美国长岛，比哈默斯坦二世小 5 岁，1979 年卒于纽约。某日，纽约剧场将一个剧本《紫丁香盛开时》（Green Grow the Lilacs）推荐给了罗杰斯，要求他改编成音乐剧，罗杰斯读罢爱不释手，正苦于找不到改编者，恰巧哈默斯坦二世正待重振雄风，两人谈得投机，相见恨晚，一拍即合，从此百老汇作曲大家与剧作大家风云际会，自此称霸百老汇二十余年的"R. and H."梦幻组合就此正式开张。

改编《紫丁香盛开时》是梦幻组合的第一次合作，他们决心同以往的音乐剧模式告别，进行新的尝试，于是于1943年创作出此后几十年一直被誉为百老汇音乐剧经典的《俄克拉荷马！》（Oklahoma！），这部作品的辉煌成功，使得罗杰斯和哈默斯坦二世这对梦幻组合在一夜之间一剧成名。此后，他们以两年一部的速度相继推出了一批作品，而且几乎每一部都可以堪称杰作：1945年《旋转木马》（Carousel），1947年《快板》（Allegro），1949年《南太平洋》（South Pacific），1951年《国王与我》（The King and I），1953年《我与朱丽叶》（Me and Juliet），1955年《水管之梦》（Pipe Dream），1958年《花鼓之歌》（Flower Drum Song），1959年《音乐之声》（The Sound of Music）。其中《旋转木马》《南太平洋》《国王与我》《音乐之声》被公认为百老汇音乐剧经典之作，尤其《音乐之声》中几首绝妙的插曲，如深沉委婉、曲折动人的《雪绒花》，构思精巧、妙趣横生的《哆来咪》，以音程大幅度跳跃和真假声结合造成奇妙听觉效果的《孤独的牧羊人》等已成为举世皆知的世界名曲，至今仍在全世界传唱不衰。

罗杰斯和哈默斯坦二世的合作，犹如两颗巨星的碰撞闪耀出灿烂辉煌的火花，从1943年到1959年俩人的合作佳作不断，经典迭出，在百老汇营造了一座万众景仰的"R. and H."城堡，但可惜的是，就在《音乐之声》首演后的第二年，65岁的哈默斯坦二世与世长辞，正在百老汇如日中天的《音乐之声》竟成了他的"人生绝唱"，这也标志着他与罗杰斯的最佳拍档不复存在，从此由他俩缔造的百老汇黄金时代慢慢地走下坡路了。

2. 代表作品

音乐剧《俄克拉荷马！》《旋转木马》《南太平洋》《国王与我》《音乐之声》《花鼓戏》等，这些音乐剧均是理查德·罗杰斯与奥斯卡·哈默斯坦二世合作的作品。

（二）列昂纳德·伯恩斯坦（Leonard Bernstein）

1. 作者简介

列昂纳德·伯恩斯坦（Leonard Bernstein）是20世纪美国最著名的作

曲家、钢琴家、指挥家。他是现代古典音乐及百老汇音乐剧的一位重要人物，也是活跃在百老汇舞台上的纽约爱乐乐团首席指挥家，所以他能为百老汇创作出那么多令人激越的曲子也是不足为奇的。

伯恩斯坦 10 岁开始学钢琴，在少年时，他就表现出对戏剧的兴趣。1950 年，他为 J·M·巴里的《彼得·潘》（Peter Pan）一剧作曲并写歌词。他根据《我的姐姐艾琳》（My Sister Eileen）改编了他的第一个百老汇作品《美妙的城市》（Wonderful Town）（1953），伯恩斯坦最后一部百老汇作品是《宾夕法尼亚大街 1600 号》（1600 Pennsylvania Avenue）（1976），它是一部现代的、走在时代潮流尖端的戏剧，但仅演 7 场就停演了。

难得的是，伯恩斯坦还是一位极富舞蹈鉴赏力的音乐家，他高度发展了音乐剧的动态语言，将古典、爵士和拉美的舞蹈和音乐语汇结合起来，使得词、曲、舞在剧中都占有适当的地位。他为百老汇创作的首部音乐剧的作曲完全继承了乔治·格什温（George Gershwin）的音乐剧风格，在古典结构中，将美国的爵士乐、布鲁斯结合在一起。后来，伯恩斯坦在《在镇上》（On the Town）的作曲中开始发挥自己的风格，在《西区故事》（West Side Story）中把百老汇音乐剧的作曲推向了新的高度，既充分反映了故事情节的发展，又精心到表演的具体形式上，波多黎各拉丁风情的韵律使伯恩斯坦发挥出其爵士乐作曲和大胆运用切分音的技巧，写出了极具煽动力的音乐，《西区故事》于 1957 年 9 月 16 日在百老汇首演，这是伯恩斯坦和其他艺术家合作创作出的音乐剧史上最具激情与活力的表演之一。

伯恩斯坦最后一部百老汇作品是与阿兰·杰·勒内合作创作的 1976 年的《宾夕法尼亚大街 1600 号》（1600 Pennsylvania Avenue），这部作品因太过前卫而失败，至今还被认为是"迟到的成功剧目"。1990 年 10 月，伯恩斯坦因为身体欠佳不再担任指挥工作而专心作曲，不幸的是，一个星期后他就去世了。

2. 代表作品

音乐剧《西区故事》《在镇上》《坎迪德》等。

（三）安德鲁·洛伊德·韦伯（Andrew Lloyd Webber）

1. 作者简介

安德鲁·洛埃德·韦伯（Andrew Lloyd Webber）是世界上最著名的音乐剧作曲家，1948 年 3 月 22 日生于英国伦敦一个皇家音乐学院教授和钢琴教师之家。他的主要作品有《约瑟夫和他的神奇梦幻彩衣》《歌与舞》《猫》《歌剧院的幽灵》《星光快车》《艾薇塔》《日落大道》《风中哨音》等等，被人们称为"音乐剧之父"。韦伯曾获 8 次托尼奖、7 次劳伦斯·奥利维亚戏剧奖、4 次剧评人大奖、3 次格莱美奖、1 次奥斯卡奖、1 次金球奖。由于韦伯在音乐剧上的卓越成就，他于 1988 年荣膺英国皇家音乐学院院士头衔；1992 年，韦伯被授予骑士爵位；1996 年 12 月 31 日，安德鲁·劳依德·韦伯受英国女王伊丽莎白二世加封为终生勋爵，从此受封尊呼为"Lord Andrev Lloyd Webber"之贵族尊号，成为贵族院成员。1994 年韦伯被《戏剧周刊》列为美国戏剧界最有影响力的 100 人之首。

韦伯是一位音乐剧大师，他从不墨守成规，他的革新理念为音乐剧的发展开辟了宽广的艺术表现道路，并以自己巨大的成就开创了"现代派"的音乐剧流派，他的成功崛起使英国音乐剧走向国际，和百老汇音乐剧分庭抗争。同时，因为他的作品深受广大群众的喜爱，从某种意义上说，韦伯帮助了音乐剧这种剧场艺术真正走入大众的生活，可以说，他使音乐剧变得更加繁荣、更加具有商业价值。

韦伯善于处理不同种类的音乐，在他的作品中，音乐是流行和古典的综合体，激进的摇滚乐、动感的爵士乐都可能在同一部剧中依次亮相。韦伯能娴熟使用不同的音乐元素，扩宽了音乐剧的表现手段及范围，还灵活地将严肃题材的音乐剧用轻松活泼的轻音乐甚至是摇滚乐、爵士乐、迪斯科、拉丁音乐等等来诠释。在他的音乐作品中，风格不拘一格，难以简单地给出定义。在配器上，他打破了管弦乐的限制，将电声乐器使用到音乐剧中来，同时加入具有古典风格的艺术表现形式来渲染歌曲所要塑造的内容，以此来加强作品的表现力。我们感受到的这种结合是非常自然、统一的，而对于韦伯来说，那是一种游走于古典与流行中的自在与从容。

韦伯的音乐剧创作喜欢选择一些具有严肃社会意义、深刻思想内涵，能引起人们内心共鸣的题材内容，因为这样的主题极具戏剧性、冲突性，音乐创作的张力和空间、自由度就很大。几乎在韦伯的所有音乐剧作品中，都会有几首歌曲成为经典，无论是史诗般的大场面，还是轻松愉悦的戏剧氛围，或是充满矛盾斗争的内心活动，他都能妙笔生辉，韦伯出众的驾驭旋律能力使得他的作品总能让人过耳不忘，同时这些音乐也颇具艺术水准，这正是他大量作品能成为经典并广为流传的重要原因。

2. 代表作品

音乐剧《耶稣基督万世巨星》《艾薇塔》《猫》《歌与舞》《歌剧院的幽灵》《爱的观点》《日落大道》《微风轻哨》等。

音乐剧发展史上的里程碑式人物，多产且多数作品堪称经典。

（四）克劳德－米歇尔·勋伯格（Claude-Michel Schönberg）

1. 作者简介

在世界音乐剧史上，20 世纪最后二十年是属于英国人的，一个由卡麦隆·麦金托什、安德鲁·劳埃德·韦伯、克劳德－米歇尔·勋伯格"三驾马车"组成的英国音乐剧"梦幻组合"，不过，其中的勋伯格却不是英国人，他 1944 年出生于法国，父母都是匈牙利人。年轻的勋伯格并没有如愿进入专业音乐学校学习，但他酷爱音乐，靠着聪慧的天赋和敏锐的乐感，练就了一身扎实的流行音乐功底，掌握了听众们的音乐口味和欣赏习惯。最早勋伯格是流行歌手，同时也自己创作流行歌曲。勋伯格在流行歌坛摸爬滚打到二十几岁，感觉就此下去不是长久之计，于是想方设法到音乐剧领域来寻求发展。

在勋伯格认识了阿兰·鲍伯利（Alain Boublil）之后，共同的志向使得两人一拍即合。1973 年起勋伯格开始和鲍伯利合作，两人写出了法国第一部摇滚音乐剧《法国大革命》（La Revolution Francaise），这部音乐剧在法国一上演后，就获得极好的反响，场场观众爆满，大受欢迎。16年后的1989年，在纪念法国大革命200周年之际，该剧又在巴黎重演，依然受到观众的热烈欢迎，而这时的勋伯格和他的合作伙伴鲍伯利，则因《悲惨世界》（Les Miserables）席卷全世界而成为音乐剧界炙手可热的大写家了。

1978年，勋伯格和鲍伯利开始着手创作史诗性音乐剧《悲惨世界》，1980年9月在巴黎体育馆上演，由于《悲惨世界》极受欢迎，不久就被改成了英文版，并于1985年10月在伦敦的巴贝肯中心首演。当1987年该剧被搬上纽约百老汇舞台上时，勋伯格获得了托尼奖最佳剧本和最佳作曲奖，格莱美最佳原剧组录音版。

1989年勋伯格和鲍伯利偶然间在报纸上看到了一张感人的越南母女分别的照片，他俩联想到了著名歌剧《蝴蝶夫人》，于是开始创作另一部史诗巨作——《西贡小姐》（Miss Saigon）。音乐剧《西贡小姐》1989年在伦敦的首演和1991年在纽约的首演都引起了极大的反响，不久之后就有了很多海外制作。勋伯格自己亲自监制了《悲惨世界》和《西贡小姐》的海外制作，同时同系列的国际性音乐出版商合作出版他的音乐专辑。

1996年勋伯格和鲍伯利新创作的《马丁·盖尔》（Cameron Mackintosh）在伦敦首演，该剧总共上演了一年多，1998年又被卡梅隆·麦金托什重新制作搬上了舞台，这部作品虽然没有勋伯格前两部作品那样造成那么大的轰动，但音乐本身也张力十足。

回顾勋伯格的音乐剧创作，可以概括出以下几个特点：1.作品不多，从《法国大革命》，到《悲惨世界》《西贡小姐》，再到《马丁·盖尔》，一共四部音乐剧，但部部是精品，质量很高，尤其中间的两部被誉为四大名剧，堪称极品；2.作品都是历史题材，为音乐剧领域史诗剧和史诗风格的形成和发展作出了重大贡献；3.使音乐剧创作向歌剧化方向前进，并使之成为一股新的潮流。

2.代表作品

音乐剧《法国大革命》《悲惨世界》《西贡小姐》《马丁·盖尔》等。

作品数量虽然不多，但每部作品均有极高的思想性和动人肺腑的艺术感染力，题材重大，偏爱写实的风格。

（五）卡麦隆·麦金托什（Cameron Mackintosh）

1. 制作人简介

卡麦隆·麦金托什（Cameron Mackintosh）1946 年 10 月 17 日出生于英格兰的曼菲尔德。自 20 世纪 80 年代以来，在英国音乐剧逐渐影响世界的时候，麦金托什一直活跃在音乐剧世界的舞台上，他的名字伴随着《猫》《歌剧院的幽灵》《悲惨世界》《西贡小姐》等享誉世界舞台的"四大名剧"一起，为越来越多的人所熟悉。1993 年，美国《戏剧周刊》评选的戏剧界最有影响的 100 人中，麦金托什排列第三，这足以说明作为一个制作人，他在世界剧作界的地位。

无论什么时候，只要是谈论起音乐剧，除了作品本身之外，大家最关注的总是演员、导演、词曲作者等等，而作为幕后人员的制作人（Producer）却往往不被人注意到。但事实上，一部音乐剧从最初的构思、创作到上演，乃至最后的一系列商业运作过程中，制作人都是起着至关重要的作用。首先，制作人要有能力筹集足够的资金保证音乐剧创作的顺利完成；其次，制作人必须掌握市场需求和观众的欣赏口味，找到合适的创意和题材；第三，制作人要有极好的艺术修养，熟悉音乐剧的艺术特征和规律，对当前的音乐剧艺术家有良好的了解，能根据不同的音乐剧题材配置不一样的创作团队，保证音乐剧质量和艺术影响力；第四，制作人要有良好的领导能力和协调能力，因为各个艺术家都有自己的理念和追求，往往会有不同的想法和创意，这就需要制作人有足够的魅力和影响力从全局的高度来整合各种意见，并将这种碰撞转化为对音乐剧整体演出能做的有利因素；第五，在音乐剧完成制作上演后，制作人还必须对该剧的预算有良好的把握，确定上演周期和其他运作，扩大影响力。由此可见，制作人的职责十分重大，他必须承担着巨大的风险，付出更多的艰辛劳动。通俗一些说，制作人对一部音乐剧的作用犹如人之灵魂与大脑，犹如一架机器的发动机，再通俗一些说，犹如一个单位的"第一把手"。

1981 年，韦伯和麦金托什两大当今音乐剧巨头，开始了他们的合作。他们顶着巨大的压力和风险尝试推出一部看起来似乎不可思议的以猫为主角的音乐剧《猫》，事实证明，他俩的眼光是多么地独到，这部音乐剧获得了空前的成功。对麦金托什而言，这部音乐剧是他制作生涯里一个重大的里程碑，对英国音乐剧来说，从此走向了引领世界音乐剧潮流的道路，而对整个世界音乐剧史来说，这同样是一个前所未有的伟大奇迹。

紧接着，由他制作的英语版《悲惨世界》（Les Miserables）于 1985 年 12 月在伦敦西区首映，受到了观众和评论界的一致好评，影响迅速扩大到欧美诸国乃至全世界，可以说，《悲惨世界》之后，麦金托什在制作人头号交椅的位置上坐得更稳了。1986 年，麦金托什与韦伯继续合作音乐剧《歌剧院的幽灵》，再一次获得了非同小可的成就。1989 年 9 月，麦金托什与勋伯格和鲍伯利合作完成的音乐剧《西贡小姐》在伦敦西区首演，一举创下了伦敦预售门票的历史最高纪录。至此，麦金托什完成了音乐剧史上惊世骇俗的"四大名剧"的制作，凭着这个成就，他入选对世界戏剧最有影响的 100 人当之无愧，更无怪乎有人称之为"当代音乐剧的沙皇"。

2. 代表作品

主持制作过音乐剧四大名剧《猫》《歌剧院的幽灵》、英语版《悲惨世界》《西贡小姐》，以及英国音乐剧《奥利弗！》《歌与舞》，百老汇音乐剧《窈窕淑女》《俄克拉荷马！》。

在音乐剧一百多年的历史上，无论业绩和成就，还是对音乐剧发展能够产生如此重大而深远影响的制作人，除了麦金托什，再无第二人。

三、中国音乐剧鉴赏解读与教学建议

（一）《蝶》

1. 作品简介

中国原创音乐剧《蝶》是根据我国民间传说故事《梁山伯与祝英台》

改编而成的，这个凄美的爱情故事曾被改编成电影、电视剧、戏曲还有其他艺术形式，其中，影响力最大的是由陈刚和何占豪两位作曲家创作的小提琴协奏曲《梁山伯与祝英台》。音乐剧《蝶》于 2007 年 9 月 11 日在北京保利剧院全球首演，由李盾担任制作人，三宝作曲，关山编剧，并聘请了音乐剧《巴黎圣母院》的导演及其创作团队共同参与了创作。这部音乐剧以一个新的故事和新的方式讲述了爱情这个永恒的主题，故事情节跌宕起伏、感人至深，刻画的人物形象生动鲜明，将"梁祝"二人坚决与强大黑暗势力做斗争显现了出来，烘托了"梁祝"的伟大爱情。本剧中没有对白，完全由歌曲叙述剧情，作品的旋律优美，歌词通俗易懂、朗朗上口，除了老醉鬼和同龄老爹采用美声唱法，大部分人都使用流行唱法，突出了人物的形象特点。这部音乐剧以中国本土音乐风格作为基调，在编排及舞美方面借鉴吸收了西方音乐剧的精华，场面宏大，音乐细腻不失大气，展现出了民族性与国际性的融合。2008 年 7 月音乐剧《蝶》参加第二届韩国大邱国际音乐剧节，获得全场最高奖——特别奖，这是中国音乐剧第一次走出国门，第一次在国外获奖。

2. 剧情介绍

一群"蝶人"们充满着自卑，他们对生活及现状极其不满，为了实现自己变为人类的夙愿，他们准备将"蝶人"中最漂亮的祝英台嫁给人类。但在大婚前一夜，这个计划却被一位叫作梁山伯的流浪诗人所打破。梁山伯以其独特的魅力吸引了新娘祝英台，两人一见钟情，害怕婚礼被破坏的老爹想尽办法准备处死梁山伯，但几次在老醉鬼和"蝶人"浪花以及祝英台的帮助下梁山伯都逃过了劫难，直到最后，老爹和蝶人们不顾一切要判处梁山伯火刑，祝英台扑向了深爱的梁山伯，火焰吞噬了祝英台和梁山伯，他们在烈火中化为一对自由飞翔的蝴蝶。

3. 推荐曲目——《我相信，于是我坚持》

这是全剧的最后一首歌曲，"在我们这个时代里，爱是种飞翔的方式。不给任何人解释，我相信于是我坚持。"这不仅仅唱的是梁山伯与祝英台对爱的坚持，更是中国原创音乐剧人的坚持和信念。

4. 教学建议

（1）对比中国神话传说梁山伯与祝英台的故事与音乐剧《蝶》故事情节的异同点，理解音乐剧《蝶》所要表达的主题思想。

（2）研究性学习内容：分析音乐剧《蝶》中音乐的中国元素，探究这部作品是如何将民族性与国际性完美地融合在一起。

（3）欣赏歌曲《我相信，于是我坚持》，感悟作品所体现出的坚定的信念，懂得无论做什么事，坚持是一切成功的重要基础。

（二）《金沙》

1. 作品简介

原创音乐剧《金沙》是由李苏友制作，三宝作曲、导演，关山编剧的一部作品，被称为"魔幻音乐剧"，于 2005 年 4 月 8 日在北京保利剧院首演。音乐剧《金沙》是以震惊世界的成都考古发现"金沙遗址"为基础，创作出的一部具有深厚人文底蕴和文化内涵的艺术作品。它讲述了男女主角"金"和"沙"之间跨越了三千年的凄美永恒爱情故事，其舞台布景华丽、夸张，舞台的装置在短短几分钟内就变换了一个场景，始终处于运转的状态。而金沙国际剧场的选址更为巧妙，就在遗址的附近修建，整个建筑呈皇冠造型，用玻璃钢建造，在剧场内展现了三千年前古蜀王都的宏伟场景。

2. 剧情介绍

在四川成都距今约三千多年的古蜀金沙王都里，生活着一群各类精灵，有太阳神鸟的化身金，有鱼的化身小鱼，有乌木精灵的化身丑，还有丑的主人沙……他们和睦地生活在一起。但是，一场三星部落与金沙王国的战争，击碎了"太阳神鸟金箔"圣物，从此，金、沙、丑、小鱼他们天各一方，只能等待来生再见。

转眼来到 2001 年的一天，此时的沙已转世为考古学家，他来到了这片陌生而又熟悉的地方，当他找到太阳神鸟金箔的残片时，心中油然而生一种激动的情绪，丑为了帮助主人找回过去的记忆，决定让往事重现。

三千一百年前，在庄严肃穆的祭祀中，丑带着沙和太阳神鸟的化身——美丽的金再次相见，虽已失忆，但是沙对金一见如故，为了能唤醒沙的记忆，金决定用自己的生命换取往事的重现，领着沙飞向未来的场景……

在两千年前的古蜀战场上，金和沙共同经历着战争的洗礼……在混乱当中，小鱼为了救金受了重伤，在他生命的最后一刻，小鱼把太阳神鸟金箔合二为一，就在这时，沙的记忆顿时恢复了……可惜的是，当小鱼用自己的生命换来了沙的苏醒时，无情的战火又将金和沙这对三千年的爱人给冲散了。

在一千年前的芙蓉古城，历经千辛万苦的沙与金在花蕊夫人的盛宴中再次相遇，花蕊夫人被二人对爱的忠贞所感动，衷心祝福他们天长地久，太阳神鸟金箔终于再度重圆。然而，他们在穿越时空和往事重现的路途中，金的生命缓缓地消逝，在与现代文明近在咫尺的地方，金伴随着羽翼的脱落逝去……

3. 推荐曲目——《总有一天》

这首歌曲分为 AB 两个部分，在 A 部分采用了分节歌的形式，用同一段旋律配上了两段不同的歌词，整段旋律大多数是二度级进行，像是在陈述故事的发展，偶尔七度的大跳，让歌词更显语气化状态。B 段部分直接到达高潮，并将高潮部分的旋律不断重复。这首歌曲旋律优美，陈述性和高潮性乐段对比明显，乐句对仗工整。音乐剧《金沙》通过这首歌曲，将整部剧形成 ABBA 的结构，结束处使用了与开头相同的歌曲《总有一天》作为结尾，有着音乐会式的大结束感。

4. 教学建议

（1）了解音乐剧《金沙》的创作背景，欣赏金沙遗址博物馆中的太阳神鸟金箔、出土象牙、七色光彩的玉盘、精致神秘的金面具等，感受 3000 年前古蜀国文化的唯美与大气。

（2）分析音乐剧《金沙》中的剧诗，对比不同的剧诗风格所表现出的不同人物性格特征：坚韧阳刚的沙、惆怅凄凉的金、清新可人的小鱼、华丽高贵的花蕊夫人、智慧富有哲理的丑……理解剧诗的作用。

（3）欣赏音乐剧《金沙》的舞台美术设计：360套绚丽且具神秘风格的服饰，绚烂华美的陨石飞船、成都街道牌坊等栩栩如生的古蜀国场景设计，体会舞美对体现音乐剧作品的文化特征所起的作用。

（三）《雪狼湖》

1.作品简介

1997年3月28日，由张学友担任主演及艺术总监的音乐剧《雪狼湖》在经历了一年多的紧张筹备后，于香港红磡体育馆正式公演。七年后2004年12月24日，全新国语版《雪狼湖》在北京首都体育馆隆重开演。音乐剧《雪狼湖》完美地结合了经典音乐剧的高雅和张学友流行演唱会的激情，整场演出3小时，共三十余首经典歌曲，男女主角共同演绎出了一段浪漫凄美的爱情故事。相比普通演唱会，它更具内涵，而相比传统音乐剧，它则更具魅力和亲和力，《雪狼湖》是香港音乐史上真正意义的第一部属于华人自己的音乐剧。音乐剧《雪狼湖》中的所有歌曲都采用了先打榜，先进入单曲的运作方式，其中很多歌曲已在大街小巷广为传唱，对观众来说耳熟能详，所以当歌声响起时，熟悉的旋律能引起共鸣，达到了良好的演出效果。

2.剧情介绍

善良、老实、不善于与人沟通的花匠胡狼爱花如命，他吸引了单纯开朗的宁家二小姐宁静雪，两人坠入了爱河。而后，富家子弟梁直因为追求宁静雪不成，便使坏设计陷害胡狼入狱，宁静雪也被迫嫁给了梁直并赴维也纳求学。在事情的真相败露之后，梁直失手打死了宁静雪。胡狼得到老狼仙的帮助后，穿越时间隧道，在宁静雪去世前一刻与之相见，胡狼抱着宁静雪走入湖水中，湖边开出了代表爱情的花——"宁静雪"。

3.推荐曲目

（1）《不老的传说》

该作品是1997年"十大中文金曲奖"的获奖曲目，整首歌曲的旋律抒情、优美、缓慢，层次鲜明，和声运用恰到好处，前奏及A段单旋律伴奏铺垫人声和弦内音，并没有复杂的配器衬托，偏长跳音的风格，但给人些许调皮的喜感。B段给人以憧憬和期待，和声的渐入，让人对之后的剧情发展充满了好奇。整首歌曲凄美而不浓烈，浪漫唯美而不甜腻。

（2）《爱是永恒》

这首歌曲可以说是粤语流行音乐中的经典曲目之一，是胡狼在湖中的小艇上向宁静雪表白时所唱的歌曲。作品的速度为行板，一开始由弱起的钢琴铺垫，在音乐中加入感情的渲染，歌曲传达着喜悦和向往，高潮部分高亢激昂，由心而发的欣喜感染着现场观众。这首歌曲在音乐剧第二幕尾声时再次由全体演员唱出，此时的曲风依然保持着唯美浪漫的气息，因为故事情节的发展、叙事背景的转换，不由得让人想起上一幕中，胡狼表白时的美好瞬间，但因为宁静雪的去世，这种美好的情感却无法表露出来，全体演员的气场带动着现场观众融入此情此景中。

（3）《流星下的愿》

这首抒情歌曲是音乐剧《雪狼湖》中的重要选段之一，是剧中胡狼和宁静雪在观赏流星许愿时演唱的作品，意味着两个人爱情的开始，也是胡狼和宁静雪互相表达内心感情的歌曲。歌曲中的感情循序渐进，宁静雪甜美柔和的音色和胡狼淳厚深情的声音，配上清静淡雅的小提琴，营造出浪漫又带有神秘感的意境，将宁静雪温柔善良热情、不嫌贫爱富的性格特征及胡狼的憨厚老实表现得淋漓尽致。

4.教学建议

（1）说说自己所熟悉的张学友演唱的歌曲，愿意与同学交流演唱。

（2）分析音乐剧《雪狼湖》艺术表演形式的特点：有歌有舞有剧情，多半是舞伴歌，对角色的独唱和伴舞进行了突出，结合了张学友通俗演唱会的热烈和经典音乐剧的高雅。但缺乏多声部演唱的形式，表现形式较为单一。

（3）欣赏音乐剧中的歌曲选段，理解作品所刻画的人物的内心情感。

（四）《电影之歌》

1. 作品简介

为纪念中国电影诞生 100 周年，广电总局电影频道通过多媒体电影音乐剧的形式，再现中国电影百年的辉煌，这部音乐剧于 2005 年 12 月在北京保利剧院首演。音乐剧《电影之歌》主要讲述一位普通的电影工作者传奇一生的故事，进而展现中国电影的百年历史，通过剧中主人公坎坷的经历，让观众看到中国电影百年的风雨历程，同时全方位了解电影给中国人民的生活带来的变化，这部音乐剧不仅能让人感受音乐的魅力，更能让观众现场体验当今中国电影在国际上的辉煌成就。

这部音乐剧由李宗盛担任音乐总监，共有 160 分钟感人的音乐，22 首原创新曲，整部剧以流行音乐风格贯穿历史的旋律，并结合民族乐器的特点，创造出不同的民族音乐曲风，同时结合古典及流行音乐，运用进行曲、大合唱等音乐表现手法，打造出浓厚的世界音乐曲目。李宗盛用其敏锐的流行音乐触觉，巧妙地将中国百年电影中的部分老歌、好歌融合进音乐剧的原创旋律中，随着音乐剧故事的发展让观众融进每个年代的回忆中。华丽布景也是这部剧的另一个亮点，本次舞美由奥斯卡金像奖获得者叶锦添亲自操刀，使用了 33 场华美的场景，无论是老北京的四合院，还是旧上海的弄堂，或是香港的繁华市区，随着剧情的发展逐一转换。值得一提的是，有的场景仅需 30 秒的瞬间就能让年代与地点发生变化。最令人耳目一新的是 20 段不同风格的舞蹈，这些舞蹈融入多种艺术表现元素，风格多变，巧妙地将歌舞剧贯穿为一体，将现代与传统完美地结合，重现历史与文化经典，剧中也有不少独立的舞蹈部分，如影之舞、板凳舞、梦幻大世界等等，成了叙述时代变迁的重要段落。

2. 剧情介绍

音乐剧《电影之歌》的故事始于上世纪初，出身在京剧世家的影生热爱电影事业，可是父亲却极力反对，俩人产生了激烈的矛盾。于是影生只身来到上海追求自己的梦想，与女演员互生好感，可是清清为了能成名不得不选择了电影厂的毕老板作为自己的靠山。影生继承家业，遵照父亲遗愿与表妹素君成婚，而后带着师弟小毛一起到上海，一群年轻人为着电影梦想共同奋斗着。此时，毕老板和清清却在有声电影时代逐渐被遗忘。抗日战争开始，毕老板企图借机东山再起，而清清、素君也陷入了情感的矛盾纠葛中，以影生为代表的电影人在大时代里命运跌宕……

3. 推荐曲目——《命运之约》

这是音乐剧《电影之歌》的主题曲，颇具流行音乐风格。一开始小军鼓行进式的节奏给人以坚定的信念感，整首歌曲以无法描述的震撼，展开一个回望，光影流转，代表着中国电影已稳步走过百年、兴衰变迁，唯一恒久不变的，是所有电影人的坚持。歌曲令人感慨万分，"路在前方，等我告诉它我有多胆怯，可是我明白，这是我与我的命运之约。"

4. 教学建议

（1）了解中国电影百年历史进程，说说自己所熟悉的经典电影作品。

（2）对比欣赏音乐剧《电影之歌》中的音乐，分析其不同的民族曲风音乐、古典风格音乐及流行音乐对剧情推动发展所起的作用。

（3）能通过不同的舞蹈类别，了解中国电影史的变迁。

（4）能找出音乐剧《电影之歌》中的部分老歌、好歌旋律，并能哼唱。

（五）《花木兰》

1. 作品简介

现代音乐剧《花木兰》由中国歌剧舞剧院出品，王晓鹰导演，邱玉璞、喻江编剧，郝维亚作曲，2004年在北京保利剧院公演。在中国，花木兰女扮男装、替父从军的故事家喻户晓。作为一部古代的历史剧本，音乐剧主创人员有意识在剧中设计了大量的现代元素，目的为了能吸引更多的年轻观众，在乐曲中大量使用电子音乐和流行音乐，使得音乐剧《花木兰》在整体风格上大大有别于以往的演绎风格，带有鲜明的现代感。

　　这部音乐剧以战争为主要线索，同时也以战争为爱情发生的背景，剧中着力刻画"长河落日圆""大江流日夜""明月照积雪"这样的战争意境，对战争的绝望、宏大和苍凉进行了淋漓尽致的表现。

　　音乐剧《花木兰》在表演形式上采用了唱和舞分离的方式，具体来讲，指花木兰的歌唱由一位演员承担，同时舞蹈由另一位演员承担。这样也顾及了花木兰男扮女装的双重身份，一个歌唱，一个表演，两人若即若离，如影随形，这种处理看似将人物内心和外表剥离，事实上却使主角的舞台轴心力量得到了加强。

　　音乐剧《花木兰》总体风格是现代的浪漫抒情风格，并没有突出民间风格和地域风格。剧中将流行音乐与古典音乐、美声与通俗唱法融合在一起，多种风格的音乐在剧中显得自然、流畅，音乐大气、伤感、幽婉。朗朗上口的旋律和动人的故事情节并存于整部音乐剧中，庞大的管弦乐队编制和多种色彩的运用，不仅使配器具备音乐剧特性，也对剧情的发展起到了很好的烘托和推动作用。

　　2. 剧情介绍

　　一代女豪杰花木兰替父从军，青梅竹马的恋人白玉溪也一同走向战场，爱情在战争到来之前就已开始，一直持续到剧中。在残酷的战场上，只有白玉溪知道花木兰是女人，他在竭尽全力保护花木兰的同时，还要将自己心爱的恋人当男人，与之并肩作战。花木兰明知白玉溪深爱着自己，却对战场上的生离死别感到无奈。爱和恨、生和死、情和仇的矛盾常常不可避免地同时出现，构成剧中大量唱段的主要意境和情绪。

　　3. 推荐曲目——《我希望》

　　这首歌曲是女主角花木兰的经典唱段，出现在剧中第一幕的第二场当中。表现了花木兰得知年迈的父亲即将被征兵入伍时的担忧、恐慌与迷茫，到经过深思熟虑、内心极度挣扎之后，依然决定替父从军的勇敢。这首歌曲适合使用美声唱法演唱，是一首女高音作品，旋律抒情、开阔、悠长，艺术性强，表现出爱与希望的情感，突出花木兰坚毅勇敢的性格。

4. 教学建议

（1）探究音乐剧《花木兰》是如何将现代元素融入家喻户晓的"花木兰女扮男装、替父从军"的故事中。可从残酷的战争及美好爱情的剧情、异域风情、类似咏叹调的唱段、电子音乐等流行音乐的大量使用这几个方面来分析。

（2）了解剧中主角花木兰"男扮女装"的双重身份，即歌唱由一位演员承担，舞蹈由另一位演员承担，采用唱与舞分离的方式，理解两个花木兰的表演对舞台空间和剧情发展所起的平衡作用。

（3）欣赏音乐剧《花木兰》的音乐片段，理解音乐剧中的音乐无论是充满情感的乐队演奏还是抒情旋律的歌唱，对人物内心情感世界揭示上所起的作用。

（六）《芳草心》

1. 作品简介

音乐剧《芳草心》的剧本是由向彤、何兆华俩人完成，音乐的创作由王祖皆、张卓娅共同完成，第一次演出是在 1983 年的南京军区前线。可以说这部音乐剧是中国音乐剧的第一部成功之作，20 世纪 80 年代全国最知名的歌曲《小草》就是《芳草心》的主题曲，唱响了大江南北。1986年电影版《芳草心》拍摄，通过电影院，《芳草心》迅速传播开来。《芳草心》在搞笑的喜剧形式和结构中，掺入了大量的抒发情感的韵律，它也很少有舞蹈的体现，每个人的唱段都和他自身的各个方面有着不可分割的联系。音乐剧《芳草心》以一首《小草》为主题曲来当作整部剧的核心唱段，在这样的音乐氛围下，它不需要结构有多么复杂，不需要感情有多么丰富，也不需要合唱或重唱，它只需要简简单单几个人、几种乐器，因为它只需为了人物的歌唱而存在。

2. 剧情介绍

该剧本是对《真情假意》进行重新编写得来的，说的是一对双胞胎姐妹对人生目的和意义的看法不同，对事物认知、理解和判断的看法也不同，个人对待爱情的看法不同，个人的性格也不同。她们同时和一位年轻军官发生了摩擦，表现了芳芳这一位现代青年的美好品德。

3. 推荐曲目——《小草》

《小草》是音乐剧《芳草心》的主题歌，如今，这首歌也总是出现在中国各种版本的声乐教材中，被一代又一代的音乐人所熟悉，它在人民之中传唱起来，甚至成了人们最喜欢的一首音乐剧歌曲。这首歌曲的剧诗以草喻人，采用排比与对比相间的语句修饰手法，借小草默默无闻、与世无争、积极乐观、豁达开朗的生活态度，歌颂一位普通少女的美好情操。全曲结构短小精悍，歌词质朴平实，通过对山川河流等自然景致的描写，突出了与小我间相互依存、和谐相融的美好。

音乐采用单二部曲式写成，旋律清新朴素，简洁明了，节奏悠然舒缓，琅琅上口，词曲之间互为补充，相得益彰，高度统一，突出主题。

4. 教学建议

（1）有感情地演唱歌曲《小草》，表达出小草乐观向上、开朗豁达的积极的生活态度。

（2）欣赏音乐剧《芳草心》的音乐片段，感受其中运用了民族的旋律和调式融合创作的特点。

（3）了解音乐剧中采用节歌重复的创作手法，不少段落都使用了重复或变化重复的方法，前后对称、首尾呼应，使音乐前后统一，形成特色。

（4）对比欣赏双胞胎姐妹芳芳和媛媛的几个唱段：《青春永远美丽》表现芳芳活泼开朗的一面；《让美好的回忆永远伴随着我》表现芳芳内心热情、深沉的另一面；《苦酒，叫我怎能入口》表现媛媛外表文静但内心阴暗的性格特征。了解音乐剧中的音乐对刻画人物形象的主导作用。

第三章　中学音乐剧课堂的教学实践

一、音乐剧进中学音乐课堂的意义

（一）音乐剧课堂成为美育普及教育的范本

学校美育是中小学校园中对受教育者所进行的审美教育，它以美学基础理论为指导，通过各种审美实践活动，触动中小学生内在的情感来感动心灵，从而使其树立正确的审美观念，培养健康的审美情趣，提升感受、鉴赏、创造美的能力，完善人格塑造，提升人生境界。学校美育是学生全面发展教育不可缺少的组成部分，它的价值不仅在于提升学生的审美能力，培养健全的人格，舒展心理压力，提升抗挫折能力，还能迅速增强对课程知识的理解和记忆，提高学生学习的兴趣，更为重要的是能很好地激发学生想象力和创造力。美育可以促进学生德智体全面发展，更是为培养真善美品质、净化心灵起着重要的作用。

学校美育是面向全体学生的普及性教育，美育的落实开展对每一位孩子终身爱好美、创造美起到特别重要的作用，因此它不能只是针对部分有艺术特长的学生而进行的审美教育，它的重点和难点在于所有孩子都应该接受审美教育，并能有不同程度的提升。美育从小抓起，真正落实到每个孩子身上，这对他们终身的影响是巨大的。

音乐剧作为 20 世纪新兴的一种综合性艺术，拥有符合当代观众审美情趣的音乐、贴近生活不拘一格的文学戏剧、古今中外丰富多姿的舞蹈语汇、现代科技化的灯光音响、绚丽多彩的舞台布置等，多种元素构成其独特的艺术魅力。虽然，音乐剧进入我国才短短几十年，但它正以雨后春笋般的发展态势不断充实着普通民众的艺术生活。在中国，音乐剧已逐渐为人们，特别是青少年所熟悉和喜爱。从近些年各种大型演出现场音乐剧节目的受欢迎程度，到高校开设音乐剧创作及表演专业，以及音乐剧研究所的创办，再到各省市学校艺术展演活动中对校园音乐剧的力推，巨大的市场潜力都说明了这一点。不论从音乐剧本身的独特魅力而言，还是从它的受众市场的现状来看，将音乐剧引进课堂具有一定的现实意义。目前，作为一种符合时代发展需要、广受欢迎的音乐艺术，音乐剧已经被收录进中学音乐课本，这是音乐教学改革的一个可喜成果。

音乐剧校本教材具有校园青春气息、地方特色、多学科知识融合等特点，更适用于基础教育阶段学生，为美育的深入开展提供了很好的实践依据。音乐剧中有不少优秀作品历经时间的考验已成为经典之作，学习经典音乐剧能潜移默化地培养学生美好的情操、健全的人格；音乐剧所具有的现代性、通俗性能充分激发学生的学习热情；音乐剧是一门综合性舞台艺术，它综合了音乐、舞蹈、戏剧、美术等姊妹艺术，使教师在以音乐为主线的教学中构建与其他学科的联系，并将学生普遍参与与发展不同个性有机结合起来；在音乐剧的实践与创作活动中有利于学生理解多元文化、增强协作能力，音乐剧教学能充分体现美育的教育理念，为美育普及化实施提供很好的借鉴。

通过中学音乐剧的普及化教学，构建音乐剧鉴赏及创编表演课程体系，将学科核心素养的培养融入课程，可为推进学校新型美育工作的开展提供可操作性的课程体系和范本。通过音乐剧教学，能提升学生鉴赏、评价音乐的能力，培养学生综合分析问题、解决问题的能力，成为美育工作提升学生素养的范本。

（二）音乐剧课堂成为跨学科教学的试金石

跨学科协同的方式在多行业中广泛运用，它的优势是能相互取长补短，能集多方智慧，随着现代科学技术发展的迅猛，经济全球化的发展趋势对复合型人才的要求越来越高，知识、技能、创新能力的综合运用是高端人才必备的条件。跨学科教学作为一种独有的教学组织形式与方法，为新时期复合型人才的培养提供了一种途径，同样在学校教学中，跨学科教学理论对基础教育教学质量和效率的提高也有重要的实践意义，因此，在学校教学中使用跨学科教学亦是一种值得重视的模式。

在教学中实施跨学科的方式能很好地帮助学生形成多学科多角度的思维方式，能加深知识感悟、提升表现能力、增进文化理解，从而全面发展学科核心素养；可以实现学生的学科长短板互补，在相互的融合性学习中，增强学生的学习信心，提升学习乐趣。多学科协同的教学方式能为兼具知识、技能、创新能力为一体的复合型人才的培养开拓新的渠道。

音乐剧是一门综合性舞台艺术，包含音乐、舞蹈、文学、戏剧、美术等多种元素，甚至还包含了历史、地理、政治等文化知识，它具有多学科融合及综合实践活动的特质。音乐剧教学不仅包含适合中小学生的经典作品鉴赏，还包括具有校园特色的小型音乐剧创编、表演活动，因此，音乐剧教学中，可以是课堂上由音乐、语文、舞蹈、美术、历史、英语等学科老师根据自身特长，合理分工，协作完成音乐剧课堂中的不同内容教学；也可以是课堂外由几位老师共同指导音乐剧编排、表演工作。

音乐剧的综合性特征，涉及音乐、语文、舞蹈、美术、历史等学科教学，能很好地帮助学生形成多学科多角度的思维方式，能加深审美感知体验、提升艺术表现能力、增进多学科文化理解，从而全面发展学科核心素养；可以实现通过一个项目或者一个主题，让学生充分发挥自己所长，扬长避短，在相互的融合性学习中，增强学习信心，提高学习乐趣。以音乐剧这一具有跨学科融合特点、易于培养学生综合实践能力、且深受学生欢迎的艺术门类为载体，结合多学科教学这一新型教育方式，来提升学生综合鉴赏、评价美的能力，培养学生多方位分析问题、解决问题的能力，可以为学校探索多学科教育的课程体系构建等提供新的思路。

从音乐剧教学中，我们可以看出，它以音乐学科为主，协同语文、舞蹈、美术、历史、英语等学科教学，构建以音乐剧鉴赏及创编表演为主要内容的课程体系，将音乐学科核心素养的培养融入课程，为推进学校新型多学科融合教学工作的开展提供可操作性的范本。同样，以一个学科为主，其他学科为辅，或是围绕一个主题，同时几个学科协同开展教育教学活动，通过课堂实践及课外活动的应用，拓宽学生视野，提升综合素质，这些都是学校教育多元化实施值得探究的模式。多学科协同教学，可以很好地提升学生鉴别、评价的能力，可以培养学生综合分析问题、解决问题的能力，这对学校教育工作的多元化发展有着不可替代的作用。

（三）音乐剧课堂成为核心素养培育的摇篮

教育部在《关于全面深化课程改革落实立德树人根本任务的意见》中，明确把核心素养的内涵定为"学生应具备的适应终身发展和社会发展需要的必备品格和关键能力"。品格是人作为主体最富有人性的一种本质力量，内蕴着人的道德性、精神性与利他性；能力则是人作为主体最引以为傲的一种本质力量，内蕴着人的创造性、能动性与内发性。在音乐学科中，核心素养包括审美感知、艺术表现、文化理解三个方面（《普通高中音乐课程标准（2017 年版 2020 年修订）》），具体来说就是要求理解、感知、把握音乐艺术听觉特性、表现形式、表现要素、表现手段及其独特美感，并通过歌唱、演奏、综合艺术表演和音乐创编等艺术表现活动来表达音乐艺术美感和情感内涵，理解不同文化语境中音乐艺术的人文内涵，并在其中培养优秀品格。随着"核心素养"的落地实施，课程设计应以"学科核心素养"为依据和方向，以培养"全面发展的人"为目标，音乐剧教学正是顺应了基础教育此番改革，使每个孩子真正参与到知识的学习探究中来。

音乐剧教学能有效发展学生审美感知、艺术表现、文化理解等方面的能力，在提高音乐课堂教学效果上具有独特的功效。它是通过聆听、鉴赏、表演、演唱、演奏、合作、编创等方法应用在教学中，融合音乐、戏剧、文学、美术、舞蹈等多种元素让学生在实践中达到学习目标和目的，它的重点在于全体学生的共同参与，从音乐剧学习中领略知识的意蕴，在相互交流中发现彼此的可能性并创造新意义。

音乐剧教学中的表演实践和编创活动，注重关注学生内心体验、关注学生全面发展，有助于充分发挥学生的想象力和创造力，在与同学相互配合中，各自发挥所长，将多学科知识与技能融合在一起，有效地提升了学生的学习积极性，同时也培养了学生的思考能力、表达能力、团结协作能力等多种关键能力。音乐剧创编及表演活动既符合中学生活泼、好奇、有主见、乐于探索的天性，又能顺应时代发展的需求，音乐剧的多元性更易于培养学生的综合实践能力及艺术表现力，为全面落实核心素养提供新思路。

音乐剧教学可以很好地以其独特的方式让学生以角色感知的形式去感受音乐艺术的特征、美感及内涵，因此，青春、励志、积极向上的故事情节及剧中人物品格，更能潜移默化地感染每一位学生，对学生健全的人格培养有着不可替代的作用。通过运用情境设置、相关角色体验，进一步感知、表达音乐，在这个过程中，掌握相关音乐知识，提升关键能力及综合素质，并丰富学生的精神世界，符合核心素养培育的多元需求，进而扎实有效地落实学科核心素养。

二、构建音乐剧校本课程

通过音乐剧校本课程建设、教材建设、师资建设，形成循序渐进的教育课程体系建设，总结和概括出美育普及性教育的具体实施方法，并探索多学科融合教学的现代教学新方法。同时面向基础教育阶段学生，编撰具有校园青春气息、地方特色、多学科知识融合等特点的音乐剧教材，为学校美育的深入开展提供实践依据。

（一）课程目标

学生通过音乐剧校本课程的学习，参与欣赏、演唱、表演、舞蹈、创编、演奏等各项艺术实践活动，培养和发展聆听、表现、编创、协作等能力，激发对音乐、文学、历史、美术等学科的兴趣。通过对音乐剧作品的感受、体验、理解、表达、创作，陶冶情操、提升审美、活跃思维、健全人格、拓宽视野。音乐剧校本课程能有效提高学生的音乐素养，培养学生的创造思维，丰富音乐课堂内容，提升校园生活品质，在培育学生艺术修养的同时，为其终身热爱音乐艺术打下基础。

音乐剧包含多种多样的艺术元素，是一门综合性舞台表演艺术，音乐剧的教学能多角度地触及不同兴趣爱好的学生，让学生在多样的艺术种类中找到最能发挥自己长处的位置，从而让其树立信心。音乐剧的学习能提升音乐基础技能及文学修养，提高学生的审美能力、鉴赏能力、创造能力、表现能力、协作能力等综合能力，拓展文化视野。课堂中自编自导自演校园音乐剧及音乐课本剧活动能加深学生对音乐剧各个主要因素的体验，拓宽艺术视野，提高其创造能力、音乐表演能力及团结协作能力等，既为中国原创音乐剧的发展探索一条新路子，又能激发学生热爱祖国民族艺术，同时也能促进学生热爱多元文化，达到弘扬世界文化艺术的目的。

具体目标结合音乐学科核心素养培育指向，主要体现在：

1. 审美感知

学生在欣赏和分析音乐剧的过程中，可以从不同题材、不同体裁、不同艺术表现形式的作品中，感受体验音乐剧作品所要表现的思想内涵及人物的情绪情感、意志品格等，能通过感受音乐剧作品的艺术特征，理解作品的文化背景及历史意义，并能与之产生共鸣。能通过音乐各表现要素的分析，加深理解作品的艺术特点，体会作品的美感，并能辨别不同音乐时代及各国各民族音乐剧作品的风格，同时做出评价。

2. 艺术表现

在学习和表现音乐剧中，学生能积极参与团队的创编和表演实践活动，在与同学的协作中，享受艺术表现及合作探究的乐趣，并在这个过程中加深对音乐剧知识的理解和掌握，能对国内外音乐剧作品进行评价，同时提升各项艺术表现技能。在创编小型音乐剧及校园音乐剧的过程中，能把生活中的真善美创造为戏剧表现形式，并在音乐剧作品表现中感受美的教育，从而培养团队协作精神及协作能力，能在表演音乐剧的过程中自信地展现自我，投入地表达人物情感。

3. 文化理解

学生能通过各个音乐剧作品的学习，从文化的角度关注和理解音乐剧作品，知晓音乐剧作品产生的历史、文化背景、不同的风格特征。热爱中国音乐剧作品中独特的音乐文化及内涵，增强民族自豪感，坚定文化自信，进而提升爱国情怀。能以包容的心态，学习外国经典音乐剧作品，树立平等的文化价值观，尊重各国文化的多样性。

（二）课程内容

中学音乐剧校本课程主要包含三部分内容，一是经典音乐剧作品欣赏，二是研究性学习探究音乐剧知识，三是小型音乐剧创编与表演。经典音乐剧作品欣赏教学主要包括音乐剧艺术特征、音乐剧名作、音乐剧名家、中国音乐剧等内容，包含了音乐剧所涉及的多方面内容。研究性学习是学生以小组为单位，自主探究、总结自己所感兴趣的、未知的音乐剧知识，通过学生课外对音乐剧的探究性学习及课堂上与老师的共同研讨，使学生对音乐剧有更深入的了解，增强学生对多元文化的接纳与包容，全面了解音乐剧的特征，加深对姊妹艺术的了解。而音乐剧创编与表演主要包含适合中学生的校园音乐剧或是音乐课本剧的剧本及音乐、舞蹈、舞美等的编创，并能和同学一起表演新编的作品。音乐剧教学面向全体学生，每个单元相对独立、完整，又相互关联。在创编及表演活动中，可供全体学生根据自己的特长及兴趣爱好选择项目参加。根据授课班级的具体情况，在课堂有限的时间内有效地指导全体学生参与创编、表演校园音乐剧或音乐课本剧，让每个学生在创作表演过程中充分发挥各自优势，感受创作及表演的乐趣，树立自信心，同时提高团结协作和组织能力。

1. 单元内容

★音乐学科：主要包含音乐剧鉴赏及校园音乐剧创编、排演两部分。

共分六个单元，具体如下：

《第一单元综述篇》（包含六节内容："走进音乐剧""音乐剧艺术特征""音乐剧中的音乐""音乐剧中的舞蹈""音乐剧中的歌唱""姊妹艺术比较"）

《第二单元名作篇》（包含十二节内容：《音乐之声》《猫》《狮子王》《约瑟夫与神奇彩衣》《艾薇塔》《歌剧院的幽灵》《悲惨世界》《西区故事》《奥利弗！》《美女与野兽》《巴黎圣母院》《妈妈咪呀！》）

《第三单元名家篇》（包含五节内容："理查德·罗杰斯与奥斯卡·哈默斯坦二世（R. and H.）""列昂纳德·伯恩斯坦""安德鲁·洛伊德·韦伯""克劳德－米歇尔·勋伯格""麦金托什"）

《第四单元中国音乐剧篇》（包括六节内容：《蝶》《金沙》《雪狼湖》《电影之歌》《花木兰》《芳草心》）

《第五单元研究性学习篇》（包含三节内容："研究性学习课题选择指导""研究性学习成果撰写指导""研究性学习成果交流会"）

《第六单元创作篇》（包含五节内容："剧本创作""歌词创作""音乐创作""舞蹈创作""舞美创作"）

《第七单元实践篇》（包含十课时内容：歌唱舞蹈表演分组排练、合练、彩排、正式演出）

★美术学科：主要包含音乐剧舞美鉴赏及设计、制作部分。共分五单元内容，具体如下：

《第一单元舞台场景设计及制作》《第二单元音乐剧人物造型赏析》《第三单元音乐剧灯光及音响》《第四单元道具设计及制作》《第五单元音乐剧服饰特点》。

★语文学科：主要包含音乐剧文本创编、经典剧本解读部分。共分六单元内容，具体如下：

《第一单元音乐剧文本特点》《第二单元音乐剧文本创编要素》《第三单元音乐剧文本创编实践》《第四单元经典音乐剧剧本鉴赏》《第五单元音乐剧中的戏剧表演》《第六单元音乐剧表演台位》。

★历史学科：主要包含音乐剧发展历史、经典剧本相关历史解读。共分两单元内容，具体如下：

《第一单元音乐剧发展史》《第二单元经典音乐剧相关历史解读》（包含五节内容，其中含经典作品《悲惨世界》《西贡小姐》《艾薇塔》《音乐之声》等相关历史背景学习）。

★英语学科：主要包含音乐剧形式的英文小短剧创编及表演。共分两单元内容，具体如下：

《第一单元英文小短剧创编》《第二单元英文小短剧表演》。

2.内容要求

（1）欣赏音乐剧经典作品，感受艺术的美，懂得如何鉴赏音乐剧作品，养成专注聆听与观赏的习惯。

（2）了解音乐剧的概念、起源、发展及艺术特征，掌握音乐剧的基础常识，认识音乐剧代表作的题材内容及各种表现形式的特点，知晓音乐剧主要代表人物及艺术成就。

（3）聆听音乐剧中的中外优秀音乐作品，理解音乐各表现要素在音乐剧中表达情感及思想内涵的作用，体验音乐剧作品的艺术特征，并能分析各个作品的音乐风格。

（4）知晓音乐剧作品相关的历史、文化，了解音乐剧名家们的生平及代表作、贡献。

（5）理解音乐剧作品中的中国传统音乐及世界民族音乐风格特征，了解民族民间音乐与历史文化、社会生活、地方风俗等息息相关。

（6）能简要分析不同音乐剧的风格及特点，对不同国家的经典音乐剧作品进行评价，无论艺术性还是思想性，能表达出自己的观点。

（7）演唱、表演、演奏经典音乐剧作品选段，能与同学一起创编、表演小型音乐剧，并做出评价。

（8）运用现代信息技术手段自主学习、乐于探索音乐剧的相关资料，并能与同学相互协作，共同学习。

3. 教学提示

（1）音乐剧教学同样坚持以聆听为主，在聆听、观赏的基础上感受作品的美，体验音乐剧的特点，表现音乐剧的内涵。

（2）教学中，可通过视唱主旋律、演唱经典唱段、学跳特色舞蹈、演奏主题或者律动练习、无实物表演等多种体验式学习，鼓励学生调用多感官亲身感受，加深对音乐剧作品的理解。

（3）鼓励学生对音乐剧剧情、表演、音乐展开想象，并用语言、图画、文字等表达鉴赏心得，可通过设问、讨论的形式，让学生相互交流自己的感受与理解。

（4）注意结合音乐剧作品相关的历史、文化、风俗等，启发学生感悟音乐剧的文化内涵。

（5）创设音乐剧的情境，根据作品的题材背景及艺术特点，引导学生更好地理解音乐剧作品的内涵。

（6）利用现代信息技术手段，搜索、查找指定专题的相关音频、视频、文字、图片材料，开展研究性学习，共同探究知识。

（7）引导学生尝试从校园或日常生活中提炼音乐剧素材，进行编创，对作品进行讨论和评议，在实际演出中检验并修改完善。

（8）利用社会资源，如剧场、电视节目、音乐厅等，拓展音乐剧欣赏的途径，丰富学生的音乐剧体验。

（三）课程结构

1. 设计依据

国务院办公厅《关于全面加强和改进学校美育工作的意见》（国办发[2015]71号）中指出"美育实践活动是学校美育课程的重要组成部分，要纳入教学计划，实施课程化管理。"音乐剧是一门实践性很强的艺术，它必须通过多项实践性艺术活动，才能达到教学目的。音乐剧教学不仅能提高音乐基本素养和音乐技能学习水平，还能提升文学修养、文化理解力、美术素养等等，在实践学习中，能促进协作能力、抗挫能力、学习能力的增长，并提升精神和思想境界，激发无穷的创造力。音乐剧教学面向全体，包含的艺术门类多样，因此可以帮助学生形成多学科多角度的思维方式，能加深审美感知、提升艺术表现、增进文化理解，从而全面发展学科核心素养；可以实现学生彼此间的优势互补，在相互的融合性学习中，增强学生的学习信心，提升学习乐趣，这对他们终身的影响是巨大的。

（1）学科核心素养提升的需求

在音乐剧校本课程的构建和运用当中，始终将发展学生核心素养的任务贯穿其中，重视美育培养的具体实施，通过多学科融合的教学促进学生多方面能力的提升，加强优秀品格的培育，让学生在音乐剧课程学习中提升终身发展所需的智商和情商，成为全面发展的人。

（2）社会发展对综合型人才的需求

当今社会对人才的需求呈现多元化、重综合的趋势，音乐剧课程顺应社会发展的需要，提供平台和资源，提升学生探究和综合运用的能力，帮助学生在培养审美能力的同时，养成相互学习、互相帮助的优秀品质，并拓宽其文化视野，为培养高素质人才奠定基础。

（3）多学科融合教育发展的需求

音乐剧包含多种元素的综合性，使得音乐剧教学可进行多学科融合的尝试，因此可以打破学生偏科的局限，音乐剧课程包含音乐、美术、语文、历史、英语等学科，内容丰富，涵盖面广，在学习过程中，可以让学生综合运用不同学科的知识与方法，对提升综合素养和能力有着无可替代的作用。

2. 结构

音乐剧校本课程主要在初一、初二、高一、高二任一年段均可实施，根据各校课程安排的需求，确定授课年级。课程可分为音乐、美术、语文、历史、英语等类别，每一阶段学习以其中一个学科内容为主，完成后紧接另外一个学科内容。原则上以音乐课的延续性为主，也可根据音乐课程内容的进度，穿插其他学科内容的教学。以作品欣赏、知识拓宽、综合性体验、研究性学习、艺术实践活动为主，辅以参观、研学、进剧场观演等活动。

音乐剧校本课程共需36+18学时，可每周一课时，一年半时间完成，或一学期每周两课时，另一学期每周一课时，一年时间完成。每个单元既相对独立、完整，又相互关联，遵从音乐学科核心素养培育的特点及不间断的需求，在初中阶段或高中阶段选择一个学段完成。

（四）基本原则

1. 审美性原则

音乐剧教学同样是一种审美教育，主要通过欣赏、感受、体验、表现、创造等审美活动，使学生理解、掌握、热爱音乐剧中的美和丰富的情感。因此教学中要注重营造愉悦感的氛围，让学生有平和的心境参与音乐剧审美活动，并在其中乐于探究、激发自己的内心情感，教师要通过自身的感染力和作品的美好情感，引导学生积极参与，从而理解音乐剧作品对生活、对社会的积极向上的态度和思想，感受音乐剧中优秀经典作品的美，学习音乐剧角色中优秀的品格素养。

2. 多元化原则

音乐剧教学的多元化，主要体现在教学内容、学科知识、实践种类、教学方法、评价方式等的多元化特点。音乐剧是一门综合性舞台艺术，包含了音乐、舞蹈、戏剧、美术、文学等多种元素，因此，在教学内容上呈现出多姿多彩、丰富多样的状态，它不仅仅只是音乐学科的教学，更是协同了历史、美术、语文、舞蹈等多学科的融合教学。在艺术表现上，不仅有歌唱、器乐、舞蹈表演，还有手工制作、艺术创作等等多种艺术实践形式，在教学方法上可根据不同内容进行多种手段的综合使用，让课堂更加有趣、有效。而评价方式，也不仅仅只是限于教师对学生的评价，它还可以是学生的自我评价、学生之间的评价、教师之间的评价等等，以及来自家长、教育人士、专业人士等的评价，不仅只是评价主体的多元，也可以是定性与定量的评价，全方位、多角度对课程进行客观、公正、科学、合理的评价。

3. 创造性原则

中学音乐剧教学并不仅仅只是简单地模仿经典音乐剧片段的表演，而是融想象、创作于一体的创造性活动，兼具审美性与表演性，充分发挥学生们的想象力和创造力、协作能力，通过音乐剧的创作编排和实践演出，让学生们在编写、创造、排练、学习、表演中，开发多样可能，树立自信，提升社会交往能力，并提高认知、审美、情感等多方面的综合素养，在创作表演的体验中，融入个人的理解、态度和主张，而不再仅仅只是为了表达主题而进行单纯的表演。

4. 全面发展原则

人的全面发展是现代教育的最终价值要求，全面发展的培养目标是课程设置的依据。贯彻全面发展的原则就是要始终关注以人为本的教育理念，不仅要促进个体学生的全面发展，还要面向全体学生，让每个孩子都能得到不同程度的发展，并充分考虑不同学生不一样的需求，根据个体差异，制定不同的教学策略，使用不同的评价方式。在教学中始终关注学生的学习和发展情况，以学什么、学多少来判断音乐剧校本课程的具体实施效率，不断调整、修订课程体系，保障教育目标的顺利完成，确保每位学生接受个性化、全面发展的课程熏陶。

5. 因材施教原则

音乐剧包含了多种多样的元素，每位学生都可以根据自己的特长在其中选择一项或是几项适合自己发挥的任务，鼓励学生使用自己喜爱的方式来学习音乐剧，并可以把自己创造性的理解，以独特的个性表达呈现出不同的表现方式。因此，在音乐剧教学上，教师应该尊重学生个体的性格特征和各方面潜能，因材施教，鼓励学生勇敢地创新和展示个人能力，为学生人格的个性发展及音乐潜能的发挥提供强有力的支持。

（五）课程评价

课程评价是整个课程体系的重要组成部分，它对课程的实施具有重要的导向作用和质量监控的功能，对课程的设置具有一定的影响。课程体系可以说是课程系统建设的目标向导，而评价的方式方法则直接影响着培养目标的实现。课程评价的功能具有多样性，既是对学生学习情况的反馈，也是对教师教学质量的评估。音乐剧校本课程的评价，主要是用来衡量学生对音乐剧知识和技能的掌握程度及参与实践的态度情感与完成的情况，同时课程评价也能为教师实施课程过程中提供参照和思考，推进课程体系的完备。

中学音乐剧校本课程的评价可以由过程性评价及终结性评价两部分构成，过程性评价主要由日常上课及课外活动的考勤情况、课堂及实践活动中的表现情况、日常书面及表演作业的完成情况等部分构成，终结性评价主要是每学期期末按照教学要求及进度，进行相关的笔试、面试或者舞台汇演等。同时兼顾定性评价与定量评价，自我评价与他人评价相结合。

音乐剧课程设置要注意促进学生个体的全面发展，依据音乐剧多元化的特点，在评价体系中注重多样化的原则。用发展的眼光评价学生的学习表现，始终做到以人为本，要充分考虑每位学生的个性特征，考虑不同特长、不同层次学生的发展需求，根据个体差异性，使用不同的课程评价方法，制定不同的课程评价标准，确保评价的客观、公正、可操作性强。

音乐剧校本课程的评价内容要注意涵盖音乐剧学习的各个层次、各个领域，需要对学生不同的学习阶段进行回顾和比对，一方面关注学生的专业素养和能力，比如音乐剧基础知识的掌握情况、演唱能力、鉴赏能力、表演能力、舞蹈表现能力、作品编创与导演能力、组织协调能力等等，另一方面也应该关注学生整体综合素质的提高情况，比如审美能力、理解能力、创造能力等的评价，还要包含在参与过程中所体现出来的道德素质、心理素质、价值观以及参与的积极性、主动性、情感态度等方面的评价。全方位、多角度地对课程进行客观、公正、科学、合理的评价，充分体现课程评价方式的多样化原则。

评价方式不能单一固定为教师对学生的评价，还要鼓励学生之间相互评价，以及学生的自我评价，甚至可以邀请家长、学校老师、专业人士的评价，从而激发学生的学习主动性，获得主动参与的意识，体验成功与合作的快乐。不同阶层的课程评价主体，有助于聆听不同方面的声音，有利于学生多方面思考、吸取、改进。

具体评价途径主要有：第一，通过分析学生的学习效果来实施课程评价，主要关注学生的学习过程和学习结果以及学习方法的有效性，比如学生在音乐剧编创、表演、鉴赏过程中，是否有兴趣，主动性如何，参与态度和程度，合作的愿望及协调能力，也可以考察实践活动中，学生对音乐剧的体验、感受、理解及表现能力等等，学生在学习中的各方面因素，包括学习过程中所形成的态度及价值观等，都是衡量音乐剧课程目标达成与否的重要依据。第二，教师在课程实施过程中主要通过观察和感受来进行课程评价，教师要细致了解课程资源的开发利用，整合好各种素材，思考所使用的教学方法，观察学生的学习效果等等，最终对课程各方面的情况进行综合的评价，这是最重要的评价组成部分。

具体评价内容如下：

1. 能否掌握音乐剧的相关知识。

2. 能否运用所学知识独立完成音乐剧创编、表演活动中的其中一项或多项任务，并能与其他同学配合、协作，共同完成一部以上小型音乐剧作品的创编与表演。

3. 能否对经典音乐剧及自己团队所编创的作品进行评价。

4. 能否在故事及角色扮演中运用多种艺术表现形式，充分发挥想象力和创造力，获得更细腻的生活感知。

5. 能否通过学习，提升感受美、鉴赏美、创造美的能力。

评价等级建议分为优秀、良好、合格、不合格，成果方式可以是经典片段演出、学生自编自导自演的校园音乐剧演出、研究性学习论文等，评价主体主要为教师、学生、家长、专业人士。

三、音乐剧课堂的教学模式

"教学模式"在美国教育专家乔伊斯和韦尔的《教学模式》一书中首

次提出，他们认为："教学模式是一种可以用来设置课程、设计教学材料、指导课堂或其他场合教学的计划或类型。"至今，有关这个问题，国内外的专家学者亦有众多论述。有的认为教学模式就是教学过程的模式，是一种有关教学程序的策略；有的认为教学模式就是多种教学方法的综合；还有的认为教学模式就是与教师、学生、教材有关的教学结构的模式。综上所述，教学模式是在一定教学思想指导下，根据教学实践总结而成的各种类型教学活动中所使用的教学策略方法，并形成一定的结构方式。随着素质教育的不断深化开展、教育理念的日益更新，国家、社会对音乐教育的重视程度和具体要求也在发生着变化，因此教学模式也顺应着社会变化、教育发展的需要，不断地充实、增效、创新，以更好地为学科教育服务。现代教育强调培养学生自主学习、自我探究的能力，为学生学会学习、终身学习奠定扎实的基础。

音乐剧课堂的教学模式是学科教学模式中的一种，它在具备教学模式的所有特点之外，同时具有相对应学科独特的方式。它同样以学科教育学理论为依据，又根据各学科独有的特征，形成本学科特有的模式方法及结构特色。中学生具有一定的生活经验，也具备一定的自学能力，他们的学习策略更加完善，学习途径更加多样，根据中学生的这些特点，音乐剧教学的过程中应侧重提升学生的鉴赏评价能力、音乐技能水平、艺术审美能力等，通过丰富多彩的教学模式，让学生提升音乐实践能力、情感体验能力、自主学习能力及文化理解能力等等，并贯穿于整个教学过程始终，旨在注重学生音乐素养的全面提高，为其终身热爱音乐做好铺垫。

中学音乐剧教学实践是以课堂教学为核心，学生的研究性学习为补充，课外艺术实践活动为延伸，进行全方位的音乐剧教学探索。了解中学音乐课堂的特点和教学模式，便于提出在教学实施中的建议，细化不同音乐教学内容的教学方法。无论使用任何的教学模式，目的都是通过课堂教学实践活动，有效提升学生的综合素养及音乐技能水平，帮助学生懂得以开阔的文化视野体验，感受、理解、评价、尊重各种类型的艺术，学会主动学习和探究音乐剧文化历史，能够更自信地参与各种艺术实践活动。通过课堂中的音乐剧鉴赏教学及音乐剧创编表演等实践活动，加深学生对音乐剧各个主要艺术元素的体验，通过音乐要素的分析进一步了解各种体裁音乐的艺术特征，从而提高学生的审美能力、艺术创造力、表演能力及协作意识。引导学生能自信、自然地演唱、演奏、舞蹈，掌握多门音乐技能，同时能准确、快速地掌握音乐剧知识要点，理性评价多元音乐剧文化中的优秀经典之作。探索音乐剧教学中的多种教学模式，帮助学生在有限的课堂时间中提升审美、评价能力，掌握好多门学科知识，让中学音乐剧教学百花齐放、各具特色。

（一）设计单元式学习

音乐剧是一门综合艺术，除了拥有多种艺术元素和表现形式以外，它还与历史、时事息息相关，有的改编自文学著作，蕴含着很深厚的文化底蕴，音乐剧有许许多多的知识可以供我们去挖掘，那么面对这么多的大容量的知识，如果都只是按一个作品一节课这样来上的话，要么时长不够，要么教学过程方法过于单一，如何来有效整合音乐剧中的重点知识和精髓部分呢？可以尝试使用单元式学习方式。

单元式学习相对有完整性，意味着一个相对完整的教学模块和知识结构，同时可以将相关的知识串起来，彼此联系。因此单元式学习不再拘谨于一个音乐剧作品当中，它是开放性的，任由教师自由组合、开发和设计。每位老师的组合方式也是不同的，因为每个人的教学理念是不一样的，所做出的单元式教学设计也就不尽相同。但这种单元式学习必须遵守风格性、实践性、表演性、系统性等原则，合理分配和组合。

进行单元式学习，最基础的第一步，就是根据音乐剧的特点，结合知识结构、学生实际情况以及课时安排，根据教师自己的个人经验，合理划分和选择单元内容，这个单元内容可以是同一个主题，同一种艺术特征，同一个作品，同一种创作方式等等，根据我们所选择的内容重点，准确使用相关知识点和作品，围绕同一个重点来展开教学。比如，《音乐剧人物性格特征塑造赏析》，从课题中就可以很明确地知道本单元学习的主线是结合不同音乐剧作品来说明音乐剧是如何塑造人物的形象及性格特征，它可以通过选择不同风格的音乐、选择不同的演唱方法或是不同声音种类的作品来体现等等。再如《艾薇塔——流星灿烂般的一生》，这个标题让我们一看就明白，本单元中其中一个课时，就是沿着艾薇塔传奇一生中的几个重要时段来展开介绍，在这个音乐剧学习过程中学生既感受体验到了拉丁音乐的风格特征，又对艾薇塔一生有了更深刻的认识，也对二战前后阿根廷的社会历史情况有了一定的了解。所以单元式学习，课堂的主线很重要，它要能贯穿整堂课。在此基础上，设定单元式教学目标，关注本单元主要发展的核心素养要素，将音乐剧内容结合学科核心素养培育的要求，设置教学目标，将整个单元的知识体系连起来，解决一个一个的知识重难点。

单元设计案例：

1. 单元教学内容

人民音乐出版社出版的《音乐》八年级上册第二单元《多彩音乐剧》，包含的具体内容有：演唱二声部合唱曲《雪绒花》，欣赏作品《回忆》《云中的城堡》《总有一天》，知识点有音乐剧、安德鲁·劳埃德·韦伯，以及实践与创造活动。

2. 单元目标

（1）知晓音乐剧的概念，理解音乐剧的艺术特征，积极参与演唱、欣赏、律动、表演、创编等实践活动。

（2）欣赏音乐剧《猫》中的选曲《回忆》、音乐剧《悲惨世界》中的选曲《云中的城堡》、音乐剧《金沙》中的选曲《总有一天》等，感受音乐剧中音乐、舞蹈、演唱等元素的艺术特征。了解变换拍子，体验音乐剧歌曲易学、易唱、易记的特点。

（3）能用舒缓轻柔、优美抒情的声音及恰当的速度、力度演唱二声部歌曲《雪绒花》，并能用充满深情的歌声背唱歌曲、根据剧情积极参与表演活动。

（4）以开放的心态，主动参与到音乐剧的学习中，增强对多元文化的接纳与包容意识。

3. 单元教学重难点

理解音乐剧的概念及艺术特征，乐于参与课堂中的实践活动。

4. 教学准备

相关音乐剧作品的视频、音频及文字材料。

5. 教学过程（共分三课时）

※ 第一课时

（1）开始部分

聆听音乐串烧，说说自己知道的音乐剧作品。

（2）基本部分

A 欣赏音乐剧《猫》中最具音乐剧特点的片段，了解音乐剧概念及艺术特征。

B 对比欣赏歌曲《回忆》，感受作品所表达的情感，探究音乐剧演唱的特点。

C 了解音乐剧作曲家韦伯。

（3）结束部分

小结音乐剧基础知识，布置作业：编创并表演小型校园音乐剧《回忆》。

※ 第二课时

（1）开始部分

声势律动练习，熟悉歌曲《雪绒花》第二声部旋律。

（2）基本部分

A 分析并学唱二声部合唱曲《雪绒花》，配合指挥手势、情感处理进行演唱。

B 欣赏音乐剧《音乐之声》中的《雪绒花》片段。

C 模拟经典场面，自由组合演唱造型，在演唱中准确表达歌曲情感。

D 欣赏音乐剧《悲惨世界》中的《云中的城堡》，通过游戏法了解作品的节奏型及变换拍子，感受音乐剧音乐的通俗性特点。

（3）结束部分

讨论：音乐剧被越来越多人喜爱的原因。

※ 第三课时

（1）开始部分

A 欣赏"声入人心"节目版的《总有一天》，分析作品的艺术特点，并思考这首作品在音乐剧《金沙》中所起的作用。

B 讨论：音乐剧受众面广的因素有哪些？

（2）基本部分

各小组展示交流小型校园音乐剧《回忆》，先介绍编创的创意，后表演。

（3）结束部分

评价编创与表演情况。

（二）应用体验式学习

体验是教育过程的本质之一，学习活动应是学生知、情、意的全身心投入，学生只有通过亲身体验，主动去搜寻并发现，才能真正走进内在的世界，才能获取直接知识、形成学习能力、唤起创造潜能。体验式学习是"学生通过生活体验和体验性活动进行知识建构的学习方法，它至少包含两个层面，即行为体验和情感体验。"

音乐剧具有多文化属性，它存在于许多音乐实践或音乐文化中，因此，音乐剧教学的责任就是带领孩子们走入各种各样的音乐实践中去，用最直接、直觉的方式来进行，强调学习主体性——学生的体验。音乐剧教学中的体验式学习是让学生通过聆听、演唱、演奏、表演、创编、舞蹈、舞美设计等各种艺术实践活动，联系自身的生活经验和已有的音乐经验，主动参与音乐剧学习，获得对音乐剧知识的直接经验和情感体验。音乐剧教学中的体验式学习，是学生对音乐剧音乐的感受，对舞蹈和剧情的感悟，同时也是音乐剧对学生的感染和感化的过程，需要学生主动参与、亲身经历，是一项有认知、行为、情感参与的学习活动。

在这个学习过程中，教师要积极营造各种情景和活动，引导学生主动全身心参与，从感知到认知、从体验到概念、从理解到运用，建立有意义的学习。同时，教师要和学生以平等的身份参与教学活动，共同讨论、参与实践、解决难题，在各种音乐剧实践活动中，将教师、学生和学习内容紧密联系在一起。

体验式学习包含以下几个层次：感受——体验——理解——表达——创造——享受，音乐剧学习中也可遵循这一学习方式，让学生个体自主的音乐剧知识建构经过体验的意义转换。

1. 感受

对音乐剧的感受可以说是体验式学习的最初阶段，这是一种浅层的心理现象，也是音乐审美心理活动的基础。例如，欣赏某一部音乐剧作品的某一首歌曲，以聆听的方式直接接受音乐，尽管对作品的结构和内涵还没有理性的分析和思考，但是，学生可以从动听的音响中初步感受音乐的迷人，让人心情愉快。但这种愉悦之感，还只是初级的生理感受，感官直觉上的审美反射。

2. 体验

感受是最直接的接受音乐的过程，但是对于音乐剧作品的感受只是非常表面化、一种即时的印象，只能说是对音乐剧的直觉，而不是真知。要真正认识音乐剧、理解音乐剧，了解其风格特点等，所有这些都需要在亲身体验的基础上来形成。只有通过音乐实践活动，才能加深对音乐剧及其本质和表现要素的体验，才能更深入地领会和掌握音乐剧知识。在体验阶段，可以充分调动音乐联觉，比如听觉、视觉、动觉等，产生感觉的迁移，丰富想象，进而比较全面整体地感知音乐剧作品。可以这么说，对音乐剧的体验越强烈，自我被卷入的程度也就越深，对音乐剧的感知也就更加的细腻和敏锐，学生置身于良好的实践活动情境中，亲身参与、接触、沉浸、品味，可以更熟悉音乐剧作品的内涵，从而提出理性的思考。

3. 理解

理解是将感受和体验转化为更高层次的行为，也就是我们说的对音乐剧作品的领悟，即对作品美学内容的理解和接受过程。学生可以借助思维判断，进入知觉，认知概念、理解知识，对音乐剧作综合性、整体性的把握，使音乐形象更加生动和有活力。这种思维活动渗透得越深刻、越充实，对音乐剧的理解就能越完善越深入。

理解是体验活动的内涵转换，学生可以通过抽象概括的方式，转化或处理感受到的知识，归纳成理性思考，比如，可以通过音乐要素和音乐表现方式的分析，如旋律、节奏、节拍、演唱音色、演唱形式、伴奏乐器音色、乐曲结构、音乐情绪情感、音乐形象等等，来深入理解音乐剧作品的艺术特征与文化内涵。从感受、体验再到理解，是不太容易把握的，要避免概念化、抽象化，注意学生的音乐知觉必须是在实践活动中形成的，概念的理解和理性思考不能阻碍学生对音乐剧的激情反应。因此，在理解阶段，学生在获得认知的基础上，还是要反复不断地聆听、观赏音乐剧作品，演唱演奏其中的选曲，在体验活动中进行观察和反思。理解是在体验中获得，同时也要检验和指导新的体验。

4. 表达

对音乐剧的学习，不仅要有理解，还需要表达，表达什么呢？用语言表达自己所理解的音乐剧知识、情感与内涵，用演唱、演奏、表演等形式表现音乐剧内容，在这些过程中，实现内涵到外延的转换。表达是在动觉的表现过程中，通过内在的情感流露，引起深层次的心理体验，能展现音乐剧独特的魅力。

当然，学生在前期感受、体验音乐剧的能力，往往会直接影响到表现情况，一个人审美体验的能力和音乐素养的丰富程度，以及自身是否具有独立思想，对于音乐剧表演技能的展现、自主体验的表述，都有着极为密切的相互关联，所以，表现是出自学生内心的体验与感受。

5. 创造

在音乐剧学习中具备独立思想，拥有挖掘和创造新事物的能力，才能真正体现音乐剧教学的价值。音乐剧的学习，重点在于创造性，而不仅仅只是模仿。因为富有个性及独特的表现，才能真正具有活力和发展性。音乐剧学习不能只是简单地重复别人已有的东西，我们在教学中更需要关注学生能否具有创造性，能否主动地再创造，比如即兴表演、编创小型音乐剧、表演演唱演奏上的二度创作等等，这些个性化的独特演绎，可以使音乐剧表现更加的新颖和富有活力。另一方面，通过创造，学生用自己积累的音乐知识和能力来表达个人的思想，事实上在创作的过程中，也是自身对于概念、知识理论、学习经验的再检验，只有扎实的学习功底才有可能做出优秀的创作，因此，创造可以促进学生更加充分地学习音乐剧，并有深刻的理解。

在音乐剧学习中，教师要努力创设适合于创作的环境，设计贴近生活、生动有趣的创作内容，突出学生的主体创造性，让更多的孩子参与到音乐剧创作中来，进而培养他们的创造意识和创作能力。

6.享受

音乐剧教学的最终目标就是提升学生的审美能力，而审美就是在美的学习中产生愉悦的感受，在精神产品中获得美的传递。在音乐剧教学中强调体验式学习，经过感受——体验——理解这几个层次的学习，学生侧重于感知、领悟音乐剧的形式美，经过理解——表达——创造这几个层次的学习，学生对于音乐剧的学习就有了更高层次的领悟，就是沉浸其中，享受美，这是一种极有意义的精神境界。

审美应该是心理和精神上的产物，而音乐剧因为其综合性特征，可以让人产生多样的丰富多彩的精神产物，通过音乐剧学习，可以使学生享受音乐剧潜移默化的感染和熏陶，提升学生的精神领悟和价值观念，建立起对一切美好事物的关爱之情，养成积极的生活态度，对未来充满着向往和追求，而这一切恰恰是学校美育的价值所在。

体验式学习可以让学生处于一种全身心投入的状态，从而产生身心愉悦的效果，在这个过程中，学生的思维是不断深化的过程，通过学习和自我调整，从感受、体验、理解、记忆的表层学习，向表达、创造、享受、评价的深入学习，这一整个完整的参与过程，可以让学生对自己的学习充满信心，在与他人团结协作、共同配合中，解决一个又一个的问题，亦能慢慢获得成就感，有助于学生提升学习持久性，走向深层学习，最终推动个人的成长。

《普通高中音乐课程标准（2017年版2020年修订）》中提到"学生在音乐课程学习中，与优秀作品展现的艺术情境产生共鸣，获得丰富的情感体验，激励精神，温润心灵，进而培养对人类、自然以及一切美好事物的关爱之情，树立积极乐观的人生态度。"音乐剧教学过程是个完整而充分地体验音乐作品的过程，在这个过程中要尽可能充分启发学生对这种新型音乐形态与音乐情感的积极体验，激发学生在其中充分展开联想与想象，爱护学生在音乐体验中所发表的独特见解，让学生在作品情感体验中油然而生积极的、向上的生活态度，树立坚韧的意志力。当然，音乐剧是一门实践性很强的表演艺术，所有的体验都是建立在鼓励学生思考、观察、聆听、演唱、动作、表演等全身感官参与的基础之上。

教学案例片段：

1. 教学内容

音乐剧《狮子王》中的唱段《哈库那·马塔塔》（Hakuna Matata）

2. 教学目标

聆听音乐，感受歌曲欢快、活泼的情绪。能在音乐声中即兴表演，体会音乐剧的概念及构成元素。

3. 教学重难点

理解音乐剧的概念及构成元素，乐于参与艺术实践。

4. 教学准备

音像资料及角色面具、玩偶。

5. 教学过程

（1）开始部分

了解音乐剧概念：

A 欣赏音乐剧《狮子王》中的选段《哈库那·马塔塔》（Hakuna Matata）

思考：这段音乐剧里包含了哪些艺术成分？你认为什么是音乐剧？

小结：有音乐、演唱、舞蹈、杂技、戏剧、舞美等等，是一门综合性的舞台艺术。

B 总结音乐剧概念——是一门集音乐、舞蹈、戏剧、舞美等多种元素为一体的综合性舞台艺术，其中音乐、舞蹈、戏剧是音乐剧的三大要素。

（2）基本部分

体验音乐剧的构成元素：

感受——再次聆听音乐，感受歌曲的情绪（欢快、活泼）。

体验——模仿古老而神奇的非洲谚语（无忧无虑、梦想成真的意思），学唱歌曲中歌词是 Hakuna Matata 的部分，学跳唱段中简单的几个舞蹈动作。

理解——Hakuna Matata 是音乐剧《狮子王》中最有名的一句口号，也是丁满和彭彭的生活哲学，当他们救了辛巴之后，便教他 Hakuna Matata 的哲学来忘记烦恼，富有节奏感的音乐让人听起来感到快乐。

表达——根据生活经验，在《哈库那·马塔塔》音乐中用表示快乐的动作随乐而舞，同时能跟着演唱 Hakuna Matata 部分的歌词。

创造——根据音乐的情绪，与同伴创编一个小故事，按照剧情即兴舞蹈与演唱，主要角色有小狮子王、丁满、彭彭以及自己设定的森林里的动物们。可戴上课前准备的动物面具或使用动物玩偶。

享受——小组之间展示交流，相互学习，互相评价。

（3）结束部分

总结：音乐剧的概念及构成元素。

反思：这一教学环节，带给学生的最大收获，一是开心，二是懂得聆听分析作品，三是感受体验各种音乐剧构成要素。从感受音乐的情绪，体验非洲谚语、演唱歌曲、学跳舞蹈，到理解作品内涵，表达歌曲情感，创作音乐剧小作品，直至最后的享受表演，体验式教学方式可以让学生全身心地沉浸在作品的学习中，相信这种学习方式带给孩子们的记忆一定是深刻的。

（三）结合教育戏剧法

教育戏剧是在课堂教学中应用戏剧方法与戏剧元素，通过话剧、音乐剧、舞剧、木偶戏等形式，让学生进行角色扮演当众表演一定的故事情节，从而在戏剧实践中完成学习目标，在感受体验中领略知识的意蕴，在相互交流中创造新的可能性，它的重点在于全员参与。教育戏剧与戏剧教育的最大区别在于，教育戏剧是一种教学方法，注重面向全体学生，强调培养全面素质和多样能力，以辅助各学科更好地完成教学目标。而戏剧教育则是主要针对专业戏剧知识及技能的培养，甚至是相关专业人才的训练。在欧美国家，教育戏剧被认为是最好的一种教学手段，在培养学生上起着至关重要的作用。

从概念和形式手段上，教育戏剧方法对音乐剧教学而言，有很多共通之处。运用教育戏剧的方式，并不是以学习戏剧知识和表演技能为目的，而是以戏剧情境为载体，用戏剧角色的身份去聆听音乐剧作品、感知音乐剧要素特征和表述音乐剧人物的各种情感情绪。同时结合必备知识和关键能力，在音乐剧教学中运用戏剧元素设计各种体验活动，通过情境设置、角色扮演、虚拟动作等戏剧方式，引导学生勇于探索、大胆创新，从而掌握音乐剧基础知识及音乐技能，进而提升学生的综合音乐素养及表现能力，并在这个过程中丰富其内心世界、精神世界，真正扎实有效地落实音乐学科核心素养。

在音乐剧教学中运用教育戏剧，是将戏剧作为教学要素，强调音乐元素的感受体验活动，在情境设置、角色扮演、参与实践的基础上，让学生从角色感知的角度去感悟音乐剧角色的情绪情感以及艺术的美，进一步了解音乐剧作品的艺术特征及文化内涵，从而培养学生的音乐素养和创造力、表现力、鉴赏力等多方面能力，并在积极向上的戏剧情节中耳闻目染，培养优秀的品格，音乐剧教学中使用教育戏剧方法，可以说是你中有我，我中有你，二者相互融合互相促进。

教育戏剧的表现形式是多样的，可以是全班性的参与，也可以是小组合作或是几个人的表演，在音乐剧课堂中的各个环节都能使用，不论是音乐剧作品鉴赏还是音乐剧编创课堂，使用教育戏剧方法都能很好地提升音乐剧课堂教学的效果，使每个孩子真正参与到知识的学习探究中来。

教学案例片段：

1. 教学内容

演唱音乐剧《悲惨世界》中的选段《云中的城堡》

2. 教学目标

用富有感情的声音演唱歌曲《云中的城堡》，即兴表演珂赛特在歌声中所憧憬的无忧无虑的生活，体会歌曲所要表达的情绪情感。

3. 教学重难点

乐于主动即兴表演，并能感受歌曲的情感。

4. 教学准备

玩具等道具。

5. 教学过程

（1）戏剧角色：珂赛特、母亲、小朋友们、邻居、若干"玩具"等等，亦可由学生自由发挥想象，选择合适的角色。

（2）场景：客栈、家里、街头、山顶等等，从中选择一项。

（3）情节：根据歌曲所表达的意思，由学生自主设计具体表演情节，选择适合的场景，注意与音乐的配合，有感情地演唱歌曲，表现珂赛特纯真幻想的具体场面，重点在于体现她所期盼的无忧无虑的生活。

（4）背景音乐：歌曲《云中的城堡》的伴奏音乐。

反思：在亲身扮演角色的过程中，充分发挥想象力，通过了解剧情、体会音乐剧角色的性格特征、情感性质以及他所担任的戏剧任务等，根据作品所要表达的思想意境以及音乐剧中人在其中所处的角色地位及此时此地的特殊心态，体会作品的演唱情绪和音色，对歌曲演唱情感的表达可以起到事半功倍的作用。

（四）使用对比式教学

对比式教学是在相关知识的广度和深度上通过比较、类推等办法，达到举一反三、加深理解的目的。对比式教学要注意引导学生将具有关联并有所区别的知识内容进行归纳、比较、总结，了解它们的不同之处及相同之处，使学生能够更加深入地掌握相关知识点，懂得理性思考与分析，学会融会贯通。对比式教学不仅可以加深理解，而且还有助于学生对教学内容重难点的学习，提升分析能力、记忆能力、思辨能力、概括归纳能力等，从而提高学生的综合素质。

对比式教学应用于音乐剧教学中，可以是对比音乐剧与其他姊妹艺术（如歌剧、舞剧、话剧等）的不同体裁、表现形式、风格、艺术特征和人文背景等，或是对比风格、表现形式不同的音乐剧作品进行教学。既有利于培养学生分析和评价音乐的能力，又有利于学生加深对各种音乐剧知识的记忆，能有效地提高学生的音乐兴趣和审美专注力。对比式学习不仅有利于音乐剧知识的学习，亦有助于歌剧、舞剧、话剧等姊妹艺术的深度学习，让音乐剧成为连接流行与古典艺术的桥梁，学生可通过深入了解音乐剧的艺术特征，同时激发学习歌剧、舞剧等的热情，主动深入理解古典艺术。

音乐剧与歌剧、舞剧等姊妹艺术之间有许多的相似点，他们同为综合性舞台艺术，同样包含音乐、戏剧、舞蹈等元素，但他们各自的表现侧重点不同，各种元素的艺术特征也不一样。用音乐剧这一令人喜闻乐见的艺术品种作为导入，让学生在较为轻松、时尚的氛围中，通过易于把握的对比欣赏更深一步地进入到歌剧、舞剧等其他的艺术领域，有助于学生能更深入地理解古典艺术，更有助于对相关知识的深刻记忆。例如课堂中让学生欣赏两个视频片段：一个是法国作曲家比才的歌剧《卡门》中的《斗牛士之歌》，另一个是英国作曲家韦伯的音乐剧《星光快车》中的《光明在望》，通过观看视频，让学生自主从音乐、舞蹈、乐队、演唱风格、表现形式等方面进行分析、对比，判断出哪个是歌剧哪个是音乐剧，并说说判断的理由，比如，第一个片段以唱为主，使用美声唱法，用交响乐队演奏，判断为歌剧，第二个片段有歌有舞，使用了通俗唱法，音乐具有爵士风格，用电声乐队伴奏，还有大量的舞蹈场面，舞蹈演员甚至穿起了旱冰鞋模拟各种火车，形式灵活，因此判断为音乐剧。在对作品进行分析、讨论、探索之后，最后让学生用表格来罗列自己对音乐剧歌剧探究的结果。通过对比教学让学生明确音乐剧、歌剧包含的元素虽基本相同，却因产生年代的不同，之间还是存在很多差异的，引用音乐剧作曲泰斗韦伯的话来进一步说明："如果我生活在 16 世纪，那我写的一定是歌剧而不是音乐剧。"

教学案例片段：

1. 教学内容

对比音乐剧、舞剧、歌剧的区别，欣赏音乐剧《西区故事》中的《阿美利加》、舞剧《天鹅湖》中的《四小天鹅》、歌剧《卡门》中的《斗牛士之歌》。

2. 教学目标

通过对比聆听，分析三首作品《阿美利加》《四小天鹅》《斗牛士之歌》的音乐、舞蹈等元素以及主要艺术表现形式的不同点，总结音乐剧、舞剧、歌剧在艺术特征上的区别。

3. 教学重难点

对比音乐剧、舞剧、歌剧在艺术特征上的区别。

4. 教学准备

相关音视频、文字材料。

5. 教学过程

（1）欣赏音乐剧《西区故事》中的《阿美利加》片段并思考

A 音乐剧以哪种艺术表现形式为主？（音乐、舞蹈、戏剧三者并重。）

这段歌曲采用何种唱法？（流行唱法，甚至带有"喊叫"式的唱法。）

B 该片段舞蹈属于什么类型？（西班牙舞蹈风格，并带有幽默、诙谐的舞蹈动作。）

C 该片段表现什么样的内容？（表现波多黎各人为实现自己对未来远大的理想抱负，远离家乡来到美国纽约，他们渴望在这里安家乐业，然而现实却是残酷的，他们的到来受到本土美国人的排斥和轻视，作品体现出波多黎各人身处逆境时潇洒、乐观的精神状态。）

（2）欣赏舞剧《天鹅湖》中的《四小天鹅》片段并思考

A 该片段描绘出什么情景？（描绘出小天鹅在湖畔嬉游的情景。）

B 舞剧以哪种艺术表现形式为主？（舞蹈）

该片段舞蹈属于什么类型的舞蹈？（古典芭蕾）

（3）欣赏歌剧《卡门》中的《斗牛士之歌》片段并思考

A 歌剧以哪种艺术表现形式为主？（歌唱）

主要采用何种唱法？（美声唱法）

它的音乐是属于严肃音乐还是流行音乐？（严肃音乐）

B 该片段中舞蹈所占的比重大吗？（不大，几乎没有）

舞蹈在歌剧中起什么作用？（舞蹈经常作为一种穿插性、色彩性的因素使用，往往是可有可无。）

（4）小结：音乐剧、舞剧、歌剧的区别（用表格的形式进行总结）。

（五）尝试渗透式教学

随着社会的进步发展，不同专业的相互融合、不同文化的相互交流方式已在多行业中广泛运用，它的优势是能相互取长补短，能集多方智慧，在现代科学技术发展迅猛的时期，经济全球化的发展趋势对复合型人才的要求越来越高，知识、技能、创新能力的综合运用是高端人才必备的条件。因此，在教育中进行多学科相互渗透式的教学作为一种独有的教学组织形式与方法，为新时期复合型人才的培养提供了一种途径。在音乐剧教学中，不仅可以有效培养学生自主学习的能力，还能提高学生跨学科、跨文化学习的兴趣和能力，更有助于音乐剧这一综合性特征极其明显的艺术形式更好地完成教学目标。

音乐剧综合了音乐、美术、文学、历史、语言、舞蹈等多门学科的知识和技能，如何将它们有效地相互渗透，互相交融在一起，值得我们探究：

1. 整合文化资源，丰富课堂内容

根据每部音乐剧故事发生的历史背景不同，可以结合历史学科内容进行讲解，有助于理解剧情的发展及人物特点。根据音乐剧改编的名著或童话故事不同，可整合文学知识进行对比，有助于学生深刻了解故事和文化内涵。多种资源的相互渗透，可让课堂内容变得更加丰富多彩。除了课堂上进行渗透式教学外，也可鼓励学生在课外研究性学习探究中，拓展课堂中的知识范围，通过书籍、网络、影视作品等多种媒体了解音乐剧的相关历史、风俗、文化习惯等知识，理解音乐剧更深层次的含义。

2. 融合多种艺术，加强表现手段

音乐剧中的人物表现是载歌载舞、有说有演，因此各种艺术手段的运用并不是单独的，而是根据剧情发展需要、人物形象塑造的需求，将各种技能相互渗透融合运用，展现出立体、生动、鲜活的角色。在音乐剧技能学习的同时，也要渗透不同国家历史、文化、社会风俗等知识，由技能学习衍生到更宽广的理性层面，进而理解音乐剧作品所蕴含的文化内涵，帮助学生更好地理解、展示音乐剧作品。

3. 学科相互渗透，提升综合素养

音乐剧的多学科渗透式教学，可以在教材及课程的合理设置基础上，不同老师间相互合作，学生和不同学科的老师互相学习、共同配合，才能达到更好的效果。在音乐剧欣赏中，不仅有音乐老师教授的音乐剧作品鉴赏课，还有美术老师的舞台美术制作课，语文老师的剧本剧诗写作课，历史老师的音乐剧文化背景探究课，多门学科互相渗透学习，让学生能够具备更全面的文化素养。

音乐剧的渗透式教学，为未来跨学科教育提供了新的思路与手段，对学校课程结构设置提出了较高的要求，但这种方式对学生的全方位发展无疑是非常有利的，在这种教学模式中，学生懂得综合运用知识，懂得与多位同伴相互交流合作，丰富了自己的人生经历，并学会通过思考、包容来理解文化的多样性。

教学案例片段：

1. 教学内容

理解音乐剧《悲惨世界》所蕴含的思想内涵。

2. 教学目标

通过了解法国作家雨果的长篇小说《悲惨世界》所表现的主题，及这部作品写作的相关历史背景，理解音乐剧《悲惨世界》所要表达的思想内涵及人物形象。

3. 教学重难点

了解《悲惨世界》的历史背景与剧情发展及人物性格塑造的关系。

4. 教学准备

相关历史、文学知识。

5. 教学过程

（1）了解小说的历史背景

小说《悲惨世界》写作的历史背景主要是 1789 年法国大革命到 1832 年巴黎起义这段时期，知晓这段时期法国的历史事件及影响力。

（2）探讨文学著作《悲惨世界》的主题

雨果在小说中突显重自由、平等和尊严的思想，强调人性的健全和良知的完整。有关小说的主题，雨果自己归纳为：一个人良心的发现。但小说展现在我们面前的不只是几个人物、几段故事，而是整个波澜壮阔的世界。

（3）结合历史及文学知识，感受音乐剧《悲惨世界》所要表达的哀伤沉重的剧情、严肃悲壮的歌唱、令人热血沸腾的铁与血的声音，体会社会底层群众的七情六欲与革命学生们的理想热血，还有普通民众的热量和决心。

反思：只有了解了历史，懂得文学作品所蕴含的厚重的主题，才能真正理解音乐剧中所刻画的真实而又深刻的人物形象，突显人性的高贵。

（六）倡导即兴式表演

即兴是我们生活中随处可见的艺术，它与生活息息相关，最常见的就是即兴对话。在音乐教学中，我们常常可以听到即兴歌曲伴奏、即兴演奏、即兴演唱，用以培养学生的创造能力和创新能力。而在音乐剧教学中，即兴式的表演同样是为了培养学生的创造力和应变能力，也能为音乐剧的教学增添多种可能性。音乐剧中即兴式表演主要有不完全即兴和完全即兴两种，完全即兴就是一种"无中生有"的表演，全新创作一段小作品，但首先，它必须建立符合音乐剧规律的基础上。而不完全即兴则由老师提供一个梗概，或者一个大纲，让学生照着这个框架补充完整整个表演，这里头可以是情景式表演、可以是演唱、可以是舞蹈，但不管用什么方式的即兴，始终围绕着老师所提供的主题来进行。

即兴式表演，表现形式是多样的，可以是全班性的参与，也可以是小组合作或是几个人的表演，甚至是单人的表演。在音乐剧教学中都能使用即兴表演，不论是欣赏或是实践、创作课堂，使用即兴式表演的方法都能很好地提升音乐课堂教学的效果，每个孩子可以充分发挥自己的想象力和创造力，愉快地参与到学习中来。

那么这种即兴式表演对于音乐剧教学有怎样的意义呢？首先，可以充分激发学生的学习参与热情，即兴式表演符合学生活泼、好奇、乐于改变的天性，他们在了解了一定音乐剧知识的基础上，可以通过自己的创意，表达出情感内涵和审美情趣，还能在体验活动中深入地理解、感悟不同文化背景下音乐剧艺术的人文内涵，进而促进学生自我认知和社会认知的发展。更为重要的是，在各种积极向上、富有青春气息的戏剧情节中，可以潜移默化地激发学生由内而发的乐观、正直、包容、善良、友好等优秀品质，塑造健康的人格。

其次，即兴式表演可以促进多种音乐能力的开发培养，音乐剧包含多种音乐表现要素，有唱、有跳、有演，根据其特有的听觉特性，以及艺术美感和表现形式，音乐剧的即兴表演可以很好地培养学生各种音乐表现力、审美能力、想象力、创新能力、即兴能力、应变能力、团结协作能力等等。同时这种表演也能关注学生内心体验，在充分展示自己艺术特长，抒发角色情感的同时，有利于舒缓心理压力，提升抗挫折能力，还能迅速增强对课程知识的理解和记忆，提高学生的学习兴趣。

教学案例：

1. 教学内容

即兴表演小小音乐剧《课间十分钟》。

2. 教学目标

能根据老师所给的主题——课间十分钟，通过语言、歌唱、舞蹈等表现形式，现场即兴表演小小音乐剧，体会音乐剧的特点及构成元素。

3. 教学重难点

能根据主题进行即兴创编表演。

4. 教学准备

打击乐器、体育器材、学习用品等。

5. 教学过程

（1）开始部分

以小组为单位，讨论小小音乐剧《课间十分钟》的故事情节、角色分工、使用的道具、使用对白或者歌唱或者舞蹈动作等作为主要表现形式。

（2）基本部分

分组展示，根据各组讨论的结果，现场即兴表演，注意角色之间的配合，充分体现课间十分钟富有青春气息、活泼热闹的场面。

（3）结束部分

各组分别相互评价即兴表演的情况。

（七）运用无实物表演

音乐剧是一种舞台表演艺术，表演是其中的重要元素之一，相对其他音乐剧要素而言，表演对于学生来说，是接触得最少但又最感兴趣的项目，表演的角色化、虚拟化，可以让学生在其中享受许多生活中遇不到或是自己的理想生活状态。而无实物表演是提升音乐剧表演能力的最便捷途径，相当于歌唱家的练声一样，同时又能提高动作性想象的能力，有助于集中注意力、提升逻辑性与观察力。

表演作为一门艺术，体现在行动的艺术性上。无实物练习又称想象物的动作练习，是初学音乐剧表演起步的最好练习，通俗点说，就是想象中的动作练习，可以让学生进行形象思维的训练、动作性想象的训练，不仅可以是外在的形体动作练习，更能是最好的内心情感表达和内部素质心理技巧的训练。它能使学生在特定的情境中，根据所给的学习任务，系统地组织具有一定逻辑性的舞台行动，并根据动作想象的结果，应用到自身的形体表演动作中，根据音乐剧情节发展的要求，塑造角色所要完成的任务形象。

首先，无实物表演是建立在生活认真观察的基础之上，根据现实生活中的真实状况组织动作，通过提高注意力、想象力和技巧，按照音乐剧角色塑造的需要，注意分寸感、质感和真实性、逻辑性的使用。其次，无实物表演是以动作代替道具，与现实生活有一定的差异性，从而考验学生现场的反应能力及想象力，有时候也可以辅助一些台词，降低表演难度，但需要反应情境及角色内心感受，因此动作要求直接、准确、表演到位。

无实物练习可以让学生在规定的情境中做出符合生活逻辑的小动作，帮助学生养成动作性想象的习惯，并学会组织有逻辑的动作，在动作中塑造人物形象，可以说音乐剧表演离不开动作，而动作的训练离不开无实物练习。

教学案例：

1. 教学内容

无实物练习表演音乐剧《奥利弗！》中的选段《谁来买？》。

2. 教学目标

通过无实物练习，学会运用动作来塑造人物的形象。能根据作品《谁来买？》的内容，不借助道具，用想象性动作表现角色内心情感及具体剧情。

3. 教学重难点

用动作准确表现人物形象。

4. 教学准备

了解音乐剧《奥利弗！》剧情及人物性格特征。

5. 教学过程

（1）开始部分

聆听作品《谁来买？》，理解、熟悉歌词的内容。

（2）基本部分

分配好角色，用无实物动作表现奥利弗、卖玫瑰花的姑娘、卖牛奶的姑娘们、卖草莓的姑娘、磨刀的小贩等角色的形象，并在歌声中表现具体情节。

（3）结束部分

讨论：没有具体的道具，如何通过想象，用动作来表现情节、塑造人物形象？

（八）强调团队性协作

音乐剧学习最具创造性的活动，就是在欣赏、了解音乐剧作品及理解音乐剧特点的基础上，全体同学积极参与校园音乐剧的创编和表演活动，有利于提升学生的创造力、想象力、审美能力、表现能力和动手操作能力等，同时也使学生能在团队工作中学会与人共事、互动，一起共同成长和进步。

在这阶段中，学生有一定的音乐剧常识基础，通过创编和表演，能提高学习的积极性和主动性，更有利于加深对音乐剧的理解。以全班共同编排、表演一个校园音乐剧为例，这种团队性活动，可通过以下几个步骤进行：

1. 分工。将全班学生分为几个小组：编剧组、导演组（包括总导演及各表演分组导演）、音乐创编组、表演组（包括演唱组、舞蹈组、戏剧表演组、器乐组）、舞美组。由学生自行报名，可根据自己的特长、爱好选择一个或多个组，所有学生都是演员。报名工作结束后由小组成员推选一名组织能力较强、专业较突出的同学作为本组负责人。

2. 编写剧本。剧本的内容取材于发生在学生身边的校园故事，或是改编自教材内的文章或童话故事，可先由编剧组成员一起确定一个主题，并明确分工，完成各自的创作后再综合讨论，最终由负责人汇总各方意见形成初稿，并在排练过程中根据实际情况，对剧本进行不断地修改直至演出。

3. 音乐创编。这项活动看似专业性较强，实践表明学生完全可以胜任。可以根据剧情需要从以下四个途径中获取音乐：（1）使用现成的歌曲或音乐片段。要求音乐的情绪、歌词的内容与剧情十分吻合。（2）改编音乐。使用现成的歌曲旋律，再根据剧情创编或改编歌词，若能运用音乐课本上的作品更好，可借助简易音乐制作软件剪辑、合成现成的音乐文件。（3）创作音乐。全新的曲调、歌词创作较有难度，若有较好的作品出现，教师可帮忙制作音乐，或由懂乐器的同学演奏。（4）由班级小乐队现场演奏背景音乐。小乐队的编配可视具体情况而定。

4. 分组排练。由各表演分组（包括演唱组、舞蹈组、戏剧表演组、器乐组）利用课余时间进行排练，舞蹈的编排、走台的定位、表情动作等由各小组导演与组员讨论决定。若有专业特长生可由他完成编排任务，老师适时进行指导。

5. 舞美制作。准备道具，进行场地布置。这项工作也是利用课余时间进行，由于音乐教室场地的限制，场景及道具制作不必过于复杂，若有技术难题可请教美术老师。

6.合排练习。即表演组各小组相互合作加上舞美组的配合，使用道具、音响，完整表演音乐剧。要求学生有较强的团体协作能力，总导演有较高的威望调动各小组。针对排练的效果可对各方面稍微调整、修改，合练次数视具体情况而定。这时候最容易将学生的心聚在一起，大家共同努力的结晶就这样诞生了。

7.正式演出。正式演出可利用音乐课时间在音乐教室进行，也可在场地较大的会议室或隔音效果较好的小礼堂内，以观众席能听见台上歌唱为准，当然音响设备好的学校就不必担心这些问题。可邀请该班级的科任老师、校领导、同年段的同学一起观看，让学生有一种正式演出的感觉，激发他们的表演欲，增强自信心。表演结束后可请本班同学介绍创编、排练经过，谈谈体会，也可邀请观众席上的老师、同学们点评，最后由音乐老师总结，以肯定鼓励为主。

在整个创编、排练过程中老师只是引导学生该如何操作，对作品只提供个人意见，让学生做参考，一切具体工作均由学生团体协作自主操办。实践表明，这种活动为学生提供了一个探究学习的机会，给予他们广阔的空间自由创作，大大激发了学生的想象力和求知欲，最为重要的是，他们学会了如何在团队中相互配合、互相谦让、携手共进，为共同完成好作品一起努力。

教学反思：

音乐课堂活动中全体参与的音乐剧创编与表演并不是单纯追求高品质、艺术效果极佳的音乐剧作品，而是强调学生的全员参与，并在参与音乐剧实践过程中是否掌握了它的相关知识，是否感受到创作及表演过程的乐趣，是否体会到团体协作的重要性等等。

以下摘录几位同学在学习音乐剧之后的体会：

甲生：之前我并不怎么了解音乐剧，只知道全世界有许多人为之痴迷。自从音乐课上参与表演音乐剧后，我知道音乐剧具有综合性，艺术性、通俗性等特征，并深深喜欢上她，若我们这个城市有机会上演经典音乐剧，我十分愿意去现场感受。

乙生：如果将来有机会，我十分愿意投身音乐剧事业，期待越来越多的中国音乐剧走向世界。

丙生：我特别喜欢音乐剧，希望我们所编排的音乐剧节目能在全校文艺汇演上表演。

丁生：音乐剧陶冶了我们的情操，使我们学到了很多课本上没有的知识，开阔了我们的眼界，我很喜欢。

通过一阶段的学习，学生对音乐剧从一知半解，到兴趣盎然、主动探究，他们常常相互交流自己通过各个途径获取的音乐剧知识、音像资料、演出资讯等等，甚至还定期汇成音乐剧专刊，用于交流和传播。通过集体创编、排演音乐剧明显加强了班级的集体凝聚力，形成了团队精神，同学相互之间的情谊也更加深厚。

（九）开发创造性思维

音乐剧教学要注重创造性思维的培养，一方面，课堂中要精心设计、认真把握好教学活动中每一个环节，设计具有探究性、启发性、开放性的问题进行讨论，以发展学生的创造性思维能力，将课堂交给学生，让他们在自主探究的过程中真正掌握知识。同时教学中注重音乐剧教学的艺术性变化处理手法，注意课堂氛围高低起落的设计，在不超过学生"审美疲劳"的时效内，安排有益于学生审美心理的具有对峙效应的音乐剧教学题材内容与活动形式，真正激活学生学习音乐剧的热情，进而促进其乐于创造的愿望。

另一方面，音乐剧是一门综合艺术，包含多种艺术成分，在课堂中可以设置现场即兴创编、表演小小音乐剧的环节，通过引导学生在课堂上即兴创编短小的音乐剧或音乐剧片段，让不同兴趣爱好的学生在多样的艺术门类中找到最能发挥自己长处的任务，有利于其扬长避短树立信心。在这个过程中，激发学生的创造能力、创新能力，并在与同学们的合作中共同完成一个小作品。课堂音乐剧创编或表演的环节，其编排内容可以是学生喜闻乐见的校园学习生活，也可以改编自学生熟悉的小说、童话等等。在教学实践中教师应该起引导和咨询顾问的作用，主要让学生自己动手操作、表演，让他们在短时间内自主选择合适的现成音乐（包括耳熟能详的流行音乐、课本中的选曲、传统的古典音乐或民间音乐等等）、共同即兴创编剧本、创编动作、编写歌词、合作表演等，通过这种方式锻炼学生交流、研讨、创作、表演等能力，既有效培养了学生的综合素养及创造力，又能提高协作能力和团队意识。课堂中自编自导自演小小型音乐剧活动亦能加深学生对音乐剧各个主要因素的体验，促进音乐剧鉴赏教学的深度学习，同时也能拓宽学生的艺术视野，提高多种能力，亦能在创作过程中激发学生热爱祖国民族艺术、热爱多元文化，达到弘扬世界文化艺术的目的。例如：音乐剧鉴赏教学中可以进行"再现经典片段"等艺术实践活动，选择某一首歌曲、某一个经典场面或是舞蹈片段来进行再现表演，当然这个过程重在体验作品，可以二度创作，用简单的舞蹈动作、适合学生的表演与演唱来展现作品所要表达的情绪情感。又如音乐剧《艾薇塔》的教学，为了更好地体验艾薇塔一生中的几个重要阶段，可以在最后的授课环节，让学生分组创造表演其中一个场景，比如：家乡的酒吧、最后的演讲、葬礼等，可以利用教室中的积木凳作为舞美道具，摆成各种造型，例如演讲台、酒馆里的桌子椅子等等，虽然只是简简单单的情景造型表演，但却能充分发挥学生的创造想象力，这也是值得推广的一种教学方式。

此外，音乐剧还具有一个独特的优势，就是能让全体学生参与到同一个音乐剧的创作、表演中，给他们一个广阔的平台发挥各自所长，这对音乐教学中审美能力、艺术实践能力及创造性思维的培养有着极大的促进作用，这也是音乐剧教学中的一个特色方法。

那么如何在极其有限的课堂教学中让全班学生有效地完成创编与表演工作呢？首先剧情的编写一定要"去繁从简"，故事情节尽可能地简单，其次鼓励使用课本中现成的音乐或是生活中学生所熟悉的音乐，第三以唱为主，舞蹈为辅，这样的可操作性会更强些。在掌握这三个原则的基础上，由每个学生根据自己的特长报名参加导演组、编剧组、音乐选配组、歌词创编组、表演组、舞美组等。写作能力强的学生可以创编剧本、歌词，有音乐特长的学生可以根据自己的生活经验选配音乐、参与主要角色的表演，美工较好的学生可以进行舞美的制作，组织能力强的学生可以担任导演、现场工作人员等，所有的人都加入音乐剧的创编表演工作中，既发展了学生的团队协作能力，又促进了学生创造力、表演能力和个性的发展，更容易激发学生们的参与热情和团结协作的意识。比如有的学生会以本班同学为原型，创作了一个小型音乐剧《追梦》，讲的是班上一位同学在生活中遭遇突变，学习大受影响，班上的同学是如何帮助他走出困苦、重塑自信，为追求梦想奋起直追的故事。在这样一个短小的故事中，孩子们全都选择了音乐课本中励志的作品，通过改编歌词来表现他们团结友爱、积极向上的集体风貌。

当然，难度最大的就是在一堂课中集体完成小型音乐剧创编表演这样的内容，让学生在极其有限的时间内，从音乐剧的剧情创编、音乐选择、歌词创编演唱、舞蹈动作编演多方面进行现场的即兴创作，难度不是一般的大，最为主要的就是时间上的局限。首要条件是，有关音乐剧创编的问题老师必须提前讲得非常的详尽到位，让学生明确自己可以做什么、应该做什么，然后自信、大胆地充分发挥自己的能力，与同学们合作完成一项任务，相信通过这样一堂课，所有的学生对如何来创编一个音乐剧作品有着非常深刻的了解，这对学生课外的创编活动有着很好的指导意义。

有关音乐剧编排活动，我们提出两个概念，一个是课外兴趣小组编排的"校园音乐剧"，人数可以不多，老师可以参与编导、排练，演出效果会更专业些，另外一个概念就是课堂上编排表演的"小型音乐剧"，这种形式的编排人数要多，可以是全班同学都参与一个节目的表演，也可以是分小组参与几个节目所进行的表演，它的要求没有校园音乐剧那么高，重在全员性的参与，可以很好地激发全体学生的创造力、多方面的表演能力、协作能力、组织能力等等，没有哪个艺术品种能像音乐剧这样全方位地发展学生的创造性思维。

教学案例：

1. 教学内容

即兴创编、表演小小音乐剧《凤凰花开的路口》

2. 教学目标

分小组即兴创编、表演小小音乐剧《凤凰花开的路口》，能表现出校园毕业季中，同学们即将离开校园时，与同学、老师之间依依不舍的情感。

3. 教学重难点

能在歌声中设计场景，准确表达情感。

4. 教学准备

作品音频，表演所需道具。

5. 教学过程

（1）分析作品

这首歌曲旋律优美，歌词描述了不同的人在共度青春时光后，不得不面对分别，流露出的不舍和留念。人要懂得珍惜，也要学会释然，愿曾经的美好及感动都能成为最好的记忆。

了解歌曲《凤凰花开的路口》所表达的思想内涵，熟悉歌曲旋律及歌词。

（2）活动与实践

要求：A 分组、分工；

B 介绍本组所创设的情节及表演形式；

C 介绍道具、场景的选择与制作情况。

（3）小小音乐剧表演

每个小组根据自己的创意现场即兴表演。

（4）评价

要求：演员自评、互评，教师点评。着重从剧本创编、情节设计、舞美制作、歌唱、表演、舞蹈等情况来评价。

（十）提倡研究性学习

现代教育强调人的全面发展是教育的根本目的，要注重培养学生的自主学习能力、自我探究能力，为学生学会学习、终身学习奠定扎实的基础。中学生在自我意识、知识水平、生活经验、思维能力等方面已经有了长足的发展，他们的自学能力、独立性逐步增强，与同伴之间的交往和合作也越来越多，个人的学习策略、学习能力更加成熟，学习的途径和方式方法也更加多样。根据中学生的这些学习特点和身心发展特征，将学生的研究性学习作为音乐剧课堂教学的一种模式，有助于充分发挥学生在学习中的主体地位，激发学生的创造精神和潜能，有利于学生综合素养的全面提高。

音乐剧研究性学习是学生通过音乐剧课堂教学掌握了一定音乐剧知识的基础上，根据自己的兴趣爱好选择和确定与音乐剧相关的研究课题，体现了学生的自主性，注重学生探究精神和实践能力的培养。研究性学习以小组为单位，老师指导学生开展相关的课题研究。这项实践活动可以是音乐剧教学课堂内的补充，也可以是音乐剧课堂外的延伸，是对音乐剧学习进行更大范围的拓展，通过学生个人与小组的共同努力，在合作学习中学会收集和处理信息、综合运用知识，学会合理分工、互帮互助、彼此交流，使学生的能力及各方面综合素质得到提升、互补，并在其中学会如何建立融洽、友爱的人际关系。活动过程中，师生之间是一种协作关系，老师通过回答学生的问题、给学生提供资料和咨询意见，帮助学生进行研究。

学生音乐剧研究性学习的方法及步骤包括：准备阶段、方案设计阶段、实施操作阶段、成果总结阶段。这一过程方法应建立在分工、协作、互助、交流的基础上进行。

1.准备阶段

在这一阶段中，主要是确定音乐剧课题的具体内容并收集相关材料。

具体完成以下工作：

（1）铺垫音乐剧基础知识，诱发学生乐于探究

起始阶段可由老师在课堂上进行音乐剧知识的教授，侧重于经典作品的欣赏，了解音乐剧的影响力，理解相关特点，但无须过多深入讲解，目的在于引起学生的兴趣和关注，激发他们探究的愿望。

（2）课题的选定

与音乐剧相关的选题内容范围很广，可以有音乐剧的相关知识文化、校园音乐剧和音乐课本剧编排及普及推广的方法建议等等，学生可根据自己的兴趣导向及现有的基础知识选择课题内容，大致可往以下几方面内容进行引导：如：音乐剧的发展史、音乐剧大师及其作品、音乐剧名作概况、音乐剧的特点及各要素的艺术特征、中国音乐剧的概况、校园音乐剧及音乐课本剧制作方法探究、小型音乐剧活动普及探索等等。

2.方案设计阶段

（1）研究方案的制定

音乐剧课题研究采用小组形式，由学生自由组合，有利于促进学生的认知发展水平和培养学生分工协作能力及合作精神。课题研究方案包含以下几个内容：课题提出的原因、研究目的与意义、研究内容、研究方法、研究步骤（含成员分工、阶段步骤）、预期成果等。

（2）课题的论证

由课题组长报告课题组研究设想，接受其他同学和老师的质疑与评价，听取意见和建议，不断改进研究方案、拓展研究思路。

3.操作实施阶段

这是音乐剧课题探究的主要阶段。

（1）明确分工

确定研究计划，根据课题实际和组员特长，明确分工，安排好课题各阶段完成时间。

（2）实施研究

A.广泛收集音乐剧资料

收集资料的途径有：a 互联网；b 电视、音像、书籍、报纸杂志等；c 图书馆、阅览室、影剧院等场所。

在收集音乐剧资料的过程中，还要及时做好收藏、整理工作。

B. 开展社会调查

根据课题研究的具体需要，选择社会调查的形式，比如问卷调查、走访专家老师、座谈等，通过笔录、照相等方式记录下相关的资料、数据和信息。

其中，向音乐剧专家咨询、请教、讨论，并做好详细记录，不仅能使学生获得课题的背景知识、发展过程、最新进展以及一些可能的解决途径，还可解答学生的疑难问题，便于学生在有限的时间内获得尽可能多的知识，使研究顺利完成。

C 分析处理

组员要密切合作，在小组活动中，大胆提出个人的见解，并共享各自所拥有的资源，共同讨论研究过程中所遇到的问题。

D 协作攻关，处理结果

在这一过程中，课题组成员应对所收集的资料进行研究、分析比较，共同攻克研究过程中遇到的难题，找出解决途径与方法，充分发挥团队合作精神。

E 及时记录研究过程

从研究性学习小组成立的那刻起，就要做好及时记录每一次研究活动的工作，直至研究活动结束，便于小组成员随时返回看，适时调整研究工作的进度，弥补不足之处。在记录所有点滴的同时，也能激发成员们的成就感。

4. 成果总结阶段

本阶段的主要任务是撰写报告、展示成果。

（1）报告的撰写

学生对音乐剧的研究性学习内容取材广泛、各有不同，在提出问题的基础上，对所收集的资料进行分类，确定有用的信息，进行分析、研究、再探讨，最后在解决完问题后，得出结论，并结合自己的体会，撰写研究报告，在这过程中，老师做好指导作用，帮助学生完成任务。

（2）成果的展示

以班级为单位，各研究性学习小组将成果制作成幻灯片，进行课题成果报告展示活动，让学生有一个交流汇报的舞台，各小组之间进行交流、相互学习、共同提高，于交流中扩充音乐剧相关知识。

在音乐剧课堂教学的导入或拓展环节中，也可以选用研究性学习的方式，根据不同音乐剧作品教学的需要，其研究内容与课堂教学的重难点相结合，当然，这种方式的研究性学习内容不宜过深过多，不宜花费过多的时间。要让学生通过课堂学习掌握一定音乐剧知识，在此基础上，根据自己的兴趣、针对课堂的困惑自主选题，学生在研究的过程中获得许多课堂上所未涉及的音乐剧内容，既扩充学生的音乐剧知识面，也培养学生自主学习、自我探究和实践的能力。这项实践活动是音乐剧课堂教学的补充，通过学生个人与小组的共同努力，在合作学习中学会收集和处理音乐剧知识信息、综合运用知识，学会合理分工、互帮互助、彼此交流，使学生的能力及各方面综合素质得到提升、互补，并在其中学会如何建立融洽、友爱的人际关系。同时又能很好地促进教学中的个性化学习，充分发挥学生的特长，真正做到自主、兴趣、自觉、主动。例如《音乐剧综述篇》其中一个教学环节：

■交流与探讨

▲讲评与交流各组探究情况

展示各组课外所搜集的资料，点评各组完成情况。

以师生问答交流的形式检查学生的探究情况，着重在以下几方面作适当的引导、交流：

▽音乐剧的起源与发展

▽音乐剧四大名剧简介

▽音乐剧大师及其作品

▽音乐剧的特点及各要素的艺术特征

▽中国音乐剧的概况

这些研究性学习的内容都是紧紧围绕本课主题"音乐剧综述"来展开的，学生可以根据自己的兴趣或是自己想预知的知识自主选题，兴趣、质疑成为研究的动力，学生在研究的过程中获得许多课堂上所未涉及的音乐剧内容，扩充了学生的音乐剧知识面。并在自主学习、合作探究的研究性学习过程中，通过亲身参与活动与实践来获取知识与发展能力，不断体验尝试与探究的滋味，获得成功的快乐，表露出明显的主动参与式学习特征，学生能根据自己的见解大胆发表个人看法，并积极参与集体讨论，激发了学习兴趣，调动了学习的积极性，学生的音乐鉴赏能力、协作能力、组织能力、探究能力、创造能力等等都得到了明显的提高。

值得一提的是，音乐剧中包含了许多流行音乐作品，这些作品大多耳熟能详，加之现代媒体传播方式的多样及快速，学生很容易在日常生活中接触到这些音乐作品，并积累一定的相关知识，这些便利的条件既方便学生查找相关资料、主动探究、提升自主学习能力，又有助于学生在课堂上与老师的互动、对知识的质疑，更易于让学生充满自信地参与学习。

教学案例：

1. 教学内容

探究音乐剧《歌剧院的幽灵》的艺术价值。

2. 教学目标

通过研究性学习，了解音乐剧《歌剧院的幽灵》的作者、创作背景、成就及作品赏析。

3. 教学重难点

先学后教，学会合作。

4. 教学准备

相关文字、音视频材料。

5. 教学过程

（1）课前分组，确定研究性学习内容

根据课堂教学的需求，共分四个知识点：

A 音乐剧《歌剧院的幽灵》作品简介

主要内容为小说的原作者简介、创作背景及音乐剧剧情介绍。

B 音乐剧《歌剧院的幽灵》曲作者简介

主要内容为音乐剧作者韦伯的生平、代表作、获得的成就及介绍韦伯的相关视频欣赏。

C 音乐剧《歌剧院的幽灵》主要音乐作品介绍及赏析

主要内容为音乐作品的要素分析、情感体验描述、音乐风格赏析及演唱特点了解、音乐对剧情所起的作用，并尝试学会演唱。

D 音乐剧《歌剧院的幽灵》舞美赏析

主要内容为场景设计、服装、道具的设置情况，及其设计对推动剧情发展所起的作用。

（2）分工合作，汇集成果

通过网络、图书馆查阅相关资料，观看音乐剧视频等素材，搜索、收集、整理材料，完成各小组研究性学习文字资料，并制作成幻灯片。

（3）课堂上分小组交流、学习

教学反思：

音乐剧《歌剧院的幽灵》一课的研究性学习活动是课前完成的，并于课堂的导入环节中，各小组相互交流、展示后，再进入新课教学。这一教学模式的特点就是先学后教，"先学"就是让学生学在前，培养其预习的习惯，老师做适当的指导。"后教"可以是"学生自己教""同伴互助教""教师教"三种形式，在课堂中合作完成，学生在整个自主探究的过程中特别能激发学习热情及主动性。

在这个过程中，老师首先要了解学生先学（预习）的真实情况，其次解决学生先学中遇到的困难，接着补充学生先学中不能解决的问题并进行探究和交流，最后小结知识要点、学习方法和解题策略。

教师可根据先学的效果不同，灵活设置流程。这里就涉及课堂生成的问题，课堂上学生可能出现意想不到的事情或是问题，那么教师如何充分发挥课堂机智迎刃而解，可想而知这个的难度是比较大的，对于学生在课堂上出现的临时状况或是新问题，教师要能从容地化解或是及时补充。

研究性学习的模式将学习主动权掌握在学生手中，突显以生为本的教育理念，但它也有一定的局限性，就是需要一定的课外时间进行预习、探究，学生没有太多的时间和精力花费在这上面，因此建议一个学期或半个学期做一次，是一个不错的选择。

（十一）融入文化理解

《普通高中音乐课程标准（2017 年版 2020 年修订）》中对文化理解做了解释：文化理解是指通过音乐感知和艺术表现等途径，理解不同文化语境中音乐艺术的人文内涵。艺术与社会生活息息相关，优秀的音乐作品可以很好地反映一个国家、一个民族特定的文化、历史，以及他们所创造出的能力、特点及水平。文化理解是中学生音乐学科核心素养之一，通过音乐课堂的学习，可以让学生了解中国民族音乐文化的博大精深以及丰富的精神文化内涵，坚定文化自信，同时也能让学生认识其他国家的音乐文化，能用包容、平等的文化价值观来理解世界音乐文化的多样性。

音乐剧教学中，应注重在感知、体会、表现音乐剧作品时，让学生同时从文化的角度去了解作品所处的时代背景和表现的风格特征。在音乐剧中，不同国家的音乐剧作品、表现不同历史时期的音乐剧作品，它们所体现出来的时代背景和风格同样也显现出各不相同，因此，我们有必要从文化的角度去了解作品的内涵，分析、总结其不同的风格特征，体会其文化内涵，使得学生对本民族的音乐文化特点有更进一步地深入了解，从而获得充足的自信心和强烈的自豪感。也能对其他国家和民族的优秀音乐剧作品给予客观地评价，用平等尊重的态度看待音乐文化的多样性、交融性、包容性。

音乐剧的教学在了解作品时代背景的基础上，亦可通过音乐实践过程培养学生的文化理解素养。例如，家喻户晓的音乐剧《芳草心》主题曲

《小草》教学，先了解音乐剧《芳草心》所处的时代背景及创作题材的来源，再聆听歌曲《小草》，并学唱这首歌曲，通过感受及表现的环节，把握这首作品整体的风格特征，分析主人公芳芳的性格特点，体会作品蕴含的思想内涵，在拓展部分，可以让学生尝试表演这首作品，或是对故事情节进行一定的改编，在这些实践活动中，理解作品的历史文化背景和文化内涵，感受中国音乐剧的独特魅力和风格特征。

同样是耳熟能详的音乐剧歌曲，选自音乐剧《音乐之声》中的《雪绒花》，在了解音乐剧作品《音乐之声》的历史背景及创作故事后，感受音乐作品——观看歌曲《雪绒花》在剧中的两个片段，分析不同场景中，剧中人物在演唱时不同的心境及情感变化，接着学唱歌曲《雪绒花》，尝试用英文和中文演唱，在表现的基础上进行情感体验，分小组选择表演剧中《雪绒花》的两个不同的情境，一是在家父亲弹着吉他和孩子们一起演唱《雪绒花》，另一个是一家子在舞台上演唱《雪绒花》，注意表现不同场合中角色情绪情感的变化。让学生在聆听、感受、体验外国优秀音乐剧作品的同时，扩宽学生的音乐视角，懂得包容各民族多姿多彩的文化艺术，尊重世界其他国家和地区音乐文化理念，进而提升音乐文化理解能力。

教学案例：

1. 教学内容

欣赏民族音乐剧《曹雪芹》。

2. 教学目标

了解音乐剧《曹雪芹》如何借鉴戏曲元素塑造人物形象。

3. 教学重难点

理解音乐剧如何塑造角色形象。

4. 教学准备

相关文字、音频视频材料。

5. 教学过程

（1）了解原创音乐剧《曹雪芹》剧情。

音乐剧《曹雪芹》讲述晚年曹雪芹在经历家道中落后，隐居山野，靠卖字画和朋友救济维持生计，在幼子因病去世后，他悲痛欲绝，难以释怀，身体每况愈下，晚年生活凄凉，尽管如此，曹雪芹仍然呕心沥血花费了十余年的努力，终于创作出了中国古典文学四大名著之一《红楼梦》的故事。

（2）讨论长篇小说《红楼梦》的思想内涵

表达了曹雪芹对理想世界的憧憬，同时也清晰描绘了封建社会现实的残酷。

（3）欣赏音乐剧片段

A.欣赏片段1

讨论：人物形象的特点及表现形式。

小结：表现出曹雪芹的年龄感和文人的气质，带着些许期盼与失望、沉思与疑惑的感觉。运用戏曲中的圆场步，根据锣鼓节奏的快、慢、缓、急变化，表现出紧张、思考、凄冷等情绪的变化。

B.欣赏片段2

思考：分析音乐剧《曹雪芹》的演唱风格。

小结：大量运用了戏曲板腔体的风格，使人感觉到浓郁的中国味道，曲调时而高亢激昂，时而婉转凄凉，时而急促悲愤，用音乐描绘出曹雪芹曲折的传奇人生。

（4）思考：音乐剧《曹雪芹》为何使用中国戏曲元素来塑造曹雪芹的人物形象呢？

（十二）注重塑造角色

音乐剧中角色塑造对于音乐剧的创编表演有着极其重要的作用，同时也对理解经典音乐剧作品人物性格特征及其对剧情发展的推动作用，起着不可或缺的作用。

如何理解角色塑造，首先要关注角色的外部形象。除去服装、化妆、道具等辅助，角色的性格特征展现，表情体态及神态、姿态确立等，都属于外部形象的构成要素。这些角色外部形象，要能够与前后剧情融合，并能与剧中人物建立合理的交流。

其次，通过音乐剧演唱来塑造角色形象，音乐剧演唱对于音乐剧的构成极其重要，音乐剧中的演唱是以角色的方式呈现，演员表现的是音乐剧中的角色，而非演员自身本人。因此，在演唱时，音乐剧的角色已被定义了不同年龄、不同性格、不同经历、不同交流对象。同时，由于音乐剧角色的年龄、性格、经历、交流对象等等元素的不同，因此，在表演中，也同样要匹配不同的歌唱唱法、音色选择和表演设计，由演带唱，以唱助演，角色的塑造过程可以在演唱当中有层次地得到推进。这样才能合理地塑造剧中的角色特性。

第三，通过舞蹈和表演来塑造角色形象。角色的塑造可以通过爬坡式的趋势渐渐展开，在无形中将角色内涵进行合理充实。舞蹈及表演能将所有的视觉力量汇聚与角色身上，通过扩张力，扩大角色的影响力，通过肢体语言及表情，帮助角色构建清晰、明确、富有逻辑的形象。同时也能使外在的角色塑造逐步转为内在的流露。在舞台表现方面，内心世界是抽象的，需要被观众感悟到才能够引起深刻共鸣。因此，舞蹈及表演需通过"外化角色内心""诗意展现人物情感""增强角色张力"等为角色塑造提供运用价值。

教学案例：

1. 教学内容

音乐剧《悲惨世界》中的歌曲《我曾有梦》。

2. 教学目标

了解音乐剧是如何用声音来塑造角色形象。

3. 教学重难点

懂得角色如何运用不同的声音来表现不同的情绪。

4. 教学准备

相关音频视频材料。

5.教学过程

（1）分析音乐剧《悲惨世界》女主角芳汀的特点

年轻的芳汀善良、有梦想，但是随着命运的变故，希望被撕碎，最终生活毁灭了她所有的梦想。

（2）欣赏作品《我曾有梦》

讨论：演员是如何运用不同的声音来表达人物内心的状态的？

小结：

A开始部分曲调轻柔悠长，表达芳汀在回忆过去的美好，演唱者的声音舒展、流畅，使用纯净圆润的音色，突显芳汀的善良和年龄，使用类似于自然说话的演唱方法，亲切、结实、明亮。

B展开部分有着明显的转调，音乐从开始的低沉向着高潮推进，这部分表现芳汀遭遇命运的坎坷，在向观众倾诉时，她的内心无比激动，所有的愤怒、伤感展露出来，声音上除了保持原有的纯净、圆润音色外，加入了声嘶力竭的呐喊音色，用哀怨的情绪推向高潮。

C最后部分芳汀对生活的梦想已经完全破灭，暗喻她的生活已到尽头，用最饱满、最有力量的声音来演唱，淋漓尽致地表现出芳汀对社会、对自己、对爱人的痛恨，最终她带着身心的疲倦，无奈地道出最后一句，用无比伤感的音色来表达芳汀即将陨落的生命。

整首歌曲通过不同声音的运用，展示了一位生活在社会底层的人非常惨痛的人生经历，刻画出一个鲜活的充满戏剧感的人物形象。

（3）总结

音乐剧的演唱方法与演唱风格多种多样，人物的演唱要根据情节发展和人物性格特点刻画的需要，在音色、音区、力度、速度、表演等方面进行变化，不同角色使用不同的声音，用不同的声音来塑造人物形象及不同的情绪情感。

因此，要学会分析作品及人物，了解每首作品是在什么样的规定情境及心理状态下演唱的，应采取什么演唱方式，用什么音色表现，预先做好设计，用各具特色的声音来塑造角色形象。

（十三）注意表演特征

音乐剧的表演即戏剧性的表演，也就是扮演一定的角色表演故事情节，在这个过程中化身为角色，通过舞台的表现过程来展现人物的形象特征，这当中，舞台的表现包含歌唱、舞蹈、语言、表演等艺术手段对作品进行二次创作，既有接近生活的语言和形体动作，也有歌唱和舞蹈的写意特性，但无论怎样的表现手法，扮演角色表演故事就是音乐剧表演的首要任务。

音乐剧中的故事需要每一个人扮演时符合角色的性别、年龄、外表等各种条件，甚至语音语调、表情、动作习惯等等，不仅仅只是自己演给同学或者观众看，更重要的是善于和剧中的其他角色进行交流，及时调整自己的幅度和张力，完成作品的表达。因此在表演过程中，要注意提醒学生，把自己变为剧中的人物，而不是演自己，要注重人物形象的塑造，体现出角色的性格特征，在这个过程中充分展开想象力，对角色的内心进行深入细致的分析和把握，基于准确的表现，积极向角色靠拢，塑造出鲜明的艺术形象，无论是抽象的舞蹈动作还是接近生活的肢体语言，或是抒情的歌唱还是生活语言的表述，所有的一切表演都应使人物性格化。

音乐剧表演中的演唱、舞蹈、对白都要以塑造人物形象为目的，把塑造人物性格特征为主要任务，任何的表演都是构成音乐剧情节的需要，是表现人物精神生活的必须，也是现实音乐剧内涵所需。所以表演者要将角色的行为目的和愿望变成自己的目的和愿望，并习惯将它们转为自己的行为方式，使观众们直接地、清晰地、鲜明地接受和感受音乐剧中角色的性格和情感。

教学案例：

1. 教学内容

音乐剧《悲惨世界》中的选曲《我是谁？》（Who Am I ?）

2. 教学目标

了解音乐剧角色如何通过表演来塑造人物形象特征。

3. 教学重难点

体验音乐剧表演的角色感。

4. 教学准备

相关文字、音频视频材料。

5. 教学过程

（1）欣赏音乐剧《悲惨世界》中的选曲《我是谁？》（Who Am I？）

讨论：在这个片段中，要表现出人物冉·阿让内心怎样的心理活动？

小结：这段独唱表现了曾经是苦役犯的冉·阿让听说沙威抓到了他们要找的犯人，他便知道警察抓错人了。此时，冉·阿让的内心激烈交战：如果自首，他将再被判刑，但如果不自首，就会殃及无辜，自己的良心不能允许。经过一番内心激烈的挣扎，冉·阿让决然走进法庭，表明身份。

（2）探究如何通过表演表现人物特征

演员在舞台上以角色的名义进行表演，通过与其他角色之间或是与自己、与观众之间的各种交流，把人物形象、故事情节、人物性格、剧情发展等充分体现出来。在这首歌中，冉·阿让的演员以独唱的形式，将自己作为主体，和假想的客体进行交流，表现出内心巨大的感情纠葛、激烈的思想矛盾，用表演的形式将矛盾的情感宣泄得淋漓尽致。

（3）模拟表演

关注表演的面部表情变化、动作模仿，有能力的同学可以模仿演唱歌曲中的其中几句，注意音色、音量、句子的变化。

（4）谈谈表演时的体会

（十四）借助声势教学

音乐剧教学中，包含了许多经典、流传广泛的音乐作品，如何来深入学习优秀音乐剧音乐作品，既提升学生的音乐素养，又能提高表现技能及合作能力，声势教学是一个符合音乐剧教学特色的极好方法。

声势教学需要通过准确的聆听，配合运动觉来处理各种音乐信息，因此通过声势教学可以很好地提升聆听的专注性，并在听觉中配合动作。运动觉在声势教学中具有特殊的功能，它能使每个人的动作变得灵活，通过触觉来感受他人非语言的情感传递，所以声势对于音乐剧教学而言，意义非凡，它既可以提升音乐感受力，加深对音乐剧作品的理解与感悟，又能替代复杂的舞蹈动作，解决没有任何舞蹈表演基础的中学生载歌载舞的难题。同时声势教学中的团队合作模式也正是音乐剧教学中最强调的部分，有利于学生个体尽快融入集体合作中，除了学会服从、包容、融合外，还能充分发挥创造性，在团队合作中开发新的声势表演动作。

声势教学的步骤：首先，要学会控制自己肢体动作的能力；其次，内心对节奏的感知要能快速转化为动作的反应；第三，开发动作的可能性及自由表达的能力，发挥个体的创造力。

声势教学的注意点：1.声势律动是一门视觉和情感的艺术，不仅动作能准确结合节奏，同时也要表达出内在的情感；2.无论节奏如何变化，节拍的稳定性必须时刻保持，尤其拍号及速度变化时，节拍的稳定性显得尤为重要，稳定是内心及动作的重要依据；3.声势动作具有很强的灵活性，依据节奏的准确性，需要灵活改编动作的路径、方向、高度等等，以达到节奏及音色的准确要求；4.在自我体验、不断尝试和探索的基础上，尝试新的创意动作及组合，善于把身体变成自然乐器，探寻多种新的音色的可能性。比如在不同部位上探索不同的音色，尝试不同的演奏方式探索新的音色，通过模仿某种乐器来探索相对应的音色，探寻个体动作的协调性。

声势教学的主要动作：

脚：1.常用地面的脚步音色；2.不同力度的跺脚音色；3.脚的不同部位（脚掌、脚跟等）与地面敲击所得的不同音色；4.行走、跑跳、踢踏等不同动作制造的不同音色；5.脚步速度不同产生的不同音色。

手：1.掌声：拥有不同的速度、节拍、节奏，叠加在一起，并有力度变化，不同鼓掌形式也能产生不同的音色变化；2.拍手：手心击掌，空心击掌，主力手的手背击掌等等，使手部成为一个"鼓"；3.手部的特殊音色：手指拍击另一只手的掌心，握拳拍击另一只手的拳眼，双手的手指相击，双手的手指指甲相击；4.捻指：相对其他手部动作，捻指较难，需要一定时间练习才能发出声音，尤其加上节奏后，速度也有一定的要求；5.其他方式的拍手动作：两人相互拍手或一人纵向一人横向拍手，同时增加强弱变化、趣味性等等。

脚和手的配合：最常见的是用跺脚和拍手的音色来演奏不同音乐风格的节奏，可以用站姿或者坐姿的状态，或者配合脚步行进，可以自由编配动作，根据音乐节奏随意组合。

声势是音乐剧教学中特别适用的方法，不仅可用在音乐剧欣赏教学中的作品体验活动，更是能成为音乐剧表演中适用的动作情感表达，对中学生音乐剧编创表演来说，它是一样便捷的"工具"。

教学案例：

1.教学内容

音乐剧《音乐之声》中的选曲《哆来咪》

2.教学目标

能根据歌词内容创编声势动作，辅助歌曲学唱及作品情绪情感的体会。

3.教学重难点

能根据作品的旋律及歌词特点编创声势动作。

4.教学准备

声势律动教学、相关文字音频视频材料。

5.教学过程

（1）了解作品

歌曲《哆来咪》是音乐剧《音乐之声》中的选曲，深受世界人民的喜爱，旋律优美活泼，内容生动有趣，从学唱 do、re、mi 开始，每个音符都有一个小故事，让人很容易学会了这七个音符。

（2）演唱歌曲

感受歌曲所要表达的活泼、诙谐的情绪。

（3）创编声势动作

全班分成七组，分别为 do、re、mi、fa、sol、la、si 七个音所对应的歌词编创声势动作，主要由拍手、捻指、踩脚、拍肩等动作组成，注意动作与音乐的配合，一方面要体现出活泼有趣的气氛，另一方面动作组合要尽可能新颖，在最后齐唱部分，各小组组合做声势动作，形成多声部声势练习。

（4）全班集体表演《哆来咪》

第四章　中学音乐剧课例评析

一、《走进音乐剧》

【课时】

1 课时

【教学内容】

1. 音乐剧的概念及艺术特征。

2. 音乐剧与歌剧的对比。

3. 初步了解中国音乐剧。

【教学目标】

1. 能自主收集有关音乐剧的资料，并以幻灯片等形式在课前进行展示与交流。

2. 知晓音乐剧的相关知识，能归纳出音乐剧的概念，共同探讨音乐剧的艺术特征。

3. 尝试演唱音乐剧中的选曲。

4. 通过对经典音乐剧与歌剧的欣赏，能对比、总结两种体裁的不同艺术特征。

5. 积极参与到音乐剧的学习中，增强对多元文化的接纳与包容意识。

【教学重点】

了解音乐剧的概念及艺术特征。

【教学难点】

引导学生积极参与教学各环节中的活动，培养其感受、想象、表现能力。

【教学构想】

以培养学生兴趣作为重要教学理念，注重课外资源的整合。

让学生在搜集音乐剧相关材料及感受其艺术特征的过程中加深了解音乐剧的相关知识。同时通过易于把握的对比性欣赏，引导学生探究音乐剧与歌剧这两种体裁的不同艺术特征，进而认识它们的艺术与文化价值。

教学中注重以学生为主体，将学生对作品的感受和教学活动的参与放在首位，在实践中激发学生的分析能力及想象力。

【教学准备】

1.学生以小组为单位，多途径（网络、音像、书籍、传媒等）收集有关音乐剧的资料，并以幻灯片等形式给予展示。

2.多媒体教学设备、课件、相关资料。

【教学过程】

课前以幻灯片的形式展示学生之前分组搜集的有关音乐剧的相关资料（文字、图片、音像资料等），背景音乐《韦伯魅力组曲》

（一）组织教学，导入新课

1.聆听三个音乐小片段

（由老师用钢琴弹奏《回忆》《阿根廷，别为我哭泣》《雪绒花》片段）

讨论：你听过这些音乐片段吗？能说出曲名吗？

师：这些耳熟能详的旋律都是选自音乐剧中的音乐，换句话说，音乐剧中有许多音乐都流传得很广，为我们所熟悉。

2.讨论

你看过音乐剧吗？你对音乐剧了解多少？

师：今天让我们一起走进音乐剧，共同探讨什么是音乐剧，并了解其艺术特征。

（二）交流与探讨

1.讲评与交流资料搜集情况

展示各组课前所搜集的资料，点评各组完成情况。

（资料相关内容：音乐剧的起源与发展、音乐剧大师及其作品介绍、音乐剧四大名剧介绍、音乐剧的基本特点及艺术特征、中国音乐剧介绍……）

以师生问答交流的形式检查学生的预习情况，着重在以下几方面作适当的引导、交流：

（1）音乐剧的起源与发展

关于音乐剧的起源地点国内外说法很多，但它的起源时间相对比较统一——19世纪末，至今不过一百多年的时间。

在20世纪五六十年代，作为二战胜利的最大受惠者——美国，其超级大国的地位已不可摇撼，在这一宏观背景下，百老汇音乐剧得到迅猛发展，佳作迭出、大师辈出，如伯恩斯坦的《西城故事》、罗杰斯的《音乐之声》等等。

而到了20世纪80—90年代，英国出现了两大名人——音乐剧作曲家韦伯及制作人麦金托什，两人强强联手使英国的音乐剧取得了辉煌的成绩，在这一强大压力下，美国音乐剧呈现出败落的局面。

（2）音乐剧四大名剧简介

音乐剧四大名剧指英国韦伯的《猫》《歌剧院的幽灵》及法国勋伯格的《悲惨世界》《西贡小姐》。

★音乐剧《猫》于1981年在伦敦首演，是韦伯根据他最喜欢的一部诗集《擅长装扮的老猫经》而创作的，其中的主题曲《回忆》已成为现代音乐中的经典。剧中讲述了这样一个故事：在一个月色中的垃圾场，杰利柯猫群聚集在一起，召开着每年一次的家族庆贺会，每只猫通过歌声与舞蹈介绍自己，舞会结束后将有一只猫被选送到九重天获得重生。

这四部音乐剧在美国百老汇首演的当年都成为托尼奖的头号大赢家，到目前为止这四部音乐剧都是获奖无数，奠定了它们非凡的国际影响与地位。

四大名剧均出自英国戏剧制作人麦金托什之手。

2. 了解音乐剧的概念

观看音乐剧《猫》中的《杰利柯的歌献给杰利柯的猫》（《Jellicle Songs for Jellicle Cats》）

思考：音乐剧里包含了哪些艺术成分？你认为什么是音乐剧？

小结：有音乐、舞蹈、戏剧、舞美（绘画、雕塑、建筑、声光等），除此之外还有滑稽艺术、幽默艺术甚至包括电影、杂技、魔术等，是一门综合艺术。

音乐剧的概念——是一门集音乐、舞蹈、戏剧、舞美等多种元素为一体的综合性舞台艺术，其中音乐、舞蹈、戏剧是音乐剧的三大要素。

师：接下来，我们一起来感受音乐剧中音乐及舞蹈这两大要素的艺术特征。

（三）感受音乐剧的艺术特征

1. 音乐特征

（1）聆听一段音乐（选自音乐剧《猫》中的《老甘比猫》片段）

思考：这是音乐剧《猫》里面的一个音乐片段，你认为这段音乐的情绪是怎样的？这段音乐所要描述的是一只怎样性格特征的猫？你能想象出它正在做什么事吗？

小结：这是一只老甘比猫叫珍妮点点，一到晚上便来到地下室，把蟑螂训练成一队规矩有用的童子军。从情绪活泼轻松的音乐中可以感受到它是一只性格开朗、心地善良的猫。

（2）观看《老甘比猫》视频片段

讨论：这段音乐属于什么风格？用什么乐队演奏？（爵士风格的乐曲，由电声乐队跟交响乐队演奏）

小结：音乐剧的音乐通俗易懂，不仅有严肃音乐，还有大量流行音乐（爵士乐、摇滚乐、乡村音乐等）；除用交响乐队演奏外还使用电声乐队等。

2. 演唱特点

（1）简介音乐剧《猫》中的歌曲《回忆》

这是《猫》剧当中最有名的一首歌曲，在全剧的高潮处出现，由一只叫格里泽贝拉的年老丑陋的母猫演唱，她年轻的时候非常美丽迷人，但她离开猫族到外面的世界闯荡，被杰利柯猫视为背叛，现在她年老力衰，回到猫群，所有的猫都不原谅她理会她。这是她第一次唱起《回忆》这首歌，怀念年轻的时光。

（2）欣赏歌曲《回忆》

思考：这种唱法属于什么唱法？这首歌曲表达了老猫格里泽贝拉什么样的心情？

小结：唱法介于美声跟通俗之间。

（3）尝试演唱歌曲

演唱时注意歌曲的情绪，要将老猫格里泽贝拉孤独、憔悴、痛苦，回忆起往事又略带些喜悦、骄傲之情的复杂心理表现出来。

小结：音乐剧中的演唱强调根据剧情和人物性格，运用任何合适唱法，注重自然平易的发声，亲切随和的歌唱。

3. 舞蹈风格

欣赏音乐剧《男朋友》中的《在尼斯更棒》（桑迪·威尔逊曲）

思考：这段舞蹈属于什么风格的舞蹈？（踢踏舞）

小结：舞蹈在音乐剧中是一种极为重要的表现手段，可以有踢踏舞、芭蕾舞、民族舞、爵士舞等。

师：从以上我们分析音乐剧音乐与舞蹈的过程中可以感受到：音乐剧的演员必须是全能型的——能歌善舞、唱演俱佳；音乐剧具有很强的现代性及通俗性，如它的表现手段可以有流行音乐、通俗唱法、现代舞等等，因此我们称音乐剧为现代通俗性艺术。这也是它能迅速得到大部分观众喜爱的重要原因之一。

（四）音乐剧与歌剧的比较

1.分别观看两个片段（《卡门》《星光快车》片段）

讨论：哪个是歌剧，哪个是音乐剧？作出判断的理由是什么？

小结：

第一段是歌剧——选自比才（法）歌剧《卡门》中的《斗牛士之歌》

第二段是音乐剧——选自韦伯（英）音乐剧《星光快车》中的《光明在望》

★第一个片段以唱为主，使用美声唱法，用交响乐队演奏，判断为歌剧——一首经典的男中音歌曲《斗牛士之歌》。

★第二个片段歌舞兼有，使用了通俗的唱法，音乐具有爵士风格，用电声乐队伴奏，有大量的舞蹈场面，舞蹈演员甚至穿起了旱冰鞋模拟各种火车，形式灵活，判断为音乐剧——《光明在望》。

2.总结歌剧与音乐剧的区别

（师生共同总结、列表。）

	传统高雅艺术——歌剧	现代通俗艺术——音乐剧
综合形式	主次分明，音乐占主导地位，以歌唱为主	音乐、舞蹈、戏剧三者并重，歌舞一体
音乐	严肃音乐，交响乐队演奏	通俗易懂，不仅有严肃音乐，还有大量流行音乐（爵士乐、摇滚乐、乡村音乐等）；除用交响乐队演奏外还使用电声乐队等
演唱风格	以美声唱法为主，追求高难度的歌唱技巧和戏剧性的表现力	根据剧情和人物性格，运用任何合适的唱法，注重自然平易的发声，亲切随和的歌唱
舞蹈	不是必需的，即便有也是一种色彩的、过渡的	一种极为重要的表现手段，有踢踏舞、芭蕾舞、民族舞、爵士舞等

师：总体来说，二者包含的因素虽基本相同，却因产生年代的不同，

之间还是存在很多差异，引用音乐剧作曲泰斗韦伯的话："如果我生活在16世纪，那我写的一定是歌剧而不是音乐剧"。当然歌剧与音乐剧都会不断地发展，以后二者的异同点肯定会不断地变化。

思考：韦伯为什么会这样说呢？

（五）了解中国音乐剧

1. 说说你所知道的中国音乐剧或是其中的歌曲名称

《电影之歌》（李宗盛曲）、《金沙》（三宝曲）、《雪狼湖》（新加坡李迪文曲）等等。

师：中国的音乐剧起步较晚（应该说是整个亚洲的起步都较晚），直到1982年才产生第一部中国人自己创作演出的本土音乐剧，至今为止未能出现在世界上引起轰动效应的精品。

2. 为中国音乐剧的发展提些个人的建议

（由学生根据自己的理解，发表个人的看法与建议）

师：随着关注、喜欢音乐剧的人越来越多，相信总有一天，我们可以看到中国的艺术家们在这艰辛的努力中所带来的巨大成功。

（六）归纳与总结

音乐剧作为一个新兴的音乐品种，它通过优美的旋律、动情的演唱、绚丽的舞蹈、新颖的剧情来打动观众，吸引越来越多的人，老师用八个字来概括音乐剧——歌情乐韵，舞绚剧新。

思考：随着社会的发展，音乐剧也会不断地发展，它的表现手法也会越来越丰富，你认为音乐剧未来会发展成什么样子？

（七）布置作业

内容：以小组为单位，完成音乐剧小品剧本的创编或改编。注意剧本中要体现音乐元素（背景音乐及歌曲）、舞蹈元素及舞美元素的设计。

根据各小组剧本的完成情况选用部分作品由班上的同学进行表演。

注意：设计的内容、形式及角色要以本班同学的实际能力为参照。

反思：

第一节课初识音乐剧，重点以感受、了解、理解为主，除此之外，如何激起学生的学习热情尤为重要，除了本课中设计的环节，也可充分利用多媒体教学设备，让学生浏览式的欣赏哼唱几首在我国流传甚广的耳熟能详的歌曲——音乐剧的主题歌、插曲片段，如《雪绒花》《多来咪》《回忆》《阿根廷，不要为我哭泣》《小草》等等。之后有选择地欣赏经典的音乐剧片段或是欣赏正在我国上演的外国音乐剧片段，如英国安德鲁·劳埃德·韦伯（Andrew Lloyd Webber）的《猫》（Cats）、《艾薇塔》（Evita）、《歌剧院的幽灵》（The Phantom of the Opera），美国理查德·罗杰斯（Richard Rodgers）的《音乐之声》（The Sound of Music），法国克劳德 – 米歇尔·勋伯格（Claude-Michel Schoenberg）的《悲惨世界》（Les Miserables）、《西贡小姐》（Miss Saigon）等等，通过这些片段的欣赏，使学生对音乐剧有个大体的感受，鼓励学生用自己的语言表述什么是音乐剧？音乐剧主要包含几个要素？在探究音乐剧的构成要素及其作用时，可以将其分别与歌剧、舞剧、戏剧的综合成分进行对比，通过这种易于把握的对比欣赏，由浅入深地进入音乐剧的艺术领域，使学生逐渐了解到音乐剧是一门综合艺术，包括音乐、舞蹈、戏剧、舞美等主要元素，同时也加深对歌剧、舞剧、戏剧艺术特征的理解。值得说明的是，这种艺术特征的对比不是全方位的、深奥的、形成一套理论系统的探究，而是根据学生不同的水平进行一种比较浅显的引导式学习，为以后的音乐剧创编活动奠定基础。同时引导学生利用课外时间通过查阅书籍、上网等途径收集音乐剧相关资料，既扩充了学生的知识面，又提高了学生自主学习的意识和能力。

评析

《走进音乐剧》是音乐剧学习的第一课时，重点在于了解什么是音乐剧，主要包含音乐剧的概念及艺术特征两大部分内容，同时知晓中国音乐剧概况并尝试完成小型音乐剧剧本的创编，在知识的探究中激发学生对音乐剧的兴趣，并乐于探究。

本课主要使用了以下几种方法：

1. 对比法：首先是将歌剧与音乐剧分别从综合形式、音乐、演唱风格、舞蹈等四个方面进行对比，目的在于探究二者异同点时，深入了解各自的艺术特征，歌剧和音乐剧同为综合性舞台艺术，对比不同点，可以更好地理解音乐剧的特点并加深记忆，提升学生理性思考的深度。其次是对比中国音乐剧与西方音乐剧在产生及发展过程中的不同，激发学生产生为本土音乐剧未来发展做出努力的愿望。

2. 体验法：通过课前观看音乐剧的相关资料视频、聆听老师演奏的音乐剧主题旋律片段，感受音乐剧的魅力，耳熟能详的音乐能很好地激发学生对音乐剧学习的兴趣，也为往下教学环节做好铺垫。并在探究音乐、演唱、舞蹈风格的环节中，精选音乐剧《猫》《男朋友》《星光快车》的部分经典片段，通过听觉、视觉感受，以及演唱、舞蹈体验，在亲身参与活动中思考、讨论、理解音乐剧的艺术特征。

3. 研究性学习：因为这是音乐剧学习的第一课时，因此大部分学生对于音乐剧的了解甚少，用研究性学习的方法，提前以小组为单位，布置学生相关内容自主探究、总结，不管情况如何，在寻找整理资料、素材的过程中，或多或少都有接触到音乐剧的相关知识，同时也能发现自己的兴趣点和疑问，能带着这些问题在课堂中与老师进行讨论和探究，学习积极性也能调动起来。并在相互交流和评价中学会思考，扩充知识面。

教学的最后，设计了课外的拓展——布置学生创编音乐剧剧本，一方面将音乐剧学习的兴趣在课后继续延续，另一方面可以在艺术实践中发现知识点的不足，以促进在往下的课堂中继续努力探究，解决心中疑惑，同时也是提前做好铺垫，为往下的校园音乐剧创编表演活动做好准备。

本课教学注重知识的教授由表及里、层层递进、环环相扣，逐步吸引学生由兴趣到主动探究、乐于参与。注重培养学生的自主学习能力，重视学生对音乐作品的感受体验和对艺术实践活动的积极参与，强调师生互动交流，注意教学评价的多元化。

备注：本课获教育部体卫司主办的"第五届全国中小学音乐课评选"二等奖，福建省教育厅主办的中小学音乐课评选高中组一等奖。

二、《非洲音画——小型音乐剧〈狮子王〉畅想》

【课时】

1课时

【教学内容】

1.创编表演小型音乐剧《狮子王》。

2.掌握音乐剧的概念。

【教学目标】

1.能根据歌曲《生生不息》的音乐特征和内容，通过想象、模仿、创编等途径，使用演唱、演奏、动作、表演等艺术形式集体创编、表演小型音乐剧《狮子王》。

2.熟练使用四种步态舞步、懂得发声的基本方法，能准确合奏、演唱多声部音乐。

3.初步认识音乐剧。

4.乐于参与课堂中的各项艺术实践活动，懂得与他人合作共同完成任务，感受小型音乐剧创编表演带来的快乐。

【教学重点】

通过全班性的表演体验初步了解什么是音乐剧。

【教学难点】

能较为完整地完成小型音乐剧《狮子王》的创编表演活动。

【教学构想】

本堂课为音乐剧校本课程《走进音乐剧》系列的起始课，学生没有任何的音乐剧相关知识基础。通过简单、易行、有效的艺术表演形式，让学生充分发挥想象力、创造力，在体验中深刻感受音乐剧的组成要素——歌唱、音乐、舞蹈、剧情、舞美等等，从而了解什么是音乐剧。

　　音乐剧是一门综合性舞台艺术，它包含的艺术品种多样，用最便捷的艺术形式体验完成何为音乐剧的探究是本课的初衷。

　　【教学准备】

　　多媒体教学设备，课件，钢琴，奥尔夫打击乐器，动物头饰。

　　【教学过程】

　　课前播放歌曲《生生不息》(《Circle Of Life》)视频片段（选自电影《狮子王 1》）

（一）组织教学，导入新课

放松操练习

　　背景音乐：歌曲《今夜感觉我的爱》(《Can You Feel the Love Tonight》)音频片段（选自电影《狮子王 1》）

　　提问：这首歌曲你熟悉吗？是哪部电影的插曲？

（二）多声部歌唱练习

1. 讨论

（1）电影《狮子王》的故事发生在什么地方？（非洲大草原）

（2）电影中出现了哪些动物？

　　小结：有非洲狮（辛巴、木法沙、刀疤、娜娜、沙拉碧等等）、猫鼬（丁满、丁满妈等等）、非洲野猪（彭彭）、狒狒（充满智慧的巫师拉飞奇）、犀鸟（木法沙的管家沙祖）、土狼，还有猴子、大象、梅花鹿、斑马等等。

（3）你还知道哪些动物生活在非洲呢？

　　小结：跳兔、野牛、角马、河马、犀牛、鬣狗、多种类的蜜蜂、非洲金猫等等。

　　你能模仿其中哪些非洲动物的叫声呢？

2. 发声练习

（1）结合发声方法及不同节奏型模仿动物叫声（每种练习演唱几遍视现场情况而定）。

板书：

$\frac{4}{4}$ 0 X X X 0 0 |

小狗叫：　　　Weng weng weng（音调高）

$\frac{4}{4}$ X X 0 0 0 |

老狗叫：Weng weng（音调低）

$\frac{4}{4}$ 0 － X － |

猫叫：　　　Miao

$\frac{4}{4}$ X － － － |

狼叫：　Wu

$\frac{4}{4}$ X － － － |

狮子叫：Wu-ao

蜜蜂叫：Zi……（循环换气）

（2）选择五种动物叫声及节奏型，练习多声部演唱《动物大合唱》。

（3）多声部动物叫声练习配上音乐《生生不息》片段。

（三）简介音乐剧《狮子王》

电影《狮子王》于1994年6月15日在美国首次上映，是华特迪士尼公司的第32部经典动画长片，主角为一头名叫"辛巴"（Simba）的狮子。根据电影《狮子王》改编的音乐剧于1997年10月在百老汇公演后，大获好评。

1. 讨论：将电影《狮子王》改编成音乐剧，作为主创人员，如何处理好剧中角色造型是他们面临的一大挑战问题，如果你是导演，你会怎么做？

2. 介绍音乐剧《狮子王》中的主人公造型：

（1）非洲式面具：如辛巴、木法沙、娜娜等。

（2）人偶：如丁满、沙祖、蓬蓬等。

（3）皮影：主要是一些小动物，如老鼠等。

3.欣赏新闻短片：音乐剧《狮子王》中的人物造型

介绍：2006 年 7 月 18 日，百老汇音乐剧《狮子王》在上海大剧院演出，所有道具布景需 33 个集装箱用专门的三架波音 747 货机运送。

（四）小型音乐剧《狮子王》创编表演

1.聆听、分析作品《生生不息》

（1）思考：这首歌曲可以分为几部分？（引子 +A+B+ 间奏 +B'）

小结：这首主题歌的引子部分由一声具有非洲风格的呐喊声引出，紧接着，在非洲土语的和声伴唱下，开始了富有激情的演唱——男声独唱《生生不息》。这首歌曲是由曲作者艾尔顿·约翰亲自演唱的，歌曲的旋律动听，情绪在激情中包含着抒情。

（2）你能拍打出歌曲伴奏音乐中打击乐的节奏型吗？

2.讨论：假如你是音乐剧导演的话，就这段音乐可以用什么样的艺术形式来表现动物们庆贺小狮子王辛巴的诞生？

小结：动物们来到荣耀之岩，用演唱、演奏、舞蹈、表演等形式一起庆贺小狮子王辛巴的诞生。

3.分组练习

（1）狮子王一家（3 人）：间奏与结尾的对话以及整场的即兴表演。

（2）器乐演奏组：A 段分组集体演唱多声部动物叫声，B 段及 B' 段根据每个人手中打击乐器的不同音色特点创编不同的节奏型，并能随音乐合奏；

（3）模拟动作组：引子部分要求每个小组完成一个"全家福"造型，A 段分组集体演唱多声部动物叫声，B 段自由做声势动作（拍手、捻指、跺脚等等），间奏后 B' 段结合每个人头上所戴动物头饰的特征模拟动作，使用四种步态舞步（走路、跑步、跑跳步、连跳步）。

4.全班表演小型音乐剧《狮子王》

注意演唱、打击乐演奏、步态动作要跟准音乐的节拍。

5.对表演情况进行评价

（五）小结

1.讨论：什么是音乐剧？它包含了那些艺术表演形式？（音乐剧是一门综合性舞台艺术，包括音乐、舞蹈、戏剧、舞美等元素。）

你最想了解音乐剧的哪些知识？

2.欣赏音乐剧《狮子王》片段

附小型音乐剧《狮子王》课堂表演对白部分实录：

1.歌曲《生生不息》引子部分的旁白（摘抄自百度百科《狮子王》）

当太阳从水平线上升起时，非洲大草原苏醒了，动物们聚集在一起，共同庆贺狮王穆法沙和王后沙拉碧产下的小王子辛巴的诞生。

2.歌曲《生生不息》间奏狮子王一家的对白（学生即兴创编）

狮子妈妈：宝贝，总有一天你也会像你父亲一样站在这里，身披荣耀，成为王！

小狮子：爸爸，是这样的吗？我真的可以像您一样成为万兽敬仰的狮子王吗？

狮子王：是的，孩子，在未来的道路上将会有许多的挫折和困难在等着你，让你变得更加强大，你要时刻记住，你是最勇猛的狮子，你的智慧和勇气会让你战胜一切！

小狮子：爸爸，我会的，我会是最勇猛的狮子。

3.歌曲《生生不息》结束后狮子王一家的对白（学生即兴创编）

狮子妈妈：去吧，我们引以为傲的小狮子王辛巴，我们等着你胜利归来。

小狮子：爸爸妈妈，再见了！我一定会成为一名出色的狮子王的！

评析

本课也可以作为校本课程音乐剧教学系列的起始课,用不同的教学方式带领学生进入音乐剧的世界,目标一致,方法多样。在这一课中,学生同样在没有任何音乐剧基础知识的情况下,通过群体性的创编、表演音乐剧活动,来感受、体验什么是音乐剧,为往下的音乐剧教学开启第一扇门。

在音乐剧教学中涉及这么两个概念,一个是课外兴趣小组编排的"校园音乐剧",人数可以不多,根据具体编剧的需要即可,老师可以参与编导、排练,演出效果会更专业些,也可全部交给学生来完全创编及演出;另外一个概念就是课堂上编排表演的"小型音乐剧",课堂中的小型音乐剧编排人数可多可少,侧重于普及性的教学,它亦可以是全班性的一种表演,它的要求没有校园音乐剧那么高,但重在全员性的参与。事实上音乐剧的教学最具特色的地方就在于它的创编与表演,可以很好地激发学生的创造力、多方面的表演能力、协作能力、组织能力等等,没有哪个艺术品种能像音乐剧这样全方位地提升学生的综合素质。本课基于以上教学理念而开展。

因为是第一课时,所以在这堂课之前,学生没有任何的音乐剧学习基础,本节课的设想是这样的:用几乎一节课的时间来创编表演小型音乐剧《狮子王》,仅在最后的几分钟内完成什么是音乐剧的探讨,具体地说就是经过一节课循序渐进的学习,最终形成一个完整的小作品,通过学生自身的表演来理解什么是音乐剧及音乐剧包含了几个主要的元素,教学过程中结合了多种的教学方式,比如柯达伊发声方法的训练、奥尔夫器乐的练习以及达尔克罗兹动作的教学,层层叠加,用容易上手的艺术表现形式汇集而成一个小小的音乐剧作品。

让全班同学共同参与一个小型音乐剧的表演,通过自己的表演来感受一下到底什么是音乐剧,有了亲身的表演,相信若干年后,当他们听到音乐剧三个字的时候肯定还会记得当年在学校里他们曾经也唱过、跳过、演过,对于音乐剧中包含了哪些基本元素,他们可以从自己的实践活动演唱、舞蹈、演奏、表演中快速地找到答案。

实践证明，通过艺术实践活动的体验过程，进一步来了解相关音乐剧知识，既能充分体现以生为本的教育理念，又能快速有效地掌握知识重点，并能让学生在学习中充分享受快乐。

三、《音乐剧歌唱篇》

【课时】

1 课时

【教学目标】

1. 欣赏音乐剧《巴黎圣母院》中的人物唱段及歌曲《Belle》、音乐剧《音乐之声》中的歌曲《孤独的牧羊人》、音乐剧《西区故事》中的歌曲《玛丽亚》及《阿美利加》、音乐剧《俄克拉荷马！》中的歌曲《堪萨斯城》、音乐剧《歌剧院的幽灵》中的歌曲《歌剧魅影》，探究音乐剧中歌唱的音色、形式和方法。

2. 了解音乐剧中歌唱的功用及特性，同时体验歌唱的音色、形式、唱法等对刻画音乐剧中人物形象的作用，理解音乐剧中的演唱与一般声乐作品演唱的不同。

3. 能够积极参与各项艺术实践活动，并作出评价。

【教学重点】

理解音乐剧中不同歌唱方式的作用。

【教学难点】

为音乐剧中的不同人物设计相匹配的歌唱方式。

【教学准备】

多媒体教学设备，课件。

【教学过程】

（一）组织教学

（二）探究音乐剧的歌唱特性

1.简介音乐剧《巴黎圣母院》剧情及人物性格特征

音乐剧《巴黎圣母院》根据世界文学巨匠维克多·雨果的同名小说改编，讲述了一个发生在15世纪法国的故事，巴黎圣母院副主教弗罗洛迫害吉普赛女郎爱斯梅拉达，敲钟人卡西莫多为救女郎舍身。小说表现了雨果对封建政府和教会的强烈憎恨，同时也反映了他对下层人民的深切同情。小说曾多次被改编成电影、电视剧及音乐剧。

思考：音乐剧中主人公爱斯梅拉达、弗罗洛、卡西莫多、腓比斯各具有什么性格特征？

★吉普赛女郎爱斯梅拉达：善与美的化身

★巴黎圣母院的副主教弗罗洛：道貌岸然，内心阴险毒辣

★巴黎圣母院的敲钟人卡西莫多：外表丑陋无比，却有颗善良的心

★侍卫队队长腓比斯：花花公子的本质，攀高枝，享富贵

2.聆听音乐剧《巴黎圣母院》片段

讨论：以下四个唱段分别由音乐剧《巴黎圣母院》中的哪个人物演唱？并简单说明理由。

第一个唱段——敲钟人卡西莫多的演唱：嗓音很独特，粗糙干哑似砂纸磨砺过般的声音与卡西莫多丑陋的外表很般配，声音虽然不美但依然动人。

第二个唱段——吉普赛女郎爱斯梅拉达的演唱：女中音的演唱容易让人联想起同为吉普赛女郎的卡门，女中音能很好地体现流浪者的洒脱、复杂和沧桑感。

第三个唱段——副主教弗罗洛的演唱：强硬而坚决的男高音体现威严的神教人员形象。

第四个唱段——侍卫队队长腓比斯的演唱：气息松弛，音色自然，优

雅的男高音体现出花花公子的形象。

小结：演员在演唱时所运用的嗓音音色等能很好地起到介绍角色的作用，在某个角色开始歌唱时，我们能够对角色的年龄、性格等方面作出判断。

3. 欣赏音乐剧《巴黎圣母院》中的歌曲《Belle》

（1）简介歌曲

音乐剧《巴黎圣母院》于1998年9月16日在巴黎首演，其后在世界许多国家巡演。在法国获得过"最佳演出年度奖""最佳曲目年度奖""最佳世纪歌曲观众奖"。其音乐原声唱片销售达700万张，剧中的单曲《Belle》更是获得世界音乐奖，被众多著名歌手翻唱。

（2）讨论

思考：这首歌的演唱形式是什么？三种不同特征的声音融合在一起有什么样的效果？

小结：这首歌曲是全剧中的一首重量级歌曲，由敲钟人卡西莫多、副主教弗罗洛、侍卫队队长腓比斯三位演员各自的独唱和最后的重唱组成，旋律凝重，力度感强，节奏适中。感情的宣泄从独唱部分的沉重和压抑逐渐过渡，到重唱部分才完全爆发出来。在最后的重唱中，三位演员的音色可谓相得益彰。卡西莫多粗糙晦暗的中音构成基础，两位男高音中，弗罗洛强硬而坚决，在另外两人的音色间形成一个过渡，腓比斯则轻轻地飘浮在上面，三种完全不同的音色构成了一个奇异的和声，每个人的声音都清晰可辨，但又出色地融合为一个整体，形成了惊人的艺术效果。

4. 探究音乐剧中的演唱与一般声乐作品演唱的区别

一般声乐作品的演唱所抒之情是演唱者自己的内心感受，属于主观的抒情性，而音乐剧的演唱必须接受抒情主体（剧中人物）的种种客观条件（例如剧中人的文化背景、性格特征、情感性质以及他所担负的戏剧任务等等）的制约，它必须符合剧中人在这部音乐剧中所处的角色地位及其在此时此地的特殊心态。

5. 体验音乐剧中的歌唱

★演唱音乐剧《音乐之声》中的歌曲《雪绒花》（音乐剧尾声——上校一家在参加萨尔茨堡音乐节时的演唱），注意通过歌声表达上校一家与在场观众对祖国奥地利浓郁深厚的热爱之情。

（三）探究音乐剧中歌唱的功用

1. 判断以下音乐剧片段的演唱形式及演唱方法

（1）音乐剧《音乐之声》中的歌曲《孤独的牧羊人》——女声独唱，介于美声与流行唱法之间的唱法。

（2）音乐剧《西区故事》中的歌曲《玛丽亚》——男声独唱，使用美声唱法。

（3）音乐剧《西区故事》中的歌曲《阿美利加》——群众合唱，两个团伙的群众合唱是清一色的流行唱法，甚至是接近自然声的"喊唱"。

（4）音乐剧《俄克拉荷马!》中的歌曲《堪萨斯城》——小伙子的独唱与群众的呼应性合唱，有一定美声基础又以流行歌曲演唱风格为主的唱法。

（5）音乐剧《歌剧院的幽灵》中的歌曲《歌剧魅影》——男女声对唱，美声唱法（女声）与流行唱法（男声）综合使用。

小结：根据剧情和人物性格刻画的需要，音乐剧可以使用任何合适的唱法，只要符合人物的性格、情感特点就可以了，与歌剧强调以美声唱法为主有着极大的区别。对音乐剧而言，任何一种演唱形式（独唱、重唱、对唱、合唱等等）都是不可或缺的重要表现手段。

2. 分组讨论

提问：这些不同演唱方法和形式的歌曲在音乐剧中起到什么作用?

小结：歌曲在音乐剧中根据剧情发展的需要可能起到戏剧性、抒情性、色彩性的作用。具体就是，演唱可以叙述剧情的发展，抒发演唱角色的内心感情，或是烘托气氛、渲染色彩等等，并通过丰富多彩的演唱形式将其表现出来。

（四）实践活动——为音乐剧《白雪公主》设计人物演唱方式

要求：尝试着从演唱的音色、方法、形式上综合考虑，设计出与每个人物性格、情感特征相符合的演唱方式。

主要人物有：白雪公主和七个小矮人（万事通、爱生气、瞌睡虫、开心果、糊涂蛋、喷嚏精和害羞鬼）、狠毒的皇后。

（五）小结

音乐剧中的歌唱通过演唱音色、演唱方法、演唱形式等多种方式刻画出不同的剧中人物，对介绍角色的性格特征、情感表达起到非常重要的作用。

评析

本课的重点在于了解音乐剧中的歌唱在推动剧情发展及表现人物性格特征等方面所起的作用，同时体验歌唱如何通过音色、演唱形式、演唱方法等的不同，来塑造各种鲜活的音乐剧角色形象，并理解音乐剧中的歌唱与一般声乐作品的演唱的不同。

为更好地达到这些教学目标，选择了音乐剧《巴黎圣母院》中的歌曲《Belle》作为主要的作品来进行分析，选择这个作品的理由是，一方面《巴黎圣母院》的故事情节家喻户晓，学生们都很熟悉，包括故事中每个主要角色的特点及参与的事件也都是学生们日常知识积累里有包含的，因此无须花太多的时间用以分析人物的性格特征，课堂中可以着重用来感受与体验剧中三位男主角歌唱的方法、音色等。以及这些特点与剧中所要塑造的人物形象之间的关系。另一方面，这首歌最大的特色在于，三位不同性格的男士用三种完全不同的音色相互对比、互相叠加，每个人独唱的部分都充分展现了鲜明的个性形象：善良的敲钟人卡西莫多、伪善的副主教弗罗洛、轻浮的侍卫队队长腓比斯，而最后的重唱部分，不同的音色重合在一起不仅没有弱化了人物的个性特征，反而还构成了一个奇异的和声，在声音对比中可以让人更加清晰地感受到他们所要表达的爱完全不同。

第一个教学环节，探究音乐剧的歌唱特性。我们知道音乐剧中的所有元素均与剧情发展及人物形象塑造分不开，歌唱也不例外，这个环节中的欣赏音乐剧《巴黎圣母院》唱段，自然离不开作品中经典人物的特点分析，通过师生对答式的交流，一起思考、讨论小说《巴黎圣母院》的剧情，以及书中主人公爱斯梅拉达、弗罗洛、卡西莫多、腓比斯四人的性格特征，为接下来的音乐作品分析做好铺垫。紧接着节选音乐剧中四个人物最有代表性的演唱片段，用选择题的模式，让学生根据自己聆听完的感受选择出与人物特点相符的音乐片段，并说出理由，可以提示学生从音色、演唱方法等来进行分析，在感受、体验、分析中理解歌唱的方式与剧中人物性格特征塑造之间的关系。

在这个基础上，欣赏本课的重点作品《Belle》，结合之前所做的分析，连同这段奇妙的音响，通过听觉，对歌唱功用有更深层次的理解，并加深记忆。师生共同探究、总结音乐剧中的演唱与一般声乐作品演唱的区别，关注音乐剧中演唱的角色感，并运用于实践——演唱音乐剧《音乐之声》中的《雪绒花》，这个体验活动选择了学生们最为熟悉的作品，可以省去学歌的时间，直接体验歌唱中的角色感。

第二个教学环节，探究音乐剧中歌唱的功用。这些作品的选择是各具代表性的：音乐剧《音乐之声》中的歌曲《孤独的牧羊人》由女主人公独唱，使用约德尔唱法极具独特性，令人过耳不忘，这个场景因为这首歌曲成为不可或缺的必须场面。音乐剧《西区故事》中的歌曲《玛丽亚》抒发了男主人公内心的情感，另外一首歌曲《阿美利加》则描绘了波多黎各青年团伙移居美国后的境遇和内心的不满，音乐剧《俄克拉荷马!》中的《堪萨斯城》虽然只是一个经过性场面，但却因这首歌曲，在全剧中发挥了丰富情节、渲染喜剧色彩、调节戏剧节奏的作用。音乐剧《歌剧院的幽灵》中的歌曲《歌剧魅影》从过门开始就营造了一种紧张、阴森的气氛，而克里斯汀天籁般的歌声与魅影具有神秘感和野性的音色产生了强烈的对比，把两个角色的特点及内心的情绪情感都淋漓尽致地表现出来。当然在引导学生思考时，先从演唱的音色及演唱方法、演唱形式这几个方面进行分析，再进一步结合剧情的发展，探讨歌唱在剧中所起的作用。

最后一个环节，在前面感受、体验、对比、思考的基础上，进行创造活动，为音乐剧《白雪公主》里头的人物形象设计演唱方式，主要也是从学生最容易掌握的音色、演唱方法及演唱形式上入手，结合白雪公主及七个小矮人、皇后的不同特征进行设计，加深学生对本课重点内容的理解、记忆和运用，可以从创作实践中很好地反馈出学生对知识掌握的情况，对课堂的质效做一个很好的观察，同时也是对提升学生创造力、思考力、运用能力做了一次很好的实践。

四、《音乐剧舞美篇》

【课时】

1课时

【教学目标】

1.了解音乐剧中舞台布景的风格特点及人物造型（服装及化妆）的设计，同时欣赏、体验音乐剧中舞台美术的特色与美感。

2.能够积极参与艺术实践活动，为音乐剧《小红帽》设计舞台布景及人物造型，并作出评价。

【教学重点】

了解音乐剧中舞台布景的风格特点及人物造型的设计。

【教学难点】

为音乐剧《小红帽》设计舞台布景及人物造型。

【教学准备】

多媒体教学设备，课件

【教学过程】

（一）组织教学，导入新课

音乐剧的舞台美术主要包含舞台场景、人物造型（服装、化妆）、灯光、道具等等，本课着重介绍舞台布景的风格特点及人物造型的设计。

（二）探究音乐剧舞台布景的风格

1.写实风格——观看四张舞台场景图片：

（1）街垒

（2）迷宫般的结构复杂的剧院地下建筑

（3）直升机停在舞台上

（4）垃圾场

思考：这四张图片分别是音乐剧四大名剧中哪一部的舞台场景？你的判断依据是什么？

小结：

（1）街垒——音乐剧《悲惨世界》

（2）迷宫般的结构复杂的剧院地下建筑——音乐剧《歌剧院的幽灵》

（3）直升机停在舞台上——音乐剧《西贡小姐》

（4）垃圾场——音乐剧《猫》

音乐剧的舞台场景非常逼真，使人一目了然，知晓音乐剧剧情内容所发生的地点及环境，这种仿真的写实风格在音乐剧的舞台美术中占主导地位。

2.写意风格

（老师在黑板上画太阳、月亮、棍子……）

师：在音乐剧《异想天开》中，舞美设计者采用了另一种设计风格来表现舞台场景，大家能猜出老师所画的图案分别代表什么场景吗？

小结：太阳代表白天，月亮代表夜晚，竖立一根棍子代表墙，挂上一段灰绸子代表深秋的冷云……这种显然是采用了写意手法。

讨论：写实风格与写意风格的舞台场景各有什么不同的效果？说说你更喜欢哪种风格的舞台场景？

小结：写意风格——成本低、小制作，换场容易，但是抽象较不容易看懂，视觉效果较差。

写实风格——大投入、大制作，场面豪华，设计精细、制作考究，场次更换频繁，给人以强烈的视觉震撼。

（三）探究音乐剧中的人物造型——以音乐剧《狮子王》为例

1. 了解音乐剧《狮子王》

思考：卡通电影《狮子王》的剧情是什么？剧中都有哪些角色呢？

小结：《狮子王》讲的是小狮子王辛巴遭遇了人生中最艰难的挑战，在众多热心、忠心的朋友们的陪伴和帮助下，它历经种种考验，最终登上了森林之王的宝座，迎来了生命中最荣光的时刻，也在周而复始生生不息的大自然中体验出生命的真谛。

剧中主要角色有辛巴、刀疤、土狼、娜娜、木法沙、丁满、沙祖、朋朋，还有一些小动物等。

一般而言，像《狮子王》这样的故事并不非常适合搬上舞台，最难的地方在于如何将人装扮成栩栩如生的动物们，而且还要让这些"动物们"在舞台上又唱又跳。

讨论：假如你是舞美设计者，你会怎样来设计这些剧中的角色形象呢？提示大家可以从服装、道具、化妆、头饰来考虑……

2. 观看音乐剧《狮子王》剧照

著名导演和设计师茱丽·泰默将主人公的造型分为以下几类：

（1）非洲式面具：如辛巴、木法沙、娜娜等。（加了电动机关，在必要时通过面具的放下和抬起，来表现狮子之间的争斗。）

（2）人偶：如丁满、沙祖、朋朋等。（多重人偶组合的方式主要表现大型动物，如犀牛乃至4米多高的大象等等；操作人偶的演员要一边唱一边控制手中的人偶作出相应的动作，还要通过一定的脸部表情来补充完善角色的情绪。）

（3）皮影：主要是一些小动物，如老鼠等。

小结：音乐剧的舞美艺术根本任务就是为戏剧演出创设一个逼真的视觉空间，无论是舞台场景还是人物形象的塑造都必须随着情节的发展和戏剧冲突的推进创设出种种与之相适应、相匹配、相映衬的戏剧氛围，帮助观众理解剧情，给观众视听感官以强刺激，从而吸引他们的感官。

（四）实践活动——为音乐剧《小红帽》设计舞台场景或是人物造型

从以下场景或是人物形象中任选一项进行设计：

场景：1. 森林中小红帽碰到大灰狼的舞台场景

      2. 奶奶家里的场景

人物造型：1. 大灰狼

        2. 小红帽

        3. 奶奶

要求：任选一项进行设计，可用铅笔画、素描、水彩、国画的形式，或手工制作头饰、面具等，并上色。

（五）小结

评析

本课的重点是了解音乐剧的舞美即舞台美术这一重要元素，主要从舞台场景及人物造型这两方面入手，探究它们在音乐剧中所起的作用及风格特点，感受音乐剧舞台的另一种美感，并能运用于实践当中。

在了解音乐剧舞台布景风格的环节中，选择了四大名剧《猫》《歌剧院的幽灵》《悲惨世界》《西贡小姐》的舞台，无论是《悲惨世界》中的街垒造型及巨大的下水道，还是《歌剧院的幽灵》中的剧场大吊灯及结构复杂迷宫般的剧院地下建筑，或是《西贡小姐》中在舞台上出现的真正的直升机，以及《猫》中不仅将舞台变成一个硕大无比的垃圾箱、还将整个剧场全部变成了垃圾场，使人仿佛亲身处于一个垃圾世界中。这些仿真逼真乱真的舞台场景，给观众视听感官以强烈的刺激，也成为展现音乐剧无穷魅力的重要来源之一。通过对大制作大手笔的四大名剧舞台场景的欣赏、分析及评价，了解音乐剧中舞美元素给观众所带来的巨大视觉冲击和强烈的印象，能令人久久不能忘怀，这些设计精细、制作考究、豪华壮丽，或是如梦如幻、变化万千的舞台，不仅很好地配合了剧情的需要，还将舞台魅力发挥到极致，创设了一个极具剧场魅力的表演空间，使人身临其境，享受视觉盛宴。

同时对比了解了写意风格的舞美制作，相比写实风格的四大名剧舞美，写意风格的制作便捷、简易、场景转换自由，但考验想象力及创造力，对于中学生来说，写意风格的舞美一下子拉近了他们的距离，方便学生在校园音乐剧编创表演中制作舞美元素。

本课另外一个重点是探究音乐剧中的人物造型设计，选择了音乐剧《狮子王》这个作品，可以说完美、新奇的角色服装设计，让人感觉这部剧将一整座动物园搬进了剧场。这个作品通过服装、造型的精心设计，不仅将角色的形象塑造得栩栩如生，更是在动物角色上显现出丰富的人性来，无论是头戴面具或是人偶，演员都不必藏匿在整面的面具后面或者动物的皮囊之中，因为没有面具遮挡面部，观众可以直接领略到演员的面部表情，有助于观众更好地感受角色的情绪情感变化。通过这些生动、精彩的角色形象，可以让学生十分直观地了解，舞台美术对于剧情及人物塑造的重要作用。

最后一环节的实践活动，是将本节课所学的知识重点转化为应用，也是为往后的校园音乐剧编创活动打下基础。为音乐剧《小红帽》设计舞台场景或是人物造型，这个作品不一定是要能表演出来的，而是为学生提供了一个故事情节，这个家喻户晓的童话故事学生们都非常熟识，对于每个故事场景及人物性格特征也十分了解，因此，在创作上比较容易上手。本节课中对于舞台美术的设计、制作形式上并没有太多的要求，让学生可以根据自己的特长和爱好，以及自己的构想，选择一种美术方式来制作，可以是某一个场景，也可以是某一个角色造型，为了让更多的同学能够参与，如果美术基础较弱的同学无法绘制出来，可以鼓励他们用文字或语言来描述自己的想象和创意，重点就在于全员的参与以及学生自身的想法。

五、《音乐剧〈音乐之声〉》

【课时】

1 课时

【教学目标】

1.感受音乐剧《音乐之声》中的三首歌曲《哆来咪》《雪绒花》《孤独的牧羊人》在剧中所表达的不同情绪情感，理解音乐作品对推动剧情发展所起的作用。

2.能有感情地演唱《哆来咪》《雪绒花》，体会音乐剧歌唱的角色感，并感受作品所表达的炽热的爱国情怀。

3.通过聆听、演唱、体验、即兴表演、分析作品等途径，了解音乐作品的艺术特点。

4.乐于参与即兴表演活动，在课堂中和同伴共同展示小小音乐剧作品。

【教学内容】

1.欣赏音乐剧《音乐之声》中的三首歌曲《哆来咪》《雪绒花》《孤独的牧羊人》。

2.有感情地演唱歌曲《哆来咪》《雪绒花》。

3.即兴表演小小音乐剧《孤独的牧羊人》。

【教学重难点】

积极参与表演活动，感受作品所表达的情感。

【教学准备】

多媒体教学设备、提线木偶、吉他、音符卡片。

【教学过程】

（一）组织教学，导入新课

1. 木偶戏表演

请七位同学上台，根据歌曲《孤独的牧羊人》的歌词内容，即兴表演提线木偶戏。播放歌曲《孤独的牧羊人》，木偶出场顺序为：牧羊人、两只小羊、王子、农夫、小姑娘、妈妈。

2. 讨论：你在哪里见过这个场景吗？（电影《音乐之声》）

电影和音乐剧有什么不同？（电影的场地比较丰富，可以是户外、室内等真实的场地；音乐剧只能在舞台上表演，用美工搭建场景。电影有演员特写，看得到细节，音乐剧观众离演员有一定的距离。电影可以同时在世界各地的电影院播出，音乐剧只能在剧场演出，同一套演员要分期进行世界巡演……）

（二）了解音乐剧《音乐之声》

1. 简介作品

音乐剧《音乐之声》创作于 1959 年，由音乐剧大师理查德·罗杰斯和奥斯卡·汉姆斯特恩二世根据《托普家族的歌手》改编。1965 年，美国音乐巨匠罗伯特·怀斯将《音乐之声》搬上电影大屏幕，荣获第三十八届奥斯卡最佳导演、最佳影片、最佳配乐等五项大奖，从此，这个故事和音乐家喻户晓。

2004 年百老汇音乐剧《音乐之声》首次登陆中国，在北京、香港、上海、杭州、宁波、沈阳等城市巡回演出，获得巨大成功，其中仅在香港就演出 90 场，在上海演出 35 场，上座率达到 98%。其中抒情柔美的《雪绒花》、活泼轻快的《哆来咪》、具约德尔山歌特色的《孤独的牧羊人》这三首歌曲让人们留下了深刻的印象。

2. 简介故事内容

音乐剧《音乐之声》的故事发生在 1938 年的奥地利，善良、活泼的修女玛利亚成了海军上校冯·特拉普家的家庭教师。上校自从妻子去世后，对待孩子们像管理军队一样特别严厉，七个孩子个性叛逆。玛利亚照顾着七个孩子，在这期间发生了许多有趣的故事，她教会孩子们游戏、唱歌，用她的乐观改变了这一家。虽然冯·特拉普上校冷漠严厉，但最后还是被纯洁的玛利亚所感化，两个人终于结婚，可惜的是，他们并没有从此过上安静幸福的生活，此时恰逢德国纳粹占领了奥地利，一家子和和睦睦的生活被打破了。上校带着孩子们在萨尔茨堡音乐节上合唱了《雪绒花》，深爱家国的情怀感人至深，最终，他们全家利用这次表演的机会逃出了纳粹的魔掌。

（三）表演唱《哆来咪》

1. 跟着录音演唱歌曲《哆来咪》

2. 师生对唱歌曲

歌曲的前半部分，由老师跟全体同学用对唱的形式演唱，后半部分全班分成 7 个小组，分别演唱对应的七小句。

3. 分组表演

7 个小组每组选一个组长，分别拿着 do、re、mi、fa、sol、la、si 七张卡片中的一张，当歌词唱到自己小组这个音时，组长站起来，高举卡片，其他本组同学在自己的位置上根据歌词内容边演唱边做个造型。

Do——灵巧的小鹿

Re——金色阳光照

Mi——我呀我自己

Fa——向着远方跑

Sol——穿针又引线

La——跟在 Sol 后面

Si——喝茶吃糕点

4. 讨论

（1）玛利亚为什么用形象的比喻来教孩子们唱歌呢？

小结：让学习变得更加的有趣，在相互配合中注意力可以更集中……

（2）你们知道这首歌是在音乐剧当中的哪个场景中演唱吗？

小结：趁着上校不在家，玛利亚用旧窗帘给每个孩子缝制了游戏服，带着他们到市场游玩，在美丽的阿尔卑斯山上野餐，教会了他们演唱这首歌曲。

（3）这首歌曲在剧中起到什么作用？

小结：通过学唱这首歌曲，在游戏中，孩子们原有的拘谨和忧郁渐渐地被音乐和笑声代替了，跟玛利亚更加亲近了。

（四）表演唱《雪绒花》

1.简介歌曲

（1）朗诵歌词

（2）思考：歌词表达了什么思想内涵？

小结：这首歌的歌词是一首优美的小诗，歌词不长，却情深意远，赞扬雪绒花的美丽，也希望这小而白洁又亮的小花保佑自己的祖国永远平安、顽强。

2.欣赏剧中的两段《雪绒花》

片段1：上校在家中弹着吉他为孩子们演唱《雪绒花》。

片段2：上校一家参加为德国军官举行的音乐会，上校弹起了吉他，唱起了奥地利民歌《雪绒花》，当他哽咽着唱不下去时，玛利亚和孩子们走上台和他一起演唱，他们深情的歌声深深打动了在场的奥地利观众，所有人激动地和他们一起演唱这首歌曲。

思考：不同的故事情节、不同的场景中，演唱同样的一首歌曲，人物所表达的情感一样吗？（第一次表达的是对大自然、对生活的热爱，一种乐观向上的生活态度；第二次表达了对祖国奥地利浓郁深厚的热爱之情。）

3.用两种不同的情感分别演唱歌曲《雪绒花》

（1）讨论：通过音乐要素分析作品的特点。

小结：这是一首抒情歌曲，三拍子，中速，曲调优美，大调式，带再现的二段体结构，共四个乐句，第二乐段的乐句是第一乐段第二乐句的再现。

（2）全班尝试用两种不同的感情分别演唱歌曲。

（3）请两个小组的同学上台即兴表演不同场景中的《雪绒花》。

第一个场景：家中，上校拿着吉他和孩子们一起弹唱。

第二个场景：音乐会中，上校一家演唱歌曲，台下观众一起演唱。

（五）小小音乐剧《孤独的牧羊人》

1. 跟着录音演唱歌曲《孤独的牧羊人》

要求：能用轻松、活泼的声音和幽默、欢快的情绪演唱歌曲《孤独的牧羊人》。

2. 分小组尝试设计表演形式。

全班按座位分成四个大组，由小组长负责。

★角色：牧羊人、王子、小姑娘、挑担的行人、旅店的客人、姑娘的妈妈、若干"小羊"。

★场景："山顶""小桥上""旅馆"等等，使用教室中的积木凳自己搭建场景。

★情节：根据歌词内容，由学生自主设计具体表演情节，注意与音乐的配合，能边唱边表演，鼓励配上舞蹈或者生活化的动作。

★背景音乐：歌曲《孤独的牧羊人》的伴奏音乐。

注意点：在扮演角色表演的过程中，通过体会角色的性格特征、情感性质以及他所担任的戏剧任务等，根据剧中人在其中所处的角色地位及其在此时此地的特殊心态，调整自己的演唱情绪和音色，编配上合适的动作表演。

3. 各小组交流表演

（六）小结与评价

评析

音乐剧《音乐之声》是一部经典的美国百老汇音乐剧作品，主要角色有家庭女教师玛利亚、冯·特拉普上校以及他的七个孩子，在这部剧中，有不少经典的唱段，都拥有优美的旋律，它们的艺术魅力深深打动人心。本课选择了学生们最为熟悉的三首歌曲《哆来咪》《雪绒花》《孤独的牧羊人》，通过木偶表演、聆听、对比、演唱、创作、即兴表演等途径，让学生们亲身体会这些作品所表达的不同情感，让他们在体验的过程中理解音乐作品对促进剧情发展的作用。

我们都知道，音乐剧《音乐之声》被制作成电影，随之成为全世界最受欢迎的影片之一，对于学生们来说一定不陌生，因此，本课的导入部分由电影与音乐剧版本的《音乐之声》作对比，了解音乐剧中的舞台歌舞场景与电影中的利用实景与内景相结合的手法之间在视觉上的不同，感受室内性的故事如何放大为交响性的戏剧，体会音乐剧与电影不同的光彩。并选择了最有童趣的《孤独的牧羊人》这个片段，让学生们在音乐声中根据歌词内容即兴表演木偶戏，从一开始就激发了学生的兴趣和参与热情，在愉快的氛围中开启本节课的学习。

在了解音乐剧《音乐之声》的成就及故事情节之后，重点体验《哆来咪》《雪绒花》《孤独的牧羊人》这三首歌曲的特点及在剧中的作用。首先，《哆来咪》这首歌曲是玛利亚开始给孩子们上的第一堂音乐课，她用个歌声告诉孩子们，音阶中的七个音就是一切音乐和歌唱的基础，在玛利亚的努力下，孩子们原有的拘谨慢慢地被歌声和欢乐所代替。因此，这首歌曲的教学要注重表现演唱时轻松、欢快、自然的感觉，用师生对唱的形式及学生们根据每组歌词的意思设计表演造型，来激发孩子们的学习兴趣，每组的造型"比拼"更能激发他们的创造力和想象力，并能在其中享受乐趣。

而本课《雪绒花》的演唱教学重点在于如何准确地表达歌曲的内在情感。《雪绒花》可以说是全剧的灵魂歌曲，是整部音乐剧中流传得最为广泛的歌曲之一，虽然歌词简单，旋律平和，但是这首歌曲却深深蕴含着浓浓的爱国情怀，因此，如何饱含深情地演唱这首歌曲，是这个环节的重点。本课在分析作品的基础上，运用对比及教育戏剧的方法，让学生在不同的场景中，体会此时此刻此景中，角色内心的不同感受，带着角色的情感情绪演唱这首《雪绒花》，两种不同氛围的场合表达出不同的情感，在这样的情境中，最容易触动内心的感情，学生们就能深刻理解演唱与剧情之间密不可分的关系了。

最后一首歌《孤独的牧羊人》首尾呼应，再次用表演的形式来体验这首歌曲的特点，但这次的表演是每位学生的即兴表演，根据歌曲中出现的角色，自由创编简单的故事情节，并用教室内现有的道具搭建简易场景，现场合作表演小小音乐剧，在相互合作中感受歌曲对交代剧情所起的作用。

六、《永不落幕的回忆——〈猫〉》

【课时】

1 课时

【教学目标】

1.欣赏音乐剧《猫》中的歌曲《若腾塔格》、歌曲《幸福时刻》、舞蹈《杰里克舞会》、舞蹈《神奇的密斯达弗利斯先生（魔术猫）》及三个舞蹈片段，感受体验音乐剧中音乐、舞蹈等各要素的艺术特征。

2.通过音乐剧《猫》初步了解音乐剧中戏剧、音乐、舞蹈、舞美等要素的功用。

3.能够积极参与课堂中的各项实践活动，并作出评价。

4.探究音乐剧《猫》获得成功的原因。

【教学重点】

了解音乐剧《猫》中各个要素的特征。

【教学难点】

分析音乐剧《猫》为何有如此大的世界影响力。

【教学准备】

多媒体教学设备，课件

【教学过程】

课前播放舞蹈《杰里科舞会》

（一）组织教学，导入新课

1.讨论：（1）课前播放的视频片段选自哪部音乐剧？（《猫》）

（2）你对音乐剧《猫》了解多少？

2.了解音乐剧《猫》的一组数据

思考：为什么《猫》能具有如此大的世界影响力和成绩呢？

★ 1981 年 5 月 11 日《猫》在英国伦敦新伦敦剧院正式上演，于 2002 年 5 月 11 日在这座剧院做闭幕演出，历时 21 年，成为当时英国戏剧史上演出时间最长的剧目。

★ 1982 年 10 月 7 日，《猫》在纽约百老汇冬日剧院上演，于 2000 年 9 月 10 日在这座剧院做闭幕演出，历时 18 年，成为当时美国戏剧史上演出时间最长的剧目。

★《猫》的全世界票房利润至少在二十亿美金之上。

★至少有十一个剧团，用八种语言灌制过《猫》的音乐。

★《回忆》成为现代音乐中的经典。这一首歌曾被录制过六百次以上，至少有 170 名歌手演唱过，包括世界闻名的芭芭拉·史翠珊、莎拉·布莱曼等。

★英国演员灌制的《猫》在 1982 年获得格莱美最佳唱片奖，百老汇演员灌制的《猫》音乐在 1983 年获得此项奖项。

★获 1981 年劳伦斯·奥利佛奖中的"最佳音乐剧杰出成就奖""年度特别奖（编舞）——吉莉安·林恩"。

★获 1981 年标准晚会奖中的"最佳音乐剧奖"。

★获 1982 年托尼奖中的"最佳音乐剧奖""最佳剧本奖——托马斯·斯蒂恩·艾略特""最佳作曲奖——安德鲁·劳埃德·韦伯""最佳作词奖——托马斯·斯蒂恩·艾略特""最佳导演奖——特雷沃·努恩""最佳音乐剧女演员奖——贝蒂·布克莱""最佳服装奖——约翰·纳皮尔""最

佳灯光奖——大卫·赫西"。

★获 1983 年戏剧舞台奖中的"最佳音乐——安德鲁·劳埃德·韦伯""最佳服装——约翰·纳皮尔""最佳灯光奖——大卫·赫西"。

★在纽约获得外界评论奖项中的最佳音乐剧奖。

（由学生畅所欲言，老师不急于总结，让学生带着问题进行以下环节的学习。）

（二）介绍音乐剧《猫》的戏剧元素

1.讨论：谁能说说音乐剧《猫》讲述的是什么故事？

小结：《猫》与其他音乐剧最大的不同就是它没有完整的故事情节，也没有设定一个或两个特别重要的角色，而是将剧情分散到各个猫儿身上，每个角色都有一段独立的情节，不同的猫有不同的个性，当然其中的一只老猫格里泽贝拉是全剧中心思想的最集中体现。

另一个与众不同的是，《猫》的剧本不是委约哪一位剧作家写作的，而是取材于英国诗人托马斯·斯特尔斯·艾略特（Thomas Sterns Eliot）的诗集《擅长装扮的老猫经》，这部诗集是艾略特为儿童创作的。

音乐剧作曲家韦伯小时候就对这部诗集充满着浓厚的兴趣，为了完成自己的愿望，他找到导演努恩合作，把这样一部儿童童话诗集搬上舞台。

※ 小花絮：起初，韦伯要创作音乐剧《猫》的想法遭到了大多数人的反对，大家都认为这样的诗作无法完整表达剧情，而在音乐剧中剧情是一个重要的因素，但韦伯始终相信，音乐剧可以不用剧情来打动人，他找来一批能人——导演、舞蹈、服装设计师等等，开始排练，可大家依然对《猫》的前景并不看好，直到演出前的最后一天，剧团也没有筹集到足够的投资，剧院的老板甚至想要违约退出，当然，后续的情况大家都十分清楚，音乐剧《猫》的首演十分成功，成了众人瞩目的音乐剧，当年哪些忐忑不安的为音乐剧《猫》投资的人，收获了几百、几千倍的回报。

2.简介剧情

剧中讲述了这样一个故事：在一个月色中的垃圾场，杰利柯猫群聚集在一起，召开每年一场的家族庆贺会，每只猫通过歌声与舞蹈介绍自己，舞会结束后将有一只猫被选送到九重天获得重生。最后，当年曾经光鲜照人如今却无比邋遢的"魅力猫"格里泽贝拉以一首《回忆》打动了现场所有的猫们，成为可以获得重生的猫。

这部音乐剧共有 36 只形象性格各异的猫，都有英文名字，2003 年来中国演出时，为了让中国观众能更直观地欣赏，上海大剧院特地请了几位专家将其中最主要的十五个角色根据性格特征的不同，分别起了中文名字，如领袖猫、英雄猫、魅力猫、摇滚猫、小偷猫、富贵猫、超人猫、魔术猫、火车猫、邪恶猫等等。

（三）感受音乐剧《猫》中的音乐元素

1. 简介《猫》的音乐

音乐剧《猫》的音乐好听、吸引人，全剧将近三个小时，共有二十三首乐曲组成，主要包含歌曲和配合不同舞蹈场面的器乐曲，其中的主题曲《回忆》更是成了现代流行音乐的经典之作，获得了许多奖项，成了音乐剧《猫》的招牌和象征了。

※ 小花絮：据说离首映式的日期很近时，导演拿恩仍对剧中高潮部分的歌曲不满意，他觉得感情不够强烈，他需要一首更能让观众投入的作品。于是韦伯又花了整整一晚上的时间，写出了一首新曲子，第二天早晨，韦伯弹奏了自己的新作，拿恩听完后，对旁人说："我请你们记住现在的日子和时间。因为你们现在听到的，就是下一个能称为传奇的乐曲。"这个曲子，就是后来在音乐剧史上流传得最广的《回忆》。

可在当时，它还只是一段旋律而已，并没有歌词，在离首演仅剩几天时，拿恩决定自己来写歌词，它花了整整一个星期的时间重新读过艾略特的诗集，借用了其中的《风夜狂想曲》和《Grizabella，魅美的猫》作线索，不但创作出动人心弦的《回忆》歌词，也更明确了整部音乐剧《猫》的主题。魅力猫在《回忆》里表白了她在外面世界所受的痛苦，倾诉了她所永远失去的快乐和美丽的日子，以及她归家的渴望。

格里泽贝拉猫（Grizabella）的最初扮演者是英国著名女演员朱迪·登切（Judi Dench），后来她在排练期间患上了严重的跟腱炎，所以才不得不在首演前五天替换了著名的伊莲·佩吉（Elaine Page）来担任这个角色。伊莲·佩吉在扮演了"格里泽贝拉猫"后大红特红，成为音乐剧舞台上的常青树，如今她已被认为是音乐剧舞台上的第一夫人。

2. 欣赏歌曲《若腾塔格》（The Rum Tum Tugger）

思考：（1）这是什么风格的音乐？（摇滚乐）

（2）摇滚乐风格的音乐让你感觉这是一只什么性格特征的猫？他的表演能让你想起哪位歌星？（摇滚歌星猫王普莱斯里……）给这只猫取个名字。

小结：音乐剧中的音乐很好地刻画了人物的性格特征。

尝试着表现若腾塔格的表演。

3. 欣赏歌曲《幸福时刻》（The Moments of Happiness）

这是第二幕开始部分老狄尤特若纳米（领袖猫）颇有感触地向"少年不知愁滋味"的小猫们讲起了幸福的含义时所唱的歌，他告诉小猫们，幸福不光只是现在的感受，它还包括了过去值得回忆的时光。

思考：（1）老狄尤特若纳米的演唱方法是什么？

（2）为什么老狄尤特若纳米使用了标准的歌剧男中音唱法？（男中音的音色雄浑、威严，最能表现地位尊贵之人或年长者，而尊贵与年长正是领袖猫的特征，他充满智慧和经验。）

（3）这段音乐给你什么样的感觉？（平静、祥和、慈父般的感觉。）

尝试着模唱其中的歌曲片段，注意音色的模仿。

除了歌曲之外，音乐剧《猫》中为了配合不同的舞蹈片段而创作的不同风格的舞曲也堪称经典：有高雅且柔美的芭蕾舞曲，还有热情奔放的摇滚舞曲等等。

小结：《猫》用不同风格的音乐、歌唱来抒发人物的情感、表现人物的性格及内心活动，艺术表现力很强，人物形象鲜明丰满，看似独立的歌曲同其他音乐段落有机结合成一个完整的音乐表现体系。

（四）欣赏音乐剧《猫》中的舞蹈元素

音乐剧《猫》中的舞蹈和音乐一样特别出彩，为了更好地表达故事情节及角色特点，编导们用了大量的舞蹈场面来表现不同猫的不同性格和特征。既有典雅华丽的芭蕾舞，又有动感活泼的爵士舞，还有轻松欢快的踢踏舞、现代舞等等，对于舞蹈元素的使用，别具匠心，不拘一格，觉得怎么好看就怎么来编，没有任何条条框框。尤其课前播放的那段长达十几分钟的"杰里克舞会"的舞蹈，场面宏大，热闹而不凌乱，让人看了激情澎湃。

1.讨论：舞蹈《杰里克舞会》给你留下最深刻的印象是什么？

（充满激情的序曲音乐；舞会的舞蹈形式多种——独舞、双人舞、群舞交叉出现，每只猫的舞蹈动作都不尽相同，个性十足……）

思考：这是一段什么风格的舞蹈？（现代舞）

2.欣赏舞蹈《神奇的密斯达弗利斯先生（魔术猫）》（舞蹈加魔术表演）

思考：这是一段什么风格的舞蹈？（芭蕾舞）

小结：这段纯正的技巧高超的芭蕾舞是全剧中最精彩的独舞，演员在现场需要连贯地完成一系列高难度动作，之前魔术表演中的"烟火特技"现场效果相当火爆，很好地调动了观众的情绪，为即将到来的全剧高潮"预热"。

3.对比欣赏三个舞蹈片段

讨论：三段舞蹈分别是什么风格的舞蹈？各表现了猫的什么特征？

（1）白猫的舞蹈——现代芭蕾舞，典雅的舞姿、高难度的技巧动作让我们体会到了一种纯洁无瑕的美，表现出白猫纯洁善良的心灵。

（2）老甘比猫珍妮点点的舞蹈——踢踏舞，轻松活泼的踢踏舞体现了保姆猫风趣幽默、天真活泼的性格特征。

（3）三只年轻母猫的舞蹈——爵士舞，欢快热烈。

小结：《猫》的舞蹈风格多样，每只猫都有代表自己特征的舞蹈动作，个性十足，演员们的表演也相当精彩，《猫》剧的成功在相当大的程度上要归功于吉利安·莱尼成功的舞蹈编排。

（五）探究音乐剧《猫》中的舞美元素

音乐剧《猫》的舞台也是极为精彩，它的设计理念是"从猫儿眼里看到的世界"。

1. 化妆（欣赏音乐剧《猫》中 36 只猫的图片）

在音乐剧《猫》中最难的就是如何用人来表现动物的形象，所以化妆在这点上显得尤为重要。全剧共有 36 只猫，每只猫的地位和性格特征都各不相同，为了突出这些特点，他们的化妆也是五花八门、各具特色、形态各异，力求做到逼真。而《猫》中的服装也是按照各个猫儿的形象特点来设计的，共有二百五十多套，形象、真实地绘出了不同性别、不同年龄、不同地位的猫的肤色和皮毛、花纹，同时结合了人类的因素，绝大多数服装都是柔韧有弹性，且易于移动，同时带有强烈的舞蹈特质，方便演员舞蹈。每位演员都被画了猫脸，与其身份相符，再配上三十多个不同颜色和质感的假发，生动地装扮出一只只不同性格特点的猫儿来。

2. 道具（欣赏不同角度的垃圾场场景图片）

讨论：从图片中你能发现什么东西？它们都有什么特点？

小结：音乐剧《猫》中共有 2500 件道具，剧中的垃圾场场景，使用了 1500 件由牙膏筒、碎碟子、坏信用卡、可乐罐、废旧轮胎、废弃的汽车等组成的各类垃圾道具，还有几根可供猫儿们爬进爬出的水管通向舞台外部。同时，剧场中的一切物品都按猫眼中的尺寸放大，比实际大三倍。台上还有一座天桥，重达 5 吨，供猫儿们玩耍嬉戏，演出时桥下还会有工作人员躲在里头控制烟雾及灯光，变出"魔术猫"。同时在观众席当中，还秘密设置了一些进出口，演出时会不时有猫儿蹿进蹿出，让观众感到惊喜，因此被人们称为是"最令人意外的舞台"。

3. 舞台布景

（1）欣赏开场的舞台布景图片

开场时黑暗中金色的猫眼一起闪耀，然后慢慢消退，一轮诡异色彩的明月悬挂在舞台后方。

（2）欣赏《踏上云霄之路》视频片段

结尾部分——通往九重天这一段，从舞台上方降下的一座巨型的阶梯，让获得重生的魅力猫登上重生的道路，这些舞台效果可以说是到了登峰造极的地步了，对剧情的表达及人物的塑造都起着非常重要的作用。

（六）讨论

为什么音乐剧《猫》能具有如此大的世界影响力和成绩呢?

（鼓励学生根据本课前几个环节所掌握的知识及原有的知识经验畅所欲言。）

（七）小结，演唱歌曲《回忆》

师：让我们在《回忆》的歌声中结束本堂课，愿经典音乐剧中的经典之作成为每个同学心中永不落幕的回忆……

备注：小花絮的内容作为补充材料，视时间而定，可酌情删减。

评析

音乐剧《猫》是一部没有完整剧情、几乎没有台词的音乐剧，每个角色个性鲜明，具有不同的性格和特别的名称，这些性格迥异的杰里科猫聚集在一起，在舞会庆典中选出一只最有资格获得重生的猫。可以说这部音乐剧从歌曲、舞蹈、服装、舞美等方面都达到了极高的水准，为音乐剧开辟了一块新天地。每只猫的角色无论舞蹈还是演唱都尽显个性，充满了生气和感染力。

本课从音乐剧《猫》的戏剧、音乐、舞蹈、舞美四大要素入手，全方位了解《猫》的艺术魅力，当然，整部音乐剧中艺术形式和种类丰富多彩，又各具特色，可选择的素材特别多，因此在分析音乐剧四大要素时，按先总体再局部的顺序，让学生对整部音乐剧的特征有一个整体的概念，然后再选择部分个性突出的"猫"的角色，分析其性格特征与音乐表现要素之间的关系。

首先，通过一组数据的展示，让学生了解音乐剧《猫》的世界影响力，进而激发学生探究《猫》之所以如此成功的原因，由此开启本堂课《猫》剧音乐要素分析的旅程。在戏剧元素方面，从它的没有完整的故事情节、每个角色都有一段独立的情节、不同的猫展示着不同的个性入手，了解音乐剧《猫》与众不同的地方，取材于英国诗人艾略特为儿童创作的诗集《擅长装扮的老猫经》，以及它所讲述的故事，让学生对整部音乐剧的情节有个大体的认识。

在音乐元素上，选取了"摇滚猫"和"领袖猫"的片段，一方面，摇滚乐对于学生来说较为熟悉，容易分析出音乐的特征与猫的形象、个性之间的关系，另一方面，"领袖猫"的片段所表达出的幸福的含义，是值得每一位同学学习和思考的。音乐剧《猫》用不同风格的音乐及演唱来抒发人物的情感，表现角色的性格特征及内心活动，每一首歌曲看似独立，却是有机地结合成一个整体，艺术表现力很强。

舞蹈元素中，整部音乐剧可以说是姹紫嫣红、纷然杂陈，用不同的舞蹈种类描绘出或诙谐、或哀怨、或激情、或古典、或优雅的场面，交相辉映，展现出风格各异的猫的形象。本课中精选现代舞、芭蕾舞、踢踏舞、爵士舞等舞蹈片段，既让学生了解《猫》剧的舞蹈风格多样，又能了解每只猫都个性十足，有代表自己特征的舞蹈动作，可以说音乐剧《猫》的成功在相当大的程度上要归功于舞蹈编排。

最后的舞美元素，主要从化妆、道具、舞台布景等方面进行了解，全面了解这部剧如何用人物来表现"猫"的世界，如何向观众展示"猫眼"里的世界。最后师生探讨《猫》剧成功的原因，在这部剧最著名的唱段《回忆》中结束课堂，同时紧扣主题，愿音乐剧《猫》成为同学们心目中永不落幕的"回忆"。

七、《音乐剧〈约瑟夫与神奇彩衣〉》

【课时】

1 课时

【教学目标】

1. 了解音乐剧《约瑟夫与神奇彩衣》的相关知识。

2. 能用轮唱的形式演唱歌曲《每个梦都会实现》，表演该片段的情境。

3. 欣赏歌曲《关起每一扇门》，体会作品所要表达的情绪情感。

4. 设计"神奇彩衣"，并能用多种美术形式制作出来。

【教学内容】

1. 情景演唱《每个梦都会实现》。

2. 欣赏歌曲《关起每一扇门》。

3. 制作"神奇彩衣"。

【教学重、难点】

乐于参与课堂中的每一项实践活动。

【教学准备】

多媒体教学设备，相关课件，钢琴。

【教学过程】

（一）组织教学，导入新课

梦想交流会：由老师先跟大家说说自己的梦想故事，鼓励同学们，相信只要大家愿意付出努力，每个人都能实现自己心中的梦想。

邀请几位同学交流下自己的梦想故事。

（二）情景演唱《每个梦都会实现》(Any Dream Will Do)

1. 欣赏音乐剧《约瑟夫与神奇彩衣》中的选段《每个梦都会实现》

讨论：这首歌曲的演唱形式是什么？表现了什么剧情？

　　小结：演唱形式是对唱、轮唱。表现的是音乐剧开场部分，在听讲会上，实现了梦想的约瑟夫走进了演讲厅，唱着这首歌曲，与现场的孩子们用歌声一起"交流"。

　　2. 律动游戏

　　（1）节奏卡农练习：以小组为单位，分两列，第一列先创编节奏，第二列缓一个小节进行卡农形式的接龙。

　　（2）设计声势动作，并用卡农的形式传递。

　　3. 学唱歌曲《每个梦都会实现》

　　（1）视唱二声部曲调

　　（2）朗读英文歌词

　　（3）学唱歌曲直至熟练

　　4. 情景演唱《每个梦都会实现》

　　由一位同学扮演约瑟夫，其他同学围坐在一起，由"约瑟夫"领唱，其他同学用轮唱的方式配合。

　　可由几个同学分别扮演约瑟夫，评选出情感表达最到位的表演者。

　　（三）了解音乐剧《约瑟夫与神奇彩衣》

　　1. 简介作品

　　音乐剧《约瑟夫与神奇彩衣》是一部摇滚儿童剧，也是著名音乐剧作曲家韦伯专门为学校的孩子们创作的音乐剧。作品于 1968 年 3 月 1 日在伦敦首演，第一个版本只有 20 分钟的长度，5 年后增加到 40 分钟长度的第二个版本在威斯敏斯特中央剧场上演，之后作曲家意识到有必要将"约瑟夫"改编成一部结构完整的音乐剧，1973 年在伦敦首演时，该剧已经达到了 90 分钟。这是一部完全用歌唱而没有说白的音乐剧，故事在大合唱的歌声中展开，整部剧音乐形式活泼丰富，有摇滚乐、乡村音乐、歌舞小品、法国民谣和西印度风格的小调等，该剧终于一炮而红，每年都有数不清的业余学校剧团演出约瑟夫的故事。1981 年 11 月该剧在百老汇首演，并于 1992 年获得劳伦斯·奥利维亚（Laurence Olivier）奖的最佳场景设计和最佳服装设计奖。

2. 简介剧情

靠着牧羊为生的雅各有 12 个儿子，当中他最宠爱的儿子叫约瑟夫，有一天，雅各为约瑟夫买了一件五颜六色的彩衣，却招来了约瑟夫哥哥们的嫉妒，他们便把约瑟夫卖到了奴隶市场，就这样约瑟夫被人带到了陌生的埃及，历经重重磨难。在一次机遇中，约瑟夫的聪明智慧受到了法老的赏识，他不仅重获新生，还拯救了灾荒中的国家，因此他成了"埃及第二"。最终善良的约瑟夫原谅了曾经对他不义的哥哥们，而当年的错误也已经使他们后悔不已，一家人又重新团聚。

（四）欣赏歌曲《关起每一扇门》

1. 欣赏音乐剧选段《关起每一扇门》

思考：这个选段表现的是什么场景？演唱形式是什么？表达了什么情绪和情感？

小结：这个选段表现的是被人陷害关进监狱的约瑟夫感到失望和沮丧，但他并不绝望，相信自己的梦想终有一天会实现。约瑟夫和孩子们用对唱的形式来演绎，表现出他乐观开朗的天性。

2. 再次聆听音乐

体验六拍子的律动感，分小组自主设计不同的声势动作，并合作表现多声部的声势动作。

3. 配乐诗朗诵

跟随着《关起每一扇门》的音乐朗诵部分歌词，注意表现约瑟夫相信自己梦想一定能实现的决心。

（五）设计制作"神奇彩衣"

根据自己的想象，设计一款"神奇彩衣"。

运用自己擅长的美术表现形式，比如中国画、水粉画、水彩画、手工制作、电脑绘画等。

注意关键词:"神奇""彩衣",鼓励创作出新颖、与众不同的作品,下节课展示交流。

(六)小结

评析

本课融合了音乐与美术课的内容,根据音乐剧综合多种元素的特点,协同多学科教学,融合运用,鼓励学生多角度感受体验音乐剧作品,提升审美感知及艺术表现力。

该剧以女教师在一家小学的期末晚会上以讲述故事的形式展开,展现了雅各布最宠爱的儿子约瑟夫的一生。从标题中可以看出,神奇的七色彩衣是一个很重要的元素,在音乐剧中,设计师们充分运用了各种基色,加以无尽的变化,使得服装道具的颜色随着剧情的发展而不断变化,又始终保持协调一致。根据这一特点,本课加入美术设计环节,充分发挥学生的想象力,不仅提倡在五彩衣外形设计上有所创新,也鼓励学生运用自己最为熟悉的美术表现形式来展现自己的作品。在设计与制作过程中,加深对作品的了解。

而在音乐教学部分,侧重学习演唱歌曲《每个梦都会实现》及欣赏歌曲《关起每一扇门》,在演唱及欣赏的基础上,坚定一种信念:相信只要大家愿意付出努力,每个人都能实现自己心中的梦想,培养一种积极向上的品格。

本课的难点在于二声部轮唱作品《每个梦都会实现》(Any Dream Will Do)的学习,为了让学生更好地掌握轮唱的演唱技巧,通过节奏卡农练习及声势动作卡农式的传递,逐步深入学习,直至掌握,这种游戏式的学习可以很好地激发学生的学习兴趣,并能较好地解决学习上的难点问题。再通过朗诵英文歌词、情景式演唱,加深学生对作品意境及内涵的理解。

歌曲《关起每一扇门》的演唱难度较大,因此以欣赏为主,在自主设计不同声势动作体验六拍子的律动感,并合作表现多声部的声势动作基础上,通过配乐朗诵歌词,体会作品所要表达的思想内涵——相信梦想一定能实现。

这部深受孩子们喜爱的音乐剧，在教学中注重兴趣及创造力的培养，充分发挥孩子们的天性，在活跃的课堂气氛中完成各项实践活动，同时也坚定了信念，为了梦想，唯有通过坚持不懈的努力。

八、《悲天悯人的史诗型音乐剧——〈悲惨世界〉》

【课时】

1 课时

【教学目标】

1. 了解音乐剧《悲惨世界》的历史文化背景及其思想内涵。

2. 通过演唱、聆听、欣赏音乐剧片段，理解音乐剧如何通过艺术手段来刻画作品的人物形象、推进剧情发展、塑造精神内涵。

3. 能有感情地演唱歌曲《云中的城堡》，体会歌曲《向下看》及《你可听见人们在歌唱？》所表达的情感。

4. 理解《悲惨世界》中不同的人物特征，感悟作品用赞美和宽容来接受不同的人性特点。

【教学内容】

1. 了解音乐剧《悲惨世界》的相关知识。

2. 学唱歌曲《云中的城堡》（Castle on a Cloud）。

3. 欣赏歌曲《向下看》（Look Down）。

4. 欣赏歌曲《你可听见人们在歌唱？》（Do You Hear the People Sing？）。

【教学重难点】

体会音乐剧作品的思想内涵是如何通过艺术手段表现出来的。

【教学准备】

音乐剧相关音频、视频材料。

【教学过程】

（一）组织教学

欣赏音乐剧《悲惨世界》各国海报。

讨论：说说你所了解的文学巨著《悲惨世界》，海报上的人物形象是小说中的哪个人物形象？这部小说所蕴含的思想内涵是什么？

小结："珂赛特"的形象是音乐剧《悲惨世界》的注册商标，源于 18 世纪一位艺术家的一幅雕刻作品，后被伦敦一家广告公司借作《悲惨世界》的独有标志而沿袭下来。《悲惨世界》每到一座城市演出，就会有一个极富当地特色的"珂赛特"形象出现。

大文豪雨果的文学巨著《悲惨世界》，蕴含着对人类的理想追求：正义、平等和人道主义。小说刻画生死离散的情节，塑造贪婪邪恶的角色，剧情哀伤沉重，表现出悲天悯人的博爱精神。

（二）了解音乐剧《悲惨世界》

1. 简介音乐剧《悲惨世界》

音乐剧《悲惨世界》诞生于 1978 年的法国，改编自法国文学巨匠雨果同名小说，首演于 1980 年，1985 年被改成英文版登上伦敦舞台，1987 年亮相美国百老汇，是当今世界音乐剧"四大名剧"之一。该剧获得了 1987 年托尼奖最佳音乐剧奖、最佳导演奖、最佳词曲奖、最佳编剧奖、最佳男配角奖、最佳女配角奖、最佳布景设计奖等八个奖项，1988 年获格莱美奖的最佳百老汇原剧录音奖。此外还获得了 1987 年戏剧课桌奖等 50 个重要的剧院奖项，还包括许多金唱片、白金唱片奖。

2. 简介剧情

音乐剧《悲惨世界》讲述了主人公冉·阿让的坎坷经历。冉·阿让在多年前遭判重刑，假释后计划重新开始，他帮助别人、努力改变社会，但却遇上了种种的困难……

3. 了解音乐剧故事发生的历史背景

故事以 1830 年巴黎七月革命和 1832——1834 年的工人起义为背景。此时的社会千疮百孔，社会问题愈加严重，人民对自由民主的呼声也越来越大，统治阶级与人民之间的矛盾到了水火不容的地步，在这样的局势下，对于底层人民而言，都得用尽全力活着。与此同时，正值欧洲民主革命运动的高涨时期，许多工人阶级和学生加入了革命军，不断地发起对封建统治的挑战。在这样的背景下，《悲惨世界》以真实的历史事件为素材，刻画了一群悲愤的角色，真实反映了那个时代的悲剧。

（三）欣赏歌曲《向下看》(Look Down)——苦难

1. 聆听作品

根据歌曲的音乐感觉，即兴表演剧中人物拉纤、做苦力活的场景。

2. 观看视频并分析作品

思考：分析这一充满悲剧色彩的音乐主题如何表现贫苦民众挣扎于社会底层的生存压迫。

小结：剧中反复使用这个主题，都是用于体现人民的苦难。这个作品的主导动机由一个上行的纯四度音程开始，音乐的第一、二小节，八度音程的下探，渲染了压抑凝重的气氛，表达出人物内心的痛苦和绝望，音调充满痛苦、忧伤、悲愁、怨诉的色彩，同时，通过附点、切分、休止的运用，增加了焦虑不安、波动跌宕的内心情感效果。在乐队强有力的全奏中，象征着剧中整个悲剧时代，暗示人物的性格和命运的结局。

（四）演唱歌曲《云中的城堡》——渴望

1. 聆听作品

思考：这首歌曲的演唱形式是什么？表现了角色什么样的情绪情感？

2. 分析作品

《云中的城堡》是剧中珂赛特演唱的一首童声独唱曲，珂赛特是芳汀的女儿，她被寄养的客栈老板德纳第苛刻对待。这首歌是可怜的珂赛特幻想着自己能到梦中的城堡里去过幸福、快乐生活时所演唱的歌曲，歌曲为带再现的三段体结构，前四个乐句构成了 A 段旋律，用 3/4 拍和 2/4 拍交替进行的节奏型，表现出小柯赛特对美好生活的幻想与渴望。B 段旋律为 4/4 拍，固定节奏型的使用，表现出珂赛特所幻想的幸福生活即将实现时的迫切心情。

3. 节奏训练

为作品固定节奏型 X X X X X X X ｜ X 0 ｜ 设计声势动作，并随音乐片段做律动。

4. 尝试演唱作品

5. 表演作品

在歌声中，尝试以小组为单位，即兴表演小珂赛特幻想中的美好生活。

（五）设计表演舞台场景——反抗

1. 了解音乐剧《悲惨世界》的舞台场景

这部音乐剧贵在写实，雨果的原著里有一些史诗型的场面，因此在该剧中，旋转舞台的设计是重中之重，舞台设计者让转台发挥了很大作用。通过布景、灯光、烟雾和道具运用实现了丰富场景的瞬间转换，过渡平滑自然。全剧成功的一半是归功于漂亮的舞台，尤其是在起义群众与军队对峙于街垒那一幕，旋转舞台上的巨大防御攻势给观众留下了极为深刻的印象，街垒前后的战斗场面，都通过转台的使用，逐一展现在观众面前。《悲惨世界》每场演出道具需用 8 辆集装箱车，其中街垒木架重 5.6 吨。

2. 模仿街头堡垒造型

以小组为单位，设计集体的动作，模仿街头堡垒造型。

（六）欣赏歌曲《你可听见人们在歌唱？》——战斗

1. 简介作品

1995 年 10 月 8 日，音乐剧《悲惨世界》英语版首演成功 10 周年纪念音乐会在伦敦艾尔伯特音乐厅举行。在整个音乐会中，最激动人心的是，当演出接近尾声时，观众身后的通道上，来自英国、法国、德国、日本、匈牙利、瑞典、波兰、荷兰、加拿大、捷克、澳大利亚、挪威、奥地利、丹麦、爱尔兰、冰岛、美国等 17 个国家扮演冉·阿让的演员，分别用各自国家的语言共同唱出全剧最为震撼人心的歌曲《你可听见人们在歌唱？》，这个节目将音乐会的情绪推向了顶峰，令每一位在场的观众激动不已。

2.欣赏并分析作品

这首歌曲在音乐剧中的多次重要时刻出现，可以说是贯穿了整部音乐剧，最重要的两次是在青年学生游行前和整部音乐剧结束的时候。

这首进行曲式的战歌伴随着音乐剧《悲惨世界》传播到了世界各地，所到之处，观众们无不为这首歌曲所展露出的无畏气概及磅礴气势所震撼，这首歌曲已超越了音乐和戏剧本身，成了世界各国人民对和平及美好未来的共同呼唤。整个作品气势磅礴、铿锵有力、情绪激昂，给人以鼓舞和力量。

3.尝试演唱作品主题旋律

感受作品所要表达的情绪情感。

（七）小结，布置作业

设计一款音乐剧《悲惨世界》海报，可以单人完成，也可小组协作完成，手绘或电子画图皆可。

评析

本课主要以音乐剧《悲惨世界》故事内容苦难——渴望——反抗——战斗为主线，分别选取歌曲《向下看》（Look Down）、《云中的城堡》（Castle on a Cloud），以及舞台场景堡垒造型、歌曲《你可听见人们在歌唱？》（Do You Hear the People Sing？）为主要教学内容，重点结合作品《悲惨世界》的文学内涵及历史背景来讲解、分析、体验，体现音乐剧教学中的学科融合策略。

审美感知方面：在了解音乐剧作品的创作背景、剧情内容基础上，通过聆听、欣赏音乐剧选段《云中的城堡》《向下看》《你可听见人们在歌唱？》等作品，理解音乐剧《悲惨世界》所要表达的精神内涵，了解作品如何通过艺术表现手段来刻画人物形象，以及对剧情发展所起的推进作用。

艺术表现方面：主要设计了这么几个环节，即兴表演歌曲《向下看》中人物拉纤、做苦力活的场景，在音乐中发挥想象力，用动作来体验歌曲所要表现的情节及情感；演唱歌曲《云中的城堡》，并为其中的固定节奏型设计声势动作，同时在演唱中即兴表演小珂赛特幻想中的美好生活场景，目的在于更好地理解作品所要表现的思想内涵及感情；模仿街头堡垒造型及欣赏、演唱歌曲《你可听见人们在歌唱？》是为了让学生能深刻体会作品恢弘庞大的气势，感悟这部巨著的震撼力；最后的海报设计，是对导入部分的呼应，也是与美术学科的融合教学，加深对本课文化学习的理解并实施运用。

文化理解方面：在导入部分，欣赏各国的音乐剧《悲惨世界》海报，了解各具特色的地方风味的图片，知晓各国各地的文化不同，所孕育出的艺术产品也各具特色，在课堂的结束部分，鼓励学生设计一款海报，重点在于创作中如何融合特色，而这个特色必须建立在对当地文化理解的基础上。此外，对文学巨著《悲惨世界》思想内涵的理解、分析，以及对小说所刻画的情节及塑造的角色的感悟，都是为体验音乐剧作品做好前期的准备。历史背景的了解亦是本课的重点，结合学生在历史课中的知识积淀，理解音乐剧《悲惨世界》是如何通过音乐要素、创作手法来展现这一文学巨作的。

史诗派音乐剧《悲惨世界》独具特色，拥有非凡的情感驱动力，深刻的主题涉及人类更深层次的思考，其恢弘的气势、错综复杂的人物关系、雄浑磅礴的音乐、极具震撼力的大场面，在短短一节课中要面面俱到、深刻领悟，难度是非常大的，可以考虑通过课外研究性学习或是分课时探究不同重点方向等办法，让学生来感悟、理解这一佳作。

九、单元设计《多彩音乐剧》第一课时《回忆》

【课时】

1 课时

【教材分析】

音乐剧是一门集音乐、舞蹈、戏剧、舞美等多种元素为一体的综合性舞台艺术。其中音乐、舞蹈、戏剧是它的三大要素。

音乐剧《猫》由英国作曲家韦伯所作，被公认为音乐剧四大名作之一。它的音乐十分动人，全剧近三个小时，共由二十三首乐曲组成，其中的主题曲《回忆》成为现代流行音乐的经典之作。这部剧告诉了我们"爱与宽容"的主题思想。

【教学目标】

1.知晓音乐剧的概念，理解音乐剧的艺术特征。能在感受体验音乐剧选曲中积极参与演唱、欣赏、创编表演等实践活动。

2.欣赏音乐剧《猫》中的选曲《杰利柯的歌献给杰利柯的猫》《回忆》《老甘比猫》等，感受音乐剧中音乐、舞蹈、演唱等元素的特点。

3.以开放的心态，积极参与到音乐剧的学习中，增强对多元文化的接纳与包容意识。

【教学重点】

了解音乐剧的概念及其主要构成元素。

【教学难点】

理解音乐剧中音乐、舞蹈、演唱等元素的特点。

【教学构想】

以培养学生兴趣作为重要教学理念，注重课外资源的整合。

让学生在聆听、观看、感受、思考、演唱、律动的过程中了解音乐剧的基础知识。通过欣赏颇具音乐剧典型特征的作品《猫》，深入了解音乐剧音乐、舞蹈、演唱等方面的艺术特征，为走进本单元《多彩的音乐剧》教学拉开第一幕。

教学中注重以学生为主体，将学生对作品的感受和教学活动的参与放在首位，在实践中激发学生的分析能力及想象力。

【教学准备】

多媒体教学设备、课件、相关资料。

【教学过程】

（一）组织教学，导入新课

1. 聆听三个音乐小片段

（由老师用钢琴弹奏《回忆》《雪绒花》《云中的城堡》片段）

讨论：你听过这些音乐片段吗？能说出曲名吗？

师：这些耳熟能详的旋律都是选自音乐剧中的音乐，换句话说，音乐剧中有许多音乐都流传得很广，为我们所熟悉。

2. 讨论

你看过音乐剧吗？你对音乐剧了解多少？

师：今天让我们一起走进音乐剧，共同探讨什么是音乐剧，并了解其艺术特征。

【设计意图】了解学生对音乐剧的熟悉情况，同时让学生知晓音乐剧的音乐在我们的身边无处不在。

（二）了解音乐剧的概念

1. 观看音乐剧《猫》中的《杰利柯的歌献给杰利柯的猫》（Jellicle Songs for Jellicle Cats）

思考：音乐剧里包含了哪些艺术成分？你认为什么是音乐剧？

小结：首先音乐剧是一门舞台艺术，它综合了音乐、歌唱、舞蹈、戏剧、舞美（服装、化妆、雕塑、建筑、声光等）等艺术，除此之外还包括杂技、魔术等等。

2. 小结音乐剧的概念

音乐剧是一门集音乐、舞蹈、戏剧、舞美等多种元素为一体的综合性舞台艺术，其中音乐、舞蹈、戏剧是音乐剧的三大要素。

【设计意图】通过作品《猫》中最具音乐剧典型特征的歌曲来了解什么是音乐剧，音乐剧包含了哪些主要的元素。

（三）感受音乐剧的艺术特征

1. 音乐、舞蹈特点

（1）聆听一段音乐（选自音乐剧《猫》中的《老甘比猫》音频片段）

思考：这是音乐剧《猫》里面的一个音乐片段，你认为这段音乐的情绪是怎样的？这段音乐所要描述的是一只怎样性格特征的猫？你能想象出它正在做什么事吗？

小结：这是一只老甘比猫叫珍妮点点，一到晚上便来到地下室，把蟑螂训练成一队规矩有用的童子军。从情绪活泼轻松的音乐中可以感受到它是一只性格开朗心地善良的猫。

（2）观看《老甘比猫》视频片段

讨论：这段音乐属于什么风格？用什么乐队演奏？这段舞蹈是什么风格的舞蹈？

小结：乐曲具有爵士风格，由电声乐队跟交响乐队演奏，这是一段踢踏舞。

（3）小结音乐剧音乐、舞蹈元素的特点

音乐剧的音乐通俗易懂，不仅有严肃音乐，还有大量流行音乐（爵士乐、摇滚乐、乡村音乐等）；除用交响乐队演奏外还使用电声乐队等。舞蹈在音乐剧中是一种极为重要的表现手段，可以有踢踏舞、芭蕾舞、民族舞、爵士舞等。

（4）尝试学跳《老甘比猫》中的踢踏舞步

跟着老师尝试学跳音乐剧片段中老甘比猫所跳的踢踏舞步（两个八拍，原地加左右踢踏动作）。

【设计意图】了解音乐剧中音乐的通俗性特点，并在舞蹈体验中加深音乐剧舞蹈元素特征的理解。

2.演唱风格

（1）欣赏音乐剧《猫》中的歌曲《回忆》（一）

思考：这种唱法属于什么唱法？这首歌曲表达了老猫格里泽贝拉什么样的心情？

小结：这种唱法介于美声跟通俗之间。这是《猫》剧当中最有名的一首歌曲，在全剧的高潮处出现，由一只叫格里泽贝拉的年老丑陋的母猫演唱，她年轻的时候非常美丽迷人，但她离开猫族到外面的世界闯荡，被杰利柯猫视为背叛，现在她年老力衰，回到猫群，所有的猫都不原谅她理会她。这是她第一次唱起《回忆》这首歌，怀念年轻的时光。

（2）尝试演唱歌曲

思考：演唱时要注意表现出什么样的情绪？

小结：要将老猫格里泽贝拉孤独、憔悴、痛苦，回忆起往事又略带些喜悦、骄傲之情的复杂心理表现出来。

跟着老师弹奏的钢琴旋律，演唱中文歌词。

（3）分析歌曲结构

思考：这首歌曲可以分为几部分？你能分别哼唱出来吗？

小结：这首歌曲为带再现的三段体，其结构为：A＋B＋A。

（4）视唱歌曲《回忆》中 A 段与 B 段的旋律。

A 段：

1 ⇒ B

自由地

B 段：

（5）欣赏音乐剧《猫》中的歌曲《回忆》（二）

思考：这是老猫格里泽贝拉在剧中第二次演唱《回忆》，这首歌曲的结构是怎样的？

同样的旋律同样的角色在不同时间演唱，所表达的情感有何不同？

小结：乐曲结构为：‖: A :‖+B+A+（间奏）+B+A

与《回忆》（一）相比《回忆》（二）似乎少了一些痛苦。歌曲充满对过去美妙时光的追思，情绪里多了几分温馨感。表现出"魅力猫"格里泽贝拉对回家与重生的渴求，决心与命运抗争，迎接美好明天的决心和美好愿望。

（6）探究：音乐剧中的演唱有什么特点？

小结：音乐剧中的演唱必须符合剧情发展的需要，能准确表现出人物性格特点及心理活动，可以运用任何合适唱法，但注重表达剧中人物的情感。

【设计意图】歌曲在音乐剧中占据极其重要的地位，在对比欣赏及演唱过程中，感受体验音乐剧歌曲演唱的特点。

（四）观看视频了解音乐剧作曲家韦伯

英国作曲家安德鲁·劳埃德·韦伯（Andrew Lloyd Webber），曾多次获得托尼奖、Drama Desk 奖、格莱美奖、劳伦斯·奥利弗奖等。他的作品《猫》是世界上演出次数最多、持续时间最长的音乐剧，他还有其他的作品如《耶稣基督超级巨星》《星光快车》《歌剧院的幽灵》《海风呼啸》《艾薇塔》《日落大道》等，同样大受欢迎。这位声名显赫、身上有许多耀眼光环的音乐家成为世界上最知名的音乐剧作曲家之一。

【设计意图】了解音乐剧《猫》的作曲者，对全面了解音乐剧《猫》及接下去的音乐剧教学都是必不可缺的。

（五）小结，布置作业

音乐剧是一门现代通俗性艺术，作为一个新兴的音乐品种，它通过优美的旋律、动情的演唱、绚丽的舞蹈、新颖的剧情来打动观众，吸引着越来越多的观众。

布置作业：

内容：创编并表演小型校园音乐剧《回忆》，剧本内容可以是对中学生活中与同学或是老师之间发生的小故事的回忆。

建议：剧中的音乐可选择本课所学歌曲《回忆》或是校园歌曲，并根据剧情需要创编新的歌词。舞蹈及舞美的设计可根据剧情及本班同学实际量力而行。以小组（自由组合）为单位完成。

要求：时间控制在 12 分钟内，戏剧故事选择一个即可，音乐片段可选择 3—5 个，舞蹈片段可使用 1—2 个，场景道具设计以简单、易行为主。设计的内容、形式及角色要以本班同学的实际能力为参照。

交流表演时间：本单元第三课时。

【设计意图】音乐剧的创编表演是音乐剧教学的精髓所在，因课时有限，故将此活动安排于课外准备，既保证教材内容的顺利完成，又有充足的时间进行创编与练习，使该项活动最大程度地发挥其功用。

备注：本课例入编人民音乐出版社出版的《音乐课教案设计与评价》一书中。

评析

本课根据人民音乐出版社出版的八年级上册第二单元《多彩音乐剧》内容而设计。作为这一单元的第一课时，以培养学生兴趣作为重要教学理念，注重课外资源的整合，让学生在聆听、观看、感受、思考、演唱、律动的过程中了解音乐剧的基础知识。本课的重点教学内容是音乐剧《猫》中的歌曲《回忆》，结合剧中另外两首选曲《杰利柯的歌献给杰利柯的猫》及《老甘比猫》的欣赏，深入了解音乐剧中音乐、舞蹈、演唱等元素的艺术特征，同时教学注重以学生为主体，将学生对作品的感受和教学活动的参与放在首位，在实践中激发学生的分析能力及想象力。

本课的导入部分，由老师演奏本单元的所有作品主题，让学生对单元主题有个整体的印象，接着以师生讨论的形式，了解学生之前对音乐剧的日常积累情况。歌曲《杰利柯的歌献给杰利柯的猫》颇具音乐剧的典型特征，因此补充这个作品，让学生通过一首歌，了解音乐剧的概念及所包含的所有元素，理解什么是音乐剧，引出本课的重点。因为课时时间所限，本课在理解音乐剧艺术特征环节，只能先选择最重要的音乐及舞蹈两个元素，通过歌曲《老甘比猫》的欣赏来进行分析，同时设计一项简单的体验活动——学跳踢踏舞步，体会爵士乐的节奏感，并在体验活动中加深对音乐剧元素种类及特点的记忆。

《回忆》是本单元的重点作品，也是本课的主要内容，虽然它只是一首独唱曲目，但是却蕴含了很浓厚的情绪情感在其中。《回忆》（一）出现在杰里科猫族部落一年一度的聚会中，衣衫褴褛的老猫格里泽贝拉希望能回到猫族大家庭中，更希望能成为那只被送到天国去获得重生的幸运猫，可是猫群们却纷纷避开她，她伤感地回忆起曾经的美好，歌曲为单三部曲式结构，12拍子的律动感充满了渴望的色彩，转调后又显情绪低落，整首歌随着调性的改变，在渴望与失落两种不同情绪色彩中交替进行，细致地表现了格里泽贝拉内心的自卑和对新生的强烈渴望。剧中自然而具爆发力的女声演唱，更是将情绪表现得淋漓尽致。而《回忆》（二）更多的是表现一种与命运抗争迎接美好明天的决心和愿望，情绪里多了温馨感。如何让学生在课堂中能被音乐所感染，能身临其境感受角色的复杂心理，是值得我们去思考和探究的。

本课主要通过对比欣赏两次《回忆》的演唱，从唱法、演唱情绪、音乐要素分析等等多方位来体验、理解这首歌曲所要表达的情感，并在其中探究音乐剧演唱的特点问题。在此基础上，本课的最后一个环节要求学生根据这首歌创编一个小型校园音乐剧《回忆》，旨在通过创作、亲身表演，体验这首歌曲所要表达的情感，让学生能由内而发地感怀歌曲所要表现的情感。为了让学生有更好的体验感，将编创的内容改为校园中同学间、师生间所发生的故事的"回忆"，用身边的、亲历的故事，来体验作品的情绪情感，有助于对作品的深入了解和体会。创编的情节不用过于复杂，重点在于通过熟悉的故事体验这首歌曲的情感。

十、单元设计《多彩音乐剧》第二课时《雪绒花与云中的城堡》

【课时】

1 课时

【教材分析】

音乐剧《音乐之声》中的《雪绒花》是一首脍炙人口的歌曲，因其具有热爱祖国的思想内涵、深情舒缓的旋律，不仅被奥地利人喻为第二国歌，更是被世界各国人民所喜爱。这首歌曲七度的音域、中等的速度、3/4 的节拍、中英文对照的歌词及简易和谐的二声部，令人耳熟能详。

法国作曲家勋伯格创作的音乐剧《悲惨世界》中，童声独唱歌曲《云中的城堡》旋律简单，以小节为单位的节奏型贯穿全曲，该曲易记、易唱。

【教学目标】

1. 能用轻柔舒缓、抒情优美的声音以及合适的速度、力度演唱二声部歌曲《雪绒花》，并能用充满深情的歌声背唱歌曲，根据剧情积极参与表演活动。

2. 聆听音乐剧《悲惨世界》中的选曲《云中的城堡》，认识变换拍子的特点，体验音乐剧歌曲易学、易唱、易记的特点。

3. 乐于参与各项体态律动、歌唱、表演、指挥的练习，在艺术实践的过程中深入感受音乐剧的特点。

【教学重点】

准确演唱二声部合唱曲《雪绒花》。

【教学难点】

根据音乐剧《音乐之声》的剧情表演《雪绒花》。

【教学构想】

本堂课的重点与难点在于二声部合唱曲《雪绒花》的演唱与表演，因此如何快速地准确演唱合唱曲中的第二声部成为本课最需突破的问题。

本课在导入部分设计了两个律动练习，目的在于加强学生对第二声部旋律的听觉印象，同时通过分析旋律、寻找共同点，让学生排除畏难情绪，用最快的速度掌握第二声部的演唱，解决了这一难题，剩下的耳熟能详的《雪绒花》歌曲演唱及情景表演也就迎刃而解了。

【教学准备】

多媒体教学设备、课件、相关资料、木吉他

【教学过程】

（一）组织教学，律动练习

1.跟着音乐扔网球

老师弹奏合唱曲《雪绒花》的第二声部旋律，学生根据音乐的节拍扔网球，要求扔的动作必须与音乐节拍吻合，动作的设计以三拍三个动作为一组并循环（体验三拍子的律动）。

2.体态律动练习

老师弹奏合唱曲《雪绒花》的第二声部旋律，学生在教室内的任意空间做体态律动练习。

手的动作：x － － │ 双手交叉从下而上打开，三拍一个动作。

脚的动作：x x x │ 左右脚交替垫脚走，一拍一下，重拍的脚步可大些，配合手的动作进行。

3.尝试模唱老师所弹奏的旋律

【设计意图】通过律动练习及模唱加深学生对歌曲第二声部的听觉印象，为以下二声部合唱教学打下基础。

（二）学唱新歌

1.分析合唱曲《雪绒花》第二声部旋律特点

思考：这段旋律共分几个乐句？有什么特点？

小结：共分四个乐句，其中第二与第四乐句基本相同，第一乐句的前半部分与第二句的相同，第三乐句是歌曲《雪绒花》中的主旋律

2.视唱合唱曲《雪绒花》第二声部旋律，并尝试演唱歌词

3.结合三拍子指挥手势，跟着钢琴边演唱第二声部边指挥

4.聆听合唱曲《雪绒花》

思考：这首歌曲可以分为几部分？表达了怎样的情感？你知道它选自于哪部音乐剧吗？

小结：这首歌曲为二段体结构（即带再现的单二部曲式），结构方整，曲调朴实感人，具有较浓郁的奥地利民歌风格。它选自音乐剧《音乐之声》，充分表达了祝愿祖国之情，充满对祖国的赞颂之意。

5.跟着钢琴演唱歌曲《雪绒花》第一声部

6.演唱二声部合唱曲《雪绒花》

注意声部间的配合，速度一致、音色融合、声部协调。

同时在演唱中注意表达对祖国的热爱之情。

7.结合歌曲的情感表达，你觉得《雪绒花》这首歌曲的演唱力度该如何处理？请将自己的设计填写在课本"实践与创造"中的方框处。

8.结合力度处理演唱歌曲，并尝试背唱合唱曲《雪绒花》

【设计意图】分析作品、配合指挥手势、分声部练习、反复演唱、情感力度处理等多途径学习，为达到准确演唱二声部合唱《雪绒花》的教学目标而设置。

（三）经典重现——雪绒花

1.简介音乐剧《音乐之声》及其选曲《雪绒花》

音乐剧《音乐之声》讲述的是美丽善良的修女玛利亚与上校及其七个活泼可爱的孩子之间的故事，其中许多脍炙人口的歌曲及主人公追求自由的勇气、爱国之情深深打动了世界各地人们的心。

《雪绒花》在音乐剧中完整地出现了两次，第一次是少校外出回家时，听到孩子们唱出的久违了的歌声，内心十分激动，他拿起吉他给孩子们演唱了《雪绒花》。第二次是在音乐会上，面对着入侵的德军，一家人和现场的奥地利观众一起演唱了《雪绒花》，用歌声饱含对祖国无限的赞颂和眷恋之情。

2.观看音乐剧中出现的两次《雪绒花》视频片段

思考：同样的歌曲在不同的场合演唱，表现出了什么不同的情感？

小结：第一次家中的演唱，听似是在吟唱一首民谣，轻松抒情；第二次音乐会上的演唱表现出了一种勇敢与坚强不屈的精神。

3.模拟经典场面

以小组为单位，自由选择音乐剧《音乐之声》中两次《雪绒花》演唱的场景（家中的演唱及音乐会上的演唱）。

要求：演唱二声部合唱曲《雪绒花》，并根据剧情自由组合演唱造型，注意表达不同剧情中演唱《雪绒花》的不同情感。

道具：每组一把木吉他（老师提供）。

【设计意图】模拟音乐剧中的场景，可以更好地表达出歌曲所蕴含的深厚情感，同时也能让学生更好地理解什么是音乐剧。

（四）欣赏音乐剧《悲惨世界》中的选曲《云中的城堡》

1.观看音乐剧《悲惨世界》中的选曲《云中的城堡》

思考：音乐剧《悲惨世界》改编自法国文豪雨果的同名名著，我们刚才欣赏的就是其中的一首童声独唱歌曲《云中的城堡》，你能拍出这首歌曲中最常出现的节奏型吗？听完一遍后，你能哼唱出其中的旋律吗？这首歌曲可以分为几部分？

　　小结：出现最多的节奏型为 $\underline{\underline{\mathsf{X}\,\underline{\underline{\mathsf{X}\,\mathsf{X}}}\,\underline{\underline{\mathsf{X}\,\mathsf{X}}}\,\underline{\underline{\mathsf{X}\,\mathsf{X}}}}}$ ｜ $\mathsf{X\ 0}$ ｜，这首歌曲可以分为三部分：A +B+ A'

　　2. 歌曲旋律接龙

　　老师演唱 A 段中的单数乐句旋律，学生演唱偶数乐句旋律。

　　3. 尝试完成课本中"实践与创造"中的第三题

　　为旋律填上空缺的音符，并根据小节内的拍号正确组合。老师用钢琴弹奏旋律提示。

　　4. 认识变换拍子

　　讨论：歌曲中出现了哪几种拍号？多种拍号出现在同一首歌中，我们称它为什么？

　　小结：歌曲中根据音乐表现的需要出现了 3/4、2/4、4/4 三种拍号，称为变换拍子，因这些变换节拍是有规律、循环出现的，所以在乐曲开始处并排写上所要变化的所有拍号。

　　【设计意图】这首歌曲的欣赏目的在于理解音乐剧中音乐的通俗性——易唱、易记，因此重点放在模仿演唱上，不做过多细致的分析与介绍。

　　（五）小结

　　音乐剧中的选曲有不少像《雪绒花》《云中的城堡》这样好听、易学、易唱、易记，正因为这些特点，使得音乐剧被越来越多的人所喜爱，音乐剧的传播面也十分广泛。

　　备注：本课例入编人民音乐出版社出版的《音乐课教案设计与评价》一书中。

评析

本课根据人民音乐出版社出版的八年级上册第二单元《多彩音乐剧》内容而设计，为这一单元的第二课时，本课的重点与难点在于二声部合唱曲《雪绒花》的演唱和表演，因此，如何快速而准确地演唱合唱曲中的第二声部，并且能用和谐的声音有感情地演唱二声部合唱曲，成为本课最需突破的问题。同时欣赏本单元中另外一首作品，音乐剧《悲惨世界》中的选曲《云中的城堡》，体验音乐剧名作中歌曲的特点。

本课的教学侧重于作品音乐要素的分析与体验，更注重的是学生音乐素养的培育。在导入部分，设计了两个律动练习，一个是扔网球游戏，一个是声势动作练习，目的就是体验三拍子的韵律感，同时在游戏中反复聆听《雪绒花》第二声部的旋律，加深学生们对二声部的听觉印象，克服主旋律先入为主的影响，同时通过模唱，分析作品的音乐要素，视唱第二声部旋律，运用三拍子指挥图示边指挥边演唱，多种方法反复聆听、练习、演唱感受第二声部的旋律，在理性分析中找出共同点，用最快的速度熟悉并掌握第二声部的演唱，解决了这一难题，剩下的耳熟能详的《雪绒花》主旋律演唱就迎刃而解了。当然，两个声部的配合演唱也是需要一点时间进行磨合、融合。由于本课对《雪绒花》作品的教学重点在于二声部的演唱，因此同为经典场面模拟，本课的表演要求就降低难度了，仅要求学生自由组合，表现演唱造型即可，无须有过多的表演，当然演唱时的情感表达是必不可少的。

《雪绒花》的演唱，先学低声部，再学高声部，是遵循先解决难点、多种方法解决难点的教学规律，对于非专业的学生来说，较为适用，因为巩固强化了低声部的音准后，再加入高声部演唱，低声部的演唱就不容易被熟悉的高声部旋律所带跑。

《云中的城堡》是单元内容中的另外一首歌曲，相对二声部的演唱教学，这个作品以聆听为主，在欣赏完作品后，找出这首作品最具特色的固定节奏型，并通过节奏接龙，听旋律填写音符等游戏活动，分析作品的音乐要素，感受作品的艺术特征，并在师生对唱中体验音乐剧音乐的通俗性及易唱易记的特点。

　　本课的设计更多的是注重学生的音乐表现能力，无论是在声势活动还是造型表演，或是游戏接龙，都是为了引导学生通过音乐实践活动，获得情感体验，掌握知识技能，领悟音乐剧内涵，更重视音乐素养的培养。

第五章　校园音乐剧编排的实践

　　校园音乐剧是特指在学校教学及校园文艺演出中学生们表演的小型音乐剧，也可称之为音乐剧小品。由于音乐剧与歌舞剧是形式十分相近的两种姊妹艺术，音乐剧的编排方法同样适用于歌舞剧。

　　音乐剧是一门综合艺术，包含多种艺术成分，通过引导学生创编校园音乐剧的教学，能让不同兴趣爱好的学生在多样的艺术门类中找到最能发挥自己长处的角色，有利于其扬长避短，树立信心。音乐剧的编排内容可以是学生喜闻乐见的校园学习生活，也可以改编自课本中熟悉的小说、童话等等。在教学实践中教师应该起引导和咨询顾问的作用，主要让学生自己动手，让他们自主选择合适的音乐、共同创编剧本、创编舞蹈、编写歌词、制作舞美、集体参演等，通过这种方式锻炼学生交流、研讨、创作、表演等能力，既有效培养了学生的综合音乐素养，又能提高协作能力和团队意识。自编自导自演校园音乐剧活动亦能加深学生对音乐剧各个主要元素的体验，拓宽艺术视野，从而提高其创造能力、音乐表演能力等，并激发学生热爱祖国民族艺术、热爱世界多元文化。

　　《义务教育音乐课程标准（2011 版）》提出学生"能与他人合作，自信地、有表情地表演音乐剧，并做出评价"。《普通高中音乐课程标准（2017年版 2020 年修订）》提出学生"选择适当的题材，编创有配乐的戏剧小品或小型音乐剧，并参与排练及演出"。"独立或与他人合作进行课本剧、校园剧、小品、小型音乐剧或其他小型戏剧的编创与表演"。针对课标的要求，在音乐剧教学中，提出"校园音乐剧"的概念，它不同于大多数长度介于两小时至三小时之间的大型音乐剧，而是特指表演时间在十分钟左右的小型或是微型音乐剧，题材内容贴近校园学习生活或是课本中的经典名作。在指导校园音乐剧编排活动的过程中，我们的指导思想就是："让孩子们亲身体验、亲自动手，按照自己的想象，利用自己的各种可能性去创造，让每个孩子完全可以根据自己的条件去做他们乐意做的事……"也就是让所有的孩子充分发挥自己的特长，积极参与到校园音乐剧的编排表演活动中来。如何用最简便快捷的方法创作编排一部崭新的作品，使音乐剧离中学生不再遥远，让音乐剧在中学校园中普及化，学生既可享受到音乐剧的美、又可感受音乐剧创作编排的乐趣，这些都是在教学过程中需要思考、解决的问题。

　　编排一个校园音乐剧节目一般应包括剧本写作、歌词编写、音乐选编、舞蹈创作、舞美设计、演员选定、排练演出等过程，节目表演时间大约为十二分钟左右，整个编排可由老师与学生共同完成，也可以由学生自主完成，表演可以是由几个人合作以小组形式共同演绎，也可以是全班同学合作完成，现将校园音乐剧的创编排演步骤及要点总结如下：

一、先讲一个好故事——剧本写作

　　剧本在音乐剧中处于"基石"的地位，音乐剧作品中的其他元素音乐、舞蹈、歌唱、舞美等都是在剧情发展的基础上依次展现出来的。它必须有一个动人、完整的故事情节，有一定的戏剧冲突，而且它始终处于不断调整和修改之中，直到最后的定稿。由于现成的音乐剧剧本少，即使有也不一定适合中学生实际情况来演出，所以最好的办法就是自己创作，或是与语文老师配合，先共同商榷音乐剧的内容概况、主题思想、人物设定、情节发展等等，同时预设音乐舞蹈场景，后由其执笔创编。另一种最佳途径就是鼓励学生自己编写剧本，学生们的想象力、创编能力往往会超乎我们的想象。在写作的过程中应注意以下几点：

　　1.明确剧本的作用

　　（1）搭建音乐剧框架

　　音乐剧剧本的创作，首先要有一个生动、好看的故事，根据剧情，和音乐、舞蹈、舞美的创作者一起商讨各种表现元素的段落，搭建好整个音乐剧的框架结构，注意音乐剧剧本创作要注意结构严谨、情节突出、故事曲折、戏剧冲突强烈、人物性格特征刻画鲜明、故事有悬念等等。

（2）剧本是其他元素展开的依据

音乐剧包含多种元素，有歌唱、音乐、舞蹈、戏剧、舞美等等，每一种元素的运用与展开都是基于剧本的，根据剧情的发展，这些元素在此基础上交替呈现，最重要的是无论动听的音乐，或是灵动的舞蹈，或是绚丽的背景，都离不开与剧情的结合。同时剧本故事若平淡无奇，也会影响到音乐剧其他元素的观演效果。

（3）剧本需不断调整

一部音乐剧从最初的构思到最后的登上舞台，其间要经历无数次不断调整的过程，在创作初期与作曲、作词者以及舞蹈编创者、舞美设计者交换意见，确认各种元素的具体安排，排练过程中要根据表演者的实际情况及舞台上的可能出现的状况进行预估和调整，彩排时出现问题的处理等等，这一系列过程的修改调整，目的是为了剧本能与音乐、表演、舞蹈、舞美等表演形式完美地融合，共同呈现出最佳的演出效果，因此，剧本创作需要耗费创作者大量的精力。

2. 体现剧本的特点

（1）重视故事的教育意义

音乐剧需要一个好故事，校园音乐剧同样需要一个好故事，一个好的故事可以发人深省，因此，校园音乐剧剧本在创作上首先应充分考虑故事的教育意义，目的在于让学生能在寓教于乐的氛围中，不仅获得知识、发展技能，更重要的是还能培养情操和优秀品格，并在排演和观看过程中耳闻目染，身临其境地理解人物思想和行为，从而指导学生树立正确的人生观、价值观。

（2）注意故事的深入浅出

中学生的阅历尚浅，在学习生活中会遇到不少困难和挫折，由于他们的认知水平有一定的局限性，为了更好地使音乐剧的编创更有意义，建议采用浅显易懂、贴近生活、甚至是发生在身边的小事作为故事情节，让学生能感同身受，容易引起共鸣，进而达到教育的目的。

（3）考虑学生的表现能力

进行校园音乐剧创作的过程中，既要充分体现新课标中对学生能力培养的要求，又要考虑学生的实际表演能力、创作能力，进而设计合适的思想深度及戏剧情节，考虑好团队成员们的创作水平和表演能力，达成默契和共识，找到最合适的将剧本与音乐、舞蹈等元素的融合点。

3. 确认剧本的内容

（1）剧本内容可以是丰富多彩的，如描写校园生活、社会现象或是改编文学著作、童话故事等等，也可根据教学或是演出主题的需要来确定内容。

（2）建议多使用学生生活中的题材，注重时效性，将生活中的故事进行挖掘，并艺术化处理，这样即容易让表演的学生入戏，又容易用生活化的表演与学生观众产生共鸣，能唤起学生对生活的用心观察及对生活的热爱。

（3）剧中的人物尽量根据本校生源的特点来设定，使用本色演员演出效果将事半功倍，因此注意根据学生的年龄特征，刻画鲜明、生动、形象、有趣的人物形象。

（4）校园音乐剧时长不宜过长，因此，其中的戏剧冲突及高潮设置不适合展开太过复杂曲折的剧情，在结构的设置上，可遵循起承转合的特点，符合生活逻辑，巧妙交代人物背景及出场顺序，设置悬念，考虑好细节，才能充分调动观众情绪，推动情节发展。

4. 剧本写作的要求

校园音乐剧的结构不宜过于复杂，通常安排开头、发展、结尾三个部分，有戏剧冲突支撑故事即可。

（1）开头

开头部分一般都比较简洁明了，交代清楚时间、地点、人物，埋下伏笔，让观众有所期待，吸引观众的注意力。

（2）发展

校园音乐剧的故事偏向简单，但是故事发展的情感线、人物关系、情节层层递进要合乎逻辑、思路清晰，在这个过程中做到有起伏、有发展、有情节点。而情节点是剧本写作中最重要的地方，它使人物在不断克服冲突中，推进故事向前发展。同时注意设置好人物的个性特征，通过各种行为塑造和内心情感流露，最终达到目标。在剧情中注意不同角色之间的互动，挖掘出人物的内心，刻画人物的内外气质，无论形象或是言谈、举止、职业特征等等，由表及里准确把握。

（3）结尾

在剧本写作开始前，就要对剧情有明确的思路，并事先将结尾想清楚，甚至可以先写结尾，再倒推剧情，添加戏剧冲突。结尾要短，起到画龙点睛的作用，使主题得到升华。

二、抒发角色的感情——歌词编写

歌词是融合了语言和音乐的艺术，它在音乐剧中有一个很优雅的名称——"剧诗"，从字面上我们不难理解音乐剧歌曲中的歌词与一般声乐作品中的歌词的区别，它要兼顾"剧"与"诗"的特点，首先音乐剧的歌词与剧本密不可分，它可以帮助观众了解剧情，与戏剧情节、人物情感等有着密切的关系，它所抒之情是剧中人物的内心感受，因而它的写作也受剧中人所处角色地位及此时此地特殊心态的制约，此外，它也可以类似旁白的功用，讲述故事发生的背景、人物行为的动机等等。其次音乐剧的歌词具备"诗"的特点，注重押韵，一般比较短小简练、朴素上口、容易哼唱。

在校园音乐剧的歌词编写中，可以有两种方式，一是改编现成歌曲的歌词，二是创编全新的歌词，无论哪种方式，在写作过程中都应注意以下几点：

1.要先了解整个剧本的所有细节，思考每个唱段中，各个角色歌唱时需要表达什么内容，比如情感抒发、讲述情节、对话交流、旁白等等，歌词一定是基于剧本中，真实表达剧中人物的心灵。

2. 歌词要与剧中的音乐相配合，无论乐句还是情绪，共同构成一首完整的歌曲。歌词与音乐必须交融在一起，通常是带有抒情性或戏剧性的特征，同时还必须兼备真实性，让人一听就对人物性格及情感了然。抒情性的歌词对于学生而言，相对会容易些，只需符合人物特性，不脱离剧本情境即可。叙事性的歌词要求会高些，需要根据此时剧情的动机、讲述的内容结合音乐旋律的特点来撰写，可鼓励有能力的学生来完成，若有难度，可换成语言对白的方式来完成。

3. 歌词要注意刻画人物的形象，与角色性格、身份及特点配合。同时注意剧中人物的文化背景及他所担负的任务，歌词的撰写必须符合角色的地位及此时此景的特殊心态。

4. 尽可能地设计韵脚，自然的押韵是歌曲成功写作的关键因素。同时若能做到好听好记、易学易唱、趣味生动，那就能为作品锦上添花了。

三、扣人心弦的旋律——音乐选编

音乐是音乐剧的灵魂，既要抒发感情表现人物的内心情感，又要交代情节表现戏剧冲突，音乐剧中的音乐主要由旋律、节奏、和声、配器等组成，综合各音乐要素推动戏剧表达。它可以是多种形式的，主要包括歌曲（独唱、重唱、合唱）、舞蹈音乐和背景音乐，也可以是多种风格的，如民歌、爵士乐、乡村音乐、校园歌曲等等，具有多样性。

建议一部校园音乐剧小品使用4—6段音乐，音乐的配置有这么几种方法：

1. 根据剧情创作全新的音乐。这样的好处是音乐的长短、起伏、高潮设置都可根据剧情准确地表达，缺点是难度大，费用高，因为这对作曲者的要求很高：所写的音乐是否动听？情绪是否准确？是否烘托了特定的环境？……而且音乐的制作费用也非常高，并不是每个学校或班级所能承受的。

2.选用现成的音乐，而歌曲则采用现成的曲调改编歌词，同时强烈推荐使用教材中的乐曲和歌曲，这样不仅使课堂教学得以延伸，又能节省排练时间。这种方法较为实用，既节省创作时间，又能省下一大笔开支，只需简单的音乐编辑即可完成，而且使用现有的歌曲，观众们都比较熟悉，容易使观众产生亲和力。

3.利用学校现有的乐队演奏音乐，但这种乐队演奏只属润色作用，也不宜太多，一方面是乐队演奏水平的问题，另一方面乐队的配器、排练要花掉大量时间，有可能造成顾此失彼。

校园音乐剧中音乐同样必须具备这么些特点：首先，音乐不能抽离剧情，甚至需要推动剧情的发展、抒发人物情感、表现角色内心世界；其次，音乐高亢或低沉，急促或舒缓，激烈或轻柔，都讲求悦耳动听，旋律感强，具有感染力；第三，校园音乐剧的音乐没有固定风格，可根据剧情的需要灵活使用，可具备多样性与广泛性的特征；第四，音乐与歌词要完美统一，在表现手法和情感基调上相互融合，共同推进剧情的发展。

音乐创作的方法及注意点：

1.校园音乐剧中的音乐可选用单一旋律的歌曲，或是短小的乐曲，创作时先确定主题动机，写好作品单旋律，编配和声，制作音乐，而这些过程都是建立在熟读剧本、了解作品内容和主题思想的基础上的。

2.创编旋律对于中学生来说，是能胜任的一项活动，旋律的进行尽可能与歌词的语音语调起伏一致，使得歌词的内涵和感情能自然地表达出来。但写完旋律后还需对作品进行编配，也就是我们所说的音乐制作，这一部分的编曲对于中学生来讲会显得难度大了些，但是随着现代科技的发展，学生们在日常生活中也接触了越来越多的音乐制作软件，比如手机中的"库乐队"或其他作曲软件，方法便捷，可以编辑制作音乐，对一部分中学生而言，操作起来不难。

3.校园音乐剧的创作，可先写剧本，接着歌词，再接着音乐创作，或先音乐后歌词，可根据剧情的需要确定一首作品作为音乐剧的主题核心，能概括或者代表音乐剧的主题思想。

4.针对中学生的演唱特点，校园音乐剧的歌曲创作，可简短些，适合中学生演唱，音区最好集中在中音区，十二度以内的范围，演唱难度不大。

5.根据校园音乐剧的题材特点，可选用进行曲、圆舞曲、民歌、校园歌曲等，而舞蹈音乐及背景音乐的创作，可使用主题拓展或者变奏的方式来进行，尤其舞蹈音乐要注意使用节奏鲜明、有固定节奏型的音乐。歌曲可选择一段体、二段体或再现三段体结构。

四、行云流水的雕塑——舞蹈创作

舞蹈是音乐剧中最灵动的舞台表现方式，它可以交代剧情、推动剧情的发展，又可以抒发人物的内心感情，也可以调动观众的情绪、渲染舞台气氛。在音乐剧中，音乐与舞蹈之间是互补和互动的，可以说舞蹈是音乐剧中仅次于音乐的第二重要元素，丰富多彩的舞蹈和生动的肢体语言，是音乐剧舞蹈的主要内容。音乐剧中的舞蹈大体可以分为三类：一是叙事性舞蹈，剧本基本阐明了创作主旨，限定了主要场景，音乐也已确立了与剧情相符的情感基调，舞蹈只能在此基础上，在有限的空间内展开，侧重于叙事功能，表达一定的故事情节，描写情节的发展过程。二是抒情性舞蹈，主要是为了表现明显的情感，各种肢体语言表达着角色的情绪和情感，舞蹈和音乐紧密相连，相得益彰，随着旋律节奏的变化用动作展现出情绪上的波动，无论活泼的踢踏舞、典雅的华尔兹、高贵的芭蕾舞、热情的拉丁舞，都可以完美地融入同一部音乐剧中，通过韵律感十足的舞蹈语汇来创造饱满的情感，从而调动观众的情绪，渲染舞台气氛，推动演出的进行。三是抒情与叙事相结合，将舞蹈的抒情性和叙事性结合起来，相互渗透，既交代了故事情节，又抒发了角色的情感，交相辉映。

在校园音乐剧的创编中，舞蹈元素对于学生来讲，可能是难度最大的一项，因为相对于其他元素而言，舞蹈的接触面较窄。建议一部校园音乐剧大约使用2—4个独立的舞段，形式可以多样：独舞、双人舞、三人舞、群舞、边歌边舞等等，根据剧情需要，各种舞蹈语汇都能选择使用，比如现代舞、民族舞、芭蕾舞、踢踏舞等等。但在使用舞蹈元素时，要注意舞蹈在音乐剧中所起的作用：

1. 渲染气氛，推动情节发展

舞蹈的动感、直观这些特性，容易给整个音乐剧舞台带来极大的视觉冲击力，塑造立体的舞台效果，比如开场的大场面舞蹈或载歌载舞形式，可以一下子激起观众的兴趣和注意力，舞蹈还能使表演变得轻松愉悦，甚至是幽默诙谐，因此，舞蹈是剧场气氛最好的渲染着，也能起到推进剧情发展的作用。

2. 虚拟场面，塑造人物形象

舞蹈可以通过肢体语言，展现虚拟的场面，有助于剧情时间及场景的切换，因此在创作的初期，就应该有意识地追求和营造某些舞蹈场面的连接性和可舞性。同时注意表现剧中角色的性格特征及剧情中的内心活动，舞蹈能委婉地表现出人物此时此刻的心情和情绪，那种内敛的表达方式，对观众而言，冲击力更大。

在创编校园音乐剧的舞蹈动作时应注意以下几点：

1. 舞蹈必须同音乐剧中特定的戏剧情节、人物性格、人物情感、规定情境等有机地结合起来，具备戏剧属性。

2. 考虑学生的实际舞蹈水平，大胆使用各种舞蹈语汇。可鼓励有舞蹈基础的学生尝试创编舞蹈，或是模仿相近风格的舞蹈作品，进行改编。对于没有舞蹈基础的学生，也要鼓励他们大胆表现自己，可简化舞蹈动作，或是选用学生们所熟悉的体操动作，或是生活化的动作，让他们自信地展示自己。

五、五彩斑斓的舞台——舞美设计

舞台美术主要包括化妆、服装、道具、布景、灯光、音响等等，舞台美术可以刻画出角色的外部形象，可以交代作品发生的环境，渲染舞台的气氛，也可以协助完成时间和空间的转换，推动剧情的发展。音乐剧剧场因为要呈现的艺术形式比较多，所以对演出的氛围、场景、角色形象、灯光音响等都比较讲究，这样才能使音乐剧成为观众眼中的艺术盛宴。

对于任何一部音乐剧，无论是曲折动人的剧情，还是感人肺腑的歌舞，都需要通过角色演绎出来，所以，舞台上的人物形象特别重要，除了通过演唱、舞蹈、表演来刻画之外，角色形象的外在设计也特别重要，可以让人第一眼从视觉上有个深刻的印象，所以角色的造型、服装、化妆都要能突显出角色的性格特征、职业、身份等等。除此之外，舞台场景的设计也十分重要，首先要了解清楚表演舞台的风格和布局，然后根据设计者的自我理解和经验，运用各种美术形式把它逼真地展现出来，达到美化舞台、为剧情服务的目的。

对于校园音乐剧来说，最需要花时间准备的应当是舞台布景、道具及服装，建议尽可能使用生活中现有的物品，或是由学生自己动手制作的绘画、手工作品等等，尽量做到美观、实用，只要能将故事发生的环境、氛围交代清楚就行了，因为我们不可能有像大型音乐剧表演那样的大手笔大制作。但无论使用什么布置手法，都不能脱离剧情的需要，同时舞美也要根据剧本内容和演出需要，不断地改变，要与音乐、舞蹈等形成统一的艺术整体。此外租借服装也是一个行之有效的方法，能节省时间与资金。至于灯光与音响只能根据各校及各演出场地的设备情况量力而行。注意起到渲染气氛、隐喻主题、刻画形象的目的即可。

六、能歌善舞的表演——排练演出

演员的选定非常重要，直接关系到最后演出效果的好坏。专业音乐剧对演员的要求很高，几乎是全能型的，要会唱会跳会演。但在校园音乐剧中，我们不可能要求学生们个个都像专业的音乐剧演员那样全能，在选择角色的时候注意掌握一个原则：先看综合艺术素质——唱、跳、演皆有些许的基础，但不一定都要很突出，再根据角色的需要选择有某一方面特长的学生，比如一部分侧重演唱，一部分侧重舞蹈，一部分侧重表演，根据特长安排角色，当然能找到唱跳演俱佳的学生来担任主角那是最好。

　　排练是个细致的工作，是将文字和音符演变成活生生人物形象的关键一步。排练的原则是先局部，后整体，先大体，后细化，具体地说就是先将演唱、舞蹈及对白分开练习，各个角色先学会各自的任务，如歌曲的演唱、舞蹈动作、戏剧对白等等，之后再根据剧情分场次合排，最后进行整个剧的合排，注意整个表演过程的连贯性，做好人物上下场及场景转换的衔接。在演员对整体有个大体印象的基础上，接着针对较不理想的环节进行细化练习，努力提高整个作品的质量。同时让学生明确自己在舞台上的每个时刻该做些什么，明确自己是整个音乐剧中的一个角色，而不是生活中的自己。

　　安排好演出前的走台与彩排，要求演员们穿上正式的演出服装，舞台布景与道具、灯光音响等等全部到位，这项工作是对音乐剧作品进行最后的审核，针对其中一些不尽如人意的地方进行及时的小范围修改，这样才能保证正式比赛或演出时不会出现大的疏漏。

　　正式演出前，要认真细致地检查伴奏音乐、舞台布景、道具、服装、化妆品等是否准备齐全，同时充分调动演员的情绪，让他们以放松、积极的心态投入到演出中去。

　　正式演出时还要考虑演出地点和音响的选择，课堂教学上的表演可放在音乐教室中即可，演员如能使用上话筒，效果会更好些，当然如果条件不够的，在教室这样的小空间里不使用话筒影响也不是很大。而作为比赛或在舞台上的演出，对音响的要求就比较高，所有有演唱和对白的演员最好都要使用微型麦克风，这样与背景音乐才不会形成太大的落差。

　　音乐剧这一颇具现代流行元素的综合性舞台艺术深受学生们的喜欢，其特有的表现形式不仅使学生们陶冶了情操、培养了审美情趣，更使他们展现了个性和创造才能、发展了合作精神和实践能力，愿音乐剧这一艺术奇葩为孩子们播下热爱音乐、热爱艺术、热爱生活的心灵种子。

七、校园音乐剧编创案例《手牵手》

【课标解析】

音乐剧的编创与表演，需要在团队协作的基础上进行，每个成员需要发挥团队精神、互补互助以达到最大的工作效率。

音乐剧表演中，无论是主角还是配角，演员还是剧务，都是一个整体中的部分，成员间的协作情况，影响着音乐剧的整体表演效果。因此，需要队员间有高度的一致性，包括在特定时间节点上进行道具、灯光的操作与控制，在剧情的转折处加入音乐的烘托，在舞台场景转换、角色位置转换中保持表演的流畅，在演员之间、演员与乐队伴奏之间进行良好的衔接等。所有成员间的密切配合，可以令剧情的呈现十分流畅，并提升戏剧的表现力。

很多优秀的音乐剧作品中，包含着深刻的思想内涵，并多以反映关爱、互助、团结、坚忍等品质为主题。学生通过音乐剧排练和表演活动，可以从中受到潜移默化的熏陶，从而陶冶情操，培养良好的精神品质和团队合作意识。

【教学案例】

本案例以校园音乐剧《手牵手》排演心得的形式进行呈现，对剧本写作、音乐选配、歌词编写、舞蹈创编、舞美设计、演员选定、排练组织、舞台演出等环节的实际操作要求和注意事项进行了详细的说明和介绍，对指导学生如何进行音乐剧排练，具有一定参考价值。

校园音乐剧《手牵手》排演心得

校园音乐剧的编创与表演适合所有的中学生，可以是全班的学生都参与到同一个小型音乐剧作品的创编表演，也可以是一个班级分几个小组，每组同学自由组合，根据自己的喜好编创不同内容形式的作品。本案例以前一种形式为主，阐述一个有着 50 名学生的班级如何从创编校园音乐剧作品到排练到最后作品展示的过程，这种形式的教学适合应用于我们的日常课堂中。

因为音乐剧是一门综合艺术，学生们可以根据自己的特长选择适合自己的任务，比如写作能力强的学生可以创编剧本、歌词，有音乐特长的学生可以创编音乐舞蹈、参与主要角色的表演，美工较好的学生可以进行舞美的制作，组织能力强的学生可以担任导演、进行现场组织工作等，剩下的学生可以担任一些不是重要角色的表演、协助负责的同学做好场务工作等等，所有的人都加入音乐剧的创编表演工作中，这样很容易激发学生的参与热情和团结协作的意识，当然在剧本创作的时候就要考虑好全班同学都有的角色设置。

一个校园音乐剧节目表演时间大概为十二分钟，整个编排过程由学生自主完成，老师适时指导，可将课堂中集体的探究、讨论、合作、排练以及老师的指导工作与课外的写作、音乐剪辑、小组排练等相结合。现以学生作品校园音乐剧《手牵手》为例，阐述校园音乐剧创编排演过程的步骤及要点：

（一）剧本的写作

音乐剧中剧本相对于其他元素来讲，就像是高楼中的地基，所有的其他元素包含音乐、舞蹈、舞美等等都是在剧本的基础上逐一展示的，因此，在指导学生进行校园音乐剧创编时，剧本一定是先行的，它不仅要有一个好故事、完整的故事，还要注意设置一定的戏剧冲突，同时，剧本始终处于不断地调整和修改当中，直到最终的正式演出。但值得注意的是，在正式排练前，必须有完整的定稿，排练严格按照剧本进行，最多只能是微调，切忌在排练中进行大幅度的改动，对于完全没有任何表演经验的中学生来讲，不断地改动一方面学生会不知所措，另一方面极其浪费时间，所以在创作剧本之前，师生之间要共同商榷音乐剧的内容概况、主题思想、人物设定、情节发展等等，并预设音乐舞蹈场景，后由一位文学功底强的学生执笔创作，学生们的想象力、创编能力往往会超乎我们的想象。

当然，在剧本的撰写过程中，还应该预设一些可能存在的困难，让后续的实践活动留有一定的调整空间，毕竟我们的学生演员是非专业的，绝大多数都是第一次参演，在未能达到最佳效果的同时，能有其他的方案进行替代。

校园音乐剧《手牵手》的故事内容来源于学校的生活实际，讲述本班同学中有一位省级帆板队的同学，在一次比赛前感觉紧张、孤寂，班上的同学知道了后，通过举办班会，每位同学用语言和贺卡上的文字鼓励、安慰、支持这位同学，帮助她缓解了比赛压力，让她感受到同学间的温暖和集体的力量。

可以说，这个剧本的故事内容是真实再现学生自己的校园生活日常，这样的取材有个好处，就是在后续的音乐剧表演中，学生可以本色出演，甚至可以演自己，让教室成为舞台，让自己成为角色，在这样的演出中，学生更容易树立自信心。

（二）音乐的选配

音乐在音乐剧中的地位特别重要，它既能抒发角色的内心情感独白，又能交代剧情、体现故事中的戏剧冲突，好听的音乐亦是吸引观众的一个重要手段。在校园音乐剧《手牵手》的音乐选配工作中，主要由几位热爱音乐的同学来完成，他们并没有太多的音乐特长基础，但平常喜欢听音乐，积累了不少音乐作品。根据校园音乐剧演出时长通常为 12 分钟左右的特点，《手牵手》这个作品共选择了六个音乐片段，分别为开场音乐、表现班级精神风貌的歌唱、用歌声向老师说明原因、帆板队同学通过演唱讲述自己的内心活动、同学们用歌声鼓励帆板队同学、结尾的舞蹈音乐，每个片段的时长一分钟到两分钟不等，演唱主要使用独唱、对唱、齐唱的形式，其中的第一和第二个音乐片段分别选自音乐教材中的《生命之杯》及《猎人合唱》中的旋律，另外四首是中学生喜爱的适合他们演唱的流行歌曲。

在这个校园音乐剧音乐的配置上，学生主要是选用现成的音乐，除了背景音乐及舞蹈音乐，歌曲采用了改编现有作品歌词的方法，这种方法较为实用，节省了音乐创作时间，同时这些音乐作品都是耳熟能详的流行音乐和教材中的作品，表演的同学学起来快，观众听起来特别有亲和力。这些作品的传唱度广，因此，伴奏音乐也容易找，学生只需使用音乐编辑软件 Cool Edit 或其他可以进行简单音乐剪接功能的音乐软件，即可完成这部音乐剧表演所需的音乐需求。其中的音乐片段二，教材中的《猎人合唱》歌曲旋律因找不到合适的伴奏音乐，所以演出时由老师帮忙用钢琴弹奏伴奏音乐，全班同学一起演唱。

校园音乐剧《手牵手》作品中共使用的六个音乐片段，具体剧情和使用情况详见剧本（附后）。这六个片段分别是：

（1）开场音乐、音乐片段二——歌曲瑞奇·马丁的《生命之杯》（1998 年世界杯足球赛主题曲）片段。

（2）音乐片段一——歌词：根据剧情需要创编；旋律：选自合唱曲《猎人合唱》（韦伯歌剧《自由射手》第三幕）。

（3）音乐片段三——歌词：根据剧情需要创编；旋律：选自歌曲 F4 的《流星雨》（电视剧《流星花园》主题曲）。

（4）音乐片段四——歌词：根据剧情需要创编；旋律：歌曲景岗山、林依轮、高林生演唱的《步步高》（陈树作词，王刚作曲）。

（5）音乐片段五——歌词：根据剧情需要创编；旋律：歌曲王力宏、陶喆的《手牵手》（王力宏、陶喆、陈镇川作词，王力宏、陶喆作曲）

（6）音乐片段六——舞蹈音乐《年轻的心》（郭峰词曲）

（三）歌词的编写

音乐剧中歌曲的歌词有一个优雅的名称叫"剧诗"，由此可见，它包含了"剧"与"诗"的特点，既要紧密联系剧情的发展与人物情感的表达，又要兼顾歌词中押韵、朗朗上口的特点。音乐剧歌词的编写同样需要重视与剧中音乐的完美结合，才能很好地刻画人物的内心世界，表现人物的形象特点，推动剧情的发展。

校园音乐剧《手牵手》共有四个音乐片段的歌词是由学生根据剧情的实际编写或改编的，音乐片段一选择了音乐教材中的演唱歌曲《猎人合唱》的旋律，由歌词编写组的学生根据音乐和剧情全新编写歌词，表现出班级积极向上的精神风貌。而音乐片段三则选用了学生们都很喜欢的歌曲《流星雨》的旋律，这首歌曲用近似于述说的口吻表达一种略带忧愁的情绪，刚好适合剧中学生们心里担心、着急帆板队同学状况的这个故事情节，这个片段的歌词由学生全新创作，用歌唱来代替语言的表达，跟老师解释举行这次活动的原因。音乐片段四使用了歌曲《步步高》的旋律，根据剧情的需要沿用了歌曲原有的前四句歌词，编写了四句新的歌词，表现出帆板队同学在比赛前内心的压力、不安和孤独，歌词描述了角色的情绪和内心情感。音乐片段五《手牵手》是本剧的主题音乐，选用了2003年抗非典所创作的一首同名公益歌曲，歌曲的演唱形式是群星合唱，这首歌曲的歌词特别励志，大体也适合音乐剧《手牵手》的主题，因此在歌词上主体遵照原作，根据剧情的实际做了些许的改编，同样采用群星歌唱的形式，由班上的全体学生共同演唱。

剧中的具体歌词如下：

（1）表现班级乐观、积极、向上的音乐片段一歌词：

齐唱：有谁像我们这样自由自在又欢乐，

有谁像我们这样幸福生活，

欢声笑语多，

上课积极发言不落后，

课后互帮助，

三班丰采永久铸。

（2）向老师解释班级举行这次活动缘由的音乐片段三歌词：

领唱：A：她最近很失落，总觉得很难过，我想伸出手，为他布置一片天空。

B：不让她难过，替她摆平寂寞，压力和烦恼全部都交给我。

C：她伤感太多，我想给她呵护，烦躁的烟火，我要替她都赶走。

D：温暖的语言，会增强她信心，我不会沉默，我要给予她帮助。

齐唱：想和她手牵手，笑看挫折困难，她有了我们，再不会紧张彷徨。

（3）表现帆板队同学内心紧张、无助、彷徨的音乐片段四歌词：

没有人问我过得好不好，

现实与目标哪个更重要，

一分一秒一路奔跑，

烦恼一点也没少，

可有人像我辛苦走这遭，

孤独与失败在身边围绕，

努力付出却没有回报，

我的心没人明了。

（4）同学们用歌声来鼓励帆板队同学树立信心，他们一起手牵手共同面对，突出作品主题的音乐片段五歌词：

同学 A 唱：这世界乍看之下有点灰，你微笑的脸有些疲惫。

同学 B 唱：抬起头天空就要亮起来，不要放弃你的希望与期待。

同学 C 唱：相信你能征服那汹涌的海水，真心已经被看见梦会实现。

同学 D 唱：这一刻不要躲在害怕后面，我们将会给你多一点信念。

同学 E 唱：那挫折不会真的将你打败，你将会迸发生命的光彩。

同学 F 唱：风雨过去那一天悲伤就会停下来，感觉你身边的爱它存在。

齐唱：手牵手我的朋友，爱永远在你左右，不要再紧张也不要放弃，这一切将会渡过，因为你和我才有明天的彩虹。

（四）舞蹈的创编

舞蹈在音乐剧中具有戏剧性和抒情性的特点，是最灵动的舞台表现方式，它既可以交代剧情，又能抒发角色的内心情感，同时也能有效地调动现场观众的情绪，渲染整个舞台的气氛。当然在校园音乐剧《手牵手》的编创和排练过程中，最难的就是舞蹈这个环节，因为班级里有舞蹈基础的学生仅有一两个。因此在最初的剧本设计中，预留的舞蹈环节仅有一个，就是在整个剧的最后一个片段，帆板队的同学被同学们的用心和爱心感动了，重新树立起自信，她和几位同学一起跳起富有校园青春气息的舞蹈《年轻的心》。因为学生们都没有创编舞蹈动作的经验，就由个别几个喜爱舞蹈的女生自己查找一些相关风格的舞蹈作品，模仿其中的动作，并组合编成一段活泼、热情、开朗的小集体舞。

这段舞蹈的时间虽不长，但是因为音乐动感好听，舞蹈动作活泼富有青春感，加上同学们热情洋溢的表演，为本剧增添不少光彩，使得整个剧在一片其乐融融的氛围中结束，突出了该剧的主题思想——年轻不怕失败，手牵手，一起共渡难关。

（五）舞台美术的设计

舞台美术也是音乐剧中必不可少的元素之一，无论服装、道具、舞台背景等等，都能为塑造角色形象、交代故事发生的场景、渲染舞台气氛起到重要的作用。校园音乐剧的规模较小，受场地的影响，在舞美方面很难做到气势辉煌的大制作，只需注重美观、大方、实用，在学生们力所能及的范围内尽可能做好即可。使用生活中现成的物品是最为简捷易行的办法，如若剧情的需要，也可根据学生的美工能力进行制作，充分发挥学生的想象力和创造力，设计可操作性强的舞台美术作品。

校园音乐剧《手牵手》的舞美制作较为简单，因为是班级的集体演出，地点就放在本班级内，根据剧情的需要，把教室布置成富有晚会气息的感觉，学生们设计在黑板上写上"手牵手"三个字，同时在教室里挂上一些彩色气球、彩带。道具为每位同学自己制作的一张贺卡，用于剧中送给帆板队同学所用。因为故事发生在校园，所以所有表演的同学身穿校服。

因为这是发生在学生身边的真实故事，所以在舞台表演环境的设计中，尽可能趋向日常化，就跟平常开主题班会一样布置，所以学生们容易上手完成。

（六）演员的选定

对于中学生而言，一个班级中，有艺术特长的学生数量是有限的，当然具体情况跟不同地区、不同学校的生源情况有关。校园音乐剧是一种普及性艺术教育项目，它是面向所有任何基础的学生的。为了更好地展现音乐剧作品，达到最好的演出效果，在安排演员的时候，要仔细斟酌，选择最合适的人选。首先要优先考虑的是唱跳演皆有些基础的学生，让他们担任剧中的主要角色，比如校园音乐剧《手牵手》中的帆板队队员维娟同学，就是由班级里能歌善舞会说的一名女生担任。其次再根据角色的需要选择有某方面特长的学生，比如歌曲演唱部分选择有声乐优势的学生，舞蹈部分选择有舞蹈基础或是动作协调的学生来担任，尽可能让每个孩子发挥出自己的最大优势。

（七）排练的过程

排练是将剧本中的文字和音符转化为活生生人物形象的关键一步，校园音乐剧的排练通常是先按其中的单个音乐作品局部排练，或是按不同场景分开排练，也可以按歌唱、舞蹈、对白等不同表演形式分开练习，最后再整体合成。先让每位同学了解、熟悉自己的表演任务，再与其他同学配合练习。合练中要先对整体的流程有个大体的了解，再针对其中的细节进行反复雕琢，直至作品的最后呈现，尽可能发挥出每个人的最好水平。同时让学生明确，在舞台上，自己是作品中的其中一个角色，而不是生活中的自己。

校园音乐剧《手牵手》的排练先是学会其中的所有歌唱片段，然后学习结尾部分的舞蹈，接着熟悉对白、了解台位的走动，最后将各部分整合起来完整排练，直至熟练表演，在搭好整体框架的同时，注重细节方面如语音语调的变化、歌唱情感的表达、舞蹈动作的优美等等的提升。

安排好演出前的走台与彩排工作，要求演员们穿上正式的演出服装，舞台布景与道具、灯光音响等等全部到位，这项工作是对音乐剧作品进行最后的审核，针对其中一些不尽如人意的地方进行及时的小范围修改，这样才能保证正式演出时不会出现大的疏漏。

（八）正式演出

正式演出前，首先要先制作好舞台布景，检查道具、服装、伴奏音乐等是否准备齐全，其次要注意调动演员的情绪，让他们以轻松、积极的状态投入到演出中去。

校园音乐剧《手牵手》是在教室中演出，由于全班同学参演，教室中的音响设备条件不够，所以未使用话筒，但因教室的空间不大，所以每位演员的音量都能听得清楚，并不影响实际的演出效果。

正式演出时我们邀请了班级的各科任老师、学校领导还有家长一起观看，由于受到一致好评，之后在学校小礼堂中又演了一次，与其他班级进行展示交流。

经过一段时间的相互创作、共同排练、一起努力，校园音乐剧《手牵手》让同学们之间的集体荣誉感得到了极大的提升，不管这个成果是否精致、节目质量是否上乘，同学们都深深地爱上自己的劳动果实，都特别珍惜这个成果，也热爱上了音乐剧这朵艺术奇葩。

通过校园音乐剧《手牵手》的创编表演教学，我们可以清晰地看到音乐剧这一颇具现代流行元素的综合性舞台艺术深受学生们的喜欢，其特有的表现形式，不仅使学生们陶冶了情操、培养了审美情趣，更使他们展现了个性和创造才能、提升了合作精神和实践能力，对培养全面发展的人起着不可替代的作用。愿音乐剧为孩子们播下热爱音乐、热爱艺术、热爱生活的心灵种子。

附1：校园音乐剧《手牵手》剧本：
校园音乐剧《手牵手》
人物：老师、班长、同学 A 、同学 B 、同学 C 、同学 D、同学 E 、

同学 F 、维娟（帆板队队员）

地点：高一（3）班教室

（开场音乐《生命之杯》）

同学 A：大家好！欢迎来到高一（3）班。同学们，让我们用最特别的方式欢迎各位来宾！

（所有同学一起鼓掌，音乐片段一起）

齐唱：有谁像我们这样自由自在又欢乐，

有谁像我们这样幸福生活，

欢声笑语多，

上课积极发言不落后，

课后互帮助，

三班丰采永久铸。

同学 B：你们知道今天什么日子吗？我们将在这里举办一个 party，可别让人知道了。同学们开始布置吧！

（音乐片段二《生命之杯》音乐再度响起）

【同学们一起布置教室，教室一片沸腾吵闹】

老师：哎，怎么这么吵？班长！班长！……

你们在干什么？谁让你们把教室布置成这个样子的！你们难道不知道我们这儿是学校，不是游乐场。把你们弄好的给我拆下来！你们，给我下来！

班长：老师，您别生气，我们这么做，也是有原因的！

老师：原因？什么原因？

同学 B：帆板队的维娟同学就要去参加比赛了。那可是一个国际性的比赛呢！

老师：帆板队的？哦，是那个新来的省队的维娟同学啊！

同学 C：可是她的心理压力特别大，训练时过度的紧张，影响了她的成绩。

班长：（点头）因为事情较急，我们来不及和您商量，所以……

领唱（音乐片段三）：

A：她最近很失落，总觉得很难过，我想伸出手，为他布置一片天空。

B：不让她难过，替她摆平寂寞，压力和烦恼全部都交给我。

C：她伤感太多，我想给她呵护，烦躁的烟火，我要替她都赶走。

D：温暖的语言，会增强她信心，我不会沉默，我要给予她帮助。

齐唱：想和她手牵手，笑看挫折困难，她有了我们，再不会紧张彷徨。

老师：好好好，不用说了，我能理解，那我可不可以参加你们的活动？

班长：当然可以！

同学们（高兴地呼喊）：太好了！

同学C：看她来了！（同学们躲起来）

（维娟进场，音乐片段四起）

维娟唱：没有人问我过得好不好，

现实与目标哪个更重要，

一分一秒一路奔跑，

烦恼一点也没少，

可有人像我辛苦走这遭，

孤独与失败在身边围绕，

努力付出却没有回报，

我的心没人明了。

（欢呼声，音乐片段五起）

老师：（手捧一束花）送给你。

同学A唱：这世界乍看之下有点灰，你微笑的脸有些疲惫。

同学B唱：抬起头天空就要亮起来，不要放弃你的希望与期待。

同学C唱：相信你能征服那汹涌的海水，真心已经被看见梦会实现。

同学D唱：这一刻不要躲在害怕后面，我们将会给你多一点信念。

同学E唱：那挫折不会真的将你打败，你将会迸发生命的光彩。

同学F唱：风雨过去那一天悲伤就会停下来，感觉你身边的爱它存在。

齐唱：手牵手我的朋友，爱永远在你左右，不要再紧张也不要放弃，这一切将会渡过，因为你和我才有明天的彩虹。

同学A：扬起自信的风帆驶向前方

同学B：勇气会使你到彼岸

同学C：相信自己，永不言败

同学D：激发你的潜能，我们永远支持你！

同学E：加油！

同学F：阳光总在风雨后！

班长：让我们50颗心紧紧相连在一起，手牵手一起步向成功！

【演唱同学边唱歌边献贺卡，其他同学纷纷上台献贺卡鼓励帆板队队员维娟，然后再由班长手捧一颗心型贺卡，交给维娟。】

维娟：谢谢！谢谢！……我曾迷失自我，但是和你们在一起，只要我们手牵手，就能战胜一切，因为我们拥有一颗年轻的心！

【音乐片段六《年轻的心》，舞蹈起】

全剧终

附2：校园音乐剧《手牵手》音乐：

（1）开场音乐——歌曲瑞奇马丁的《生命之杯》（1998年世界杯足球赛主题曲）片段

（2）音乐片段一（合唱曲《猎人合唱》主旋律）

1=D 2/4

有谁像我们这样自由自在又欢乐，有谁象我们这样幸福生活，欢声笑语多，上课积极发言

不 落 后，课 后 互 帮　助，三班　丰采永久　铸。　啦啦啦　啦啦啦

$$\frac{5}{\underline{4}2} \underline{\underline{4}2} | \frac{5}{\underline{4}2} \underline{\underline{4}2} | \underline{3135} | \underline{3135} | \underline{31}\underline{111} | 1 - \|$$

啦啦　啦啦　啦啦　啦啦　啦啦啦啦　　啦啦啦啦　　啦啦啦啦啦　啦

（3）音乐片段二——歌曲瑞奇马丁的《生命之杯》（1998 年世界杯足球赛主题曲）片段

（4）音乐片段三（歌曲《流行花园》主旋律）

1 =E 4/4

$$\underline{333} \ \underline{335} \underline{5} \cdot \ 3 | \underline{222} \ \underline{27} \overset{6}{\underline{5}} - | \underline{111} \ \underline{17} \underline{6} \cdot \ \underline{6} \ \underline{21} |$$

他最近　很失落，总　觉得很　难 过，　　我想伸　出手，为 他 布
他伤感　　太多，我　想给他　呵 护，　　烦躁的　烟火，我 要 替

$$\underline{176} \ \underline{67} \underline{6} \cdot \ \underline{5} \cdot | \underline{333} \ \underline{355} \ \underline{5} \cdot \ 3 | \underline{222} \ \underline{27} \overset{6}{\underline{5}} - |$$

置一片　天 空，　不让他　难过，　替 他摆平　寂 寞，
他都　赶 走，　温暖的　言语，　会 增强他　信 心，

$$\underline{111} \ \underline{17} \underline{6} \cdot \underline{6} \underline{21} | \overset{1.}{1 \ \underline{12} \cdot \ 2} - : \| \overset{2.}{1} \ \underline{12} \cdot \ 2 \ \underline{32} |$$

压力和　烦恼 全部都　交 给 　我。　　　 予 他帮 助。想和
我不会　沉默 我要给　　　　　　　　　　　

$$\underline{132112} | \underline{3216} \ \underline{3216} | \overset{6}{1} - \underline{6713} | 3 \ \underline{3212} - \|$$

他手牵手笑看　挫折困难，他有了　我们　再也不会　紧　张彷徨。

（5）音乐片段四（歌曲《步步高》主旋律）

1 =C 4/4

$$0 \underline{55} \| : \underline{1} \cdot \underline{111} \underline{221} | 6 - - \underline{066} | 2 \cdot \underline{211} \underline{331} | 2 - - 0 \ 3 |$$

没有 人 问我过得好不　好，　现实 与 目标哪个更 重 要，　一
　　　　人 像我辛苦走这　遭，　孤独 与 失败在身边围 绕，　努

$$5 \ 0 \underline{16} \ \underline{01} | 3 \ \underline{36} \underline{5} \cdot \ 5 | \overset{1.}{4} \cdot \ \underline{44} \cdot \underline{561} | \underline{7} \cdot \underline{6} \ 5 \ 0 \underline{55} \|$$

分　一秒 一 路 奔跑，烦恼 一点 也没有 少　　可有

力　　付出　　却没回报，我

2.

4· 5̲ 1· 1̲1̲2̲ | 1 － － － ‖

的　心　没人明　　了。

（6）音乐片段五（歌曲《手牵手》主旋律）

1=D 4/4

0 3̲3̲3̲ 3·3̲5̲ | 5̲4̲4̲3̲4̲ 4·4̲5̲ | 6̲6̲6̲ 6 6·5̲5̲4̲ | 5̲2̲3̲3̲ － － |

这世界　乍看　之下有点灰，　你微　笑的脸　有些　疲　惫，

这一刻　不要　躲在害怕后　面，我们　将会给　你多一　点　信念，

（4̲5̲5̲5̲4̲ 4̲5̲ | 6̲6̲6̲6̲6̲）

0 3̲3̲3̲ 3·3̲5̲ | 5̲4̲ 4̲3̲ 5̲4̲ 0̲4̲5̲ | 6̲6̲6̲ 6̲6̲ 6·6̲ 6̲6̲5̲ |

抬起头　天空　就要　亮起　来　不要　放弃你　的希望　和期

那挫折　不会　真的　将你　打败，你将　会迸发　生命　的光

5 － － 0̲6̲7̲ | 1̲1̲1̲ 1̲1̲ 1 0̲5̲5̲ | 5̲5̲ 5̲6̲ #4̲3̲2̲ 0̲6̲7̲ |

待，　　相信　你能征　服那　汹　涌的海　水，　真心

彩，　　风雨　过去那　一　天　悲伤　就会　停下　来，　感觉

1̲1̲1̲ 1̲1̲1̲·6̲6̲1̲2̲ | 2 － － － :‖ 3̲ 5̲1·5̲6̲ | 6̲4̲2̲ 2 － |

已经被　看见梦会实　现。　　手　牵手我的　朋友，

你身边　的爱它存　在。

3 5̲1· 3̲3̲ | 3 4̲2̲ 2· 1̲2̲ | 3̲3̲ 3̲1̲2̲ 3̲3̲ 3̲ 1̲2̲ |

爱　永远　在你　左右　不要　再紧　张也不　要放　弃，这一

3̲2̲1̲ 1̲2̲6̲ 6·6̲7̲ | 1̲ 2̲6̲ － 6̲7̲ | 1̲ 2̲6̲·7̲1̲ | 1 － － － ‖

切将会　渡过，　因为　你和我　才有　明天的彩虹。

（7）音乐片段六——舞蹈音乐《年轻的心》（郭峰词曲）

案例评析

戏剧表演模块是一门实践性极强的课程，它更强调的是学生对戏剧的兴趣，以及提升戏剧表现、编创等方面的能力，在积累实践经验的同时增强团队沟通、协作的意识和能力。而在教材中所包含的中国戏曲、中外歌剧、音乐剧、话剧等内容中，音乐剧则是最受学生喜爱和关注的项目，因为音乐剧是一门包含多样现代音乐元素的舞台艺术，它通俗易懂、贴近生活，音乐好听、故事动人。对学生而言，音乐剧既熟悉又陌生，熟悉是因为常见常听，陌生是因为音乐剧似乎很难操作。在这样的情况下，有效地进行音乐剧教学，可以充分满足学生们多种艺术表现的需求，可以很好地提升学生的审美能力、艺术实践能力、创造能力，加深对多元文化的理解。

在《校园音乐剧的编创与表演》教学案例中，我们可以感受出校园音乐剧《手牵手》的教学具有以下几个特点：

1. 面向全体，注重发展

在我们的印象中，音乐剧都是由专业的音乐多面手演绎的，因为它是一门综合艺术，对演员的要求极高，但我们从本篇案例中不难发现，事实上，音乐剧的编创表演是极具普及性的，每一位孩子都可以投入到其中，任何一个普通行政教学班，都可以完成。而这种面向全体的教育方式，正是目前美育所极力倡导的普及性教育。

在面向全体的同时，又能根据每个学生的不同艺术特长进行分工协作。由于音乐剧包含了多种艺术表现形式加之创作、组织、排练等工作，"工种"之多足以让每个学生都能找到自己最为合适的位置，每个人的才能都得到最大限度的发挥和展示，充分调动了学生的学习主动性和积极性，大大增强了学习音乐的信心。

2. 强调实践，易于操作

本案例中，特别强调学生的艺术实践参与，全班 50 位同学都参与到了音乐剧《手牵手》创作表演中，无论唱、跳、演、说还是文本创作、舞美制作、后勤组织、沟通协调等，整个过程有序、严谨、由浅入深、条理清晰、便于操作。这些实践活动可以大大提升学生的审美感知及艺术表现能力，为他们积累了大量的艺术实践经验，甚至是领导力、创造力、组织能力的培养。

3. 立足素养，不断创新

校园音乐剧《手牵手》的教学立足于音乐学科素养的要求，强调艺术审美，通过多种艺术表现形式来理解和感受现代艺术品种音乐剧的魅力。它包含歌唱、舞蹈、表演、美术等多种元素，来共同表达音乐的艺术美、剧情中同学间最诚挚的关爱之情，在情感和乐感的双重感染下，让学生理解音乐剧的文化内涵。

音乐剧极少有现成的剧本供排演，适合中学生表演的剧本更是凤毛麟角，在这样的情况下只有自己创作方能解决需求，而且这样的创作是多方位的，包含文本、音乐、歌词、舞蹈、舞美等等，所以校园音乐剧的教学可以很好地开发出学生的创造潜能，我们期待有更多的类似《手牵手》这样的学生原创作品的诞生。

4. 学生主导，彰显多元

整个校园音乐剧《手牵手》的编创、排练、表演过程都是由学生自主完成的，老师仅仅只是提供参考意见，辅助引导学生完成各项流程。学生就像导演、制片人、主演、配角、美工等，大家群策群力，共同完成一项艺术作品，其中的乐趣和收获可想而知，一定是终生难忘的。

音乐剧是西方优秀文化成果，让我们和学生一起用包容的心态学习它、发扬它、创新它，努力创造出具有中国特色的音乐剧，说不定今日的学习者就是明日的中国音乐剧大师。

八、校园音乐剧编排的特点

校园音乐剧作品的特点，首先，内容富有校园气息，可以是反映学生校园生活、家庭生活的题材，可以是表现学生青春活力、蓬勃朝气的内容，也可以是童话、寓言、神话传说或是课本中经典文学作品的改编，总之，校园音乐剧是体现校园生活和学子心境或感受的艺术创作。从时间及规模来说，校园音乐剧的演出时长通常控制在 12 分钟左右，因为学生非专业的音乐剧编创及演职人员，没有足够的时间、精力及能力编创、表演一部两三小时的大型音乐剧，通常的演出场所也大多在班级课堂内或学校的小剧场，所以呈现出小型化的特点。除此之外，校园音乐剧还应具备以下几个特点：

1.综合性，这与音乐剧的表现形式息息相关。校园音乐剧同样融合了音乐、舞蹈、文学、美术等多种元素，各种元素综合运用、相辅相成，所以校园音乐剧具有综合性毋庸置疑。校园音乐剧以戏剧作为本体，音乐是其最为重要和关键的表现手段之一，音乐是否成功不仅仅只在于是否拥有几首旋律优美动听的作品，更重要的是，音乐能否与剧情、戏剧元素很好地融合在一起，形成高度默契，完美配合。同样，舞蹈能否根据故事情节发展的需要，很好地表现和抒发音乐，以及表达歌唱所无法表达的情感，能否用肢体语言来表达情绪及内心等等，综合运用各种元素亦是校园音乐剧创作的重点。由此可见，戏剧、音乐、舞蹈，甚至舞美及其他表现形式都要紧密联系，相互搭配，相得益彰，才能取得意想不到的演出效果，才能构成一部优秀的校园音乐剧。校园音乐剧的综合性特点，可以使学生的创造思维空间更为广阔，让学生有更多的活动主动权。

2.艺术性，校园音乐剧首先必须具备音乐剧的所有艺术特征，同样包含音乐、歌唱、戏剧、舞蹈、舞美等多门艺术，所以它同样具有艺术性，让人感受到美感。一部好的校园音乐剧同样应先有一个好的故事，拥有好的表现故事的形式，比如生动的表演、优美的音乐、动人的舞蹈，同时具有多元的、五彩纷呈的表达方式，当然这种艺术性的呈现，要基于学生的艺术修养和实际能力，不能提出过高过多的要求，在提升审美能力的同时，尽力而为。

3.思想性，可以说，一所学校的灵魂主要体现在校园文化的精神中，校园音乐剧属于校园音乐文化的一部分，而校园音乐文化是校园文化的一个重要组成部分，因此，校园音乐剧的定位与"校园"二字密不可分，它必须注重培养学生的人文精神，强调弘扬和培养富有时代特征、促进学生全面发展、满足社会需求的校园精神，才能使学校精神永葆生机和活力。校园音乐剧要重视弘扬和培育高尚情操的校园精神，才有它的生存和发展空间，才能突显校园音乐剧的教育效果。因此，校园音乐剧的题材选择应是积极向上、健康文明、高尚的素材，让学生在美的感受中健康成长，形成优良的校园音乐文化。

4.通俗性，校园音乐剧情节简单但不落俗套，有对白、有歌唱、有舞蹈、有音乐，也有戏剧冲突，更侧重于给人一种情感激发、轻松、愉悦的感觉，加上学生是一个特殊的团体，应通过校园音乐剧的编创和排练演出，培养他们积极向上、活泼乐观的品质，故校园音乐剧所表现的艺术情感要让他们感觉活泼、快乐、舒坦，这样才能充分激起他们愉悦的情绪。

5.实践性，校园音乐剧的教学最注重的是实践活动，它从最初的编创到排练、彩排直至演出时刻，都可能存在边活动边修改的情况，在不断实践中不断创造。在这个过程中，校园音乐剧是集体智慧的结晶，倡导老师和学生共同参与创作和实践，老师在整个过程中起着引导的作用，组织学生有序地开展每一个环节的活动，应让学生在艺术实践活动中成为主角，不断地做决定，进而逐步培养学生的组织能力、创造能力、表演能力、团结协作能力等等。因此，在校园音乐剧教学中要敢于让学生自己大胆去创作去表现，尊重学生个性能力和心理，让学生从自身的实际才能和生活经验出发，自主合作编创及组织表演，真正意义上体现校园音乐剧的价值。

6.非商业性，这个特点是校园音乐剧与其他音乐剧最大的不同之处，其他音乐剧运营的主旨与目的是为了获取商业利润。而校园音乐剧教学的主要目的就是有效教育、培养学生，为了提高学生的艺术修养、陶冶学生的情操，培养其多方面的能力，是不能进行商业用途的。

九、校园音乐剧教学的意义

校园音乐剧的教学旨在提升学生素质、净化心灵、陶冶情操、培养高雅气质的同时，提高学生综合音乐素养和创造潜能，拓展学生的文化视野，作为校园艺术文化的一朵奇葩，能为更多的学生播下热爱音乐、热爱艺术、热爱生活的心灵种子。校园音乐剧的普及性教学有利于发展学生的综合能力，对培育学生全面发展有着十分重要的意义。

1.提高音乐素养，提升创造潜能

校园音乐剧的编创、表演等活动包含了审美、表演、演唱、舞蹈、合奏、音乐创作、视谱、听力、美工制作、多元文化理解、正确价值观等多方面的素养培育，同时校园音乐剧的创编、排演活动也是培养学生创作思维、创造思维的最佳途径。校园音乐剧的表现形式丰富多彩，有多个角色的扮演、有小乐队的合奏、有多种形式的演唱、有多姿多彩的舞蹈等等，这些合作形式让学生觉得活动充满乐趣，自主学习的动力十足，在老师的指导下，更易于认识角色、把握角色特点，更能准确分析剧中人物性格的特征。在这个学习过程中，能使学生潜移默化地对照剧中角色反思自己、认识自己，甚至可以从中分析了解自己，从而掌握自我实现的能力，同时可以充分挖掘、发挥自身的创造性潜能，成为具有更丰富表现力的人。

2.激发学习兴趣，增强文化自信

音乐剧是一门现代的通俗艺术，以流行元素作为主要的表现形式，因此它特别能激起学生的学习兴趣，编创、表演校园音乐剧可以让学生在实践的过程中，激发对知识的渴求，提升探究、创造能力。美国著名的教育家杜威提倡"做中学"，校园音乐剧的教学内容中有多元的表现形式，充分体现了活动教学的意义，能充分地调动学生的积极性，乐于主动地参与表现，所以在音乐课堂中进行校园音乐剧的教学，能充分调动学生的主观能动性、激发学生的学习热情。

音乐剧亦是一门综合艺术，将音乐、舞蹈、文学、戏剧、美术、表演等多门艺术相结合，对校园音乐剧进行创编、表演，不仅发展了学生的音乐表现能力，提高了艺术想象和创造力，也增进了学生对各国各民族不同文化的尊重、理解和热爱，同时拓宽了视野、丰富了生活情趣，不仅增强了文化自信，还能使各方面素质都得到了综合的发展。

3. 发展探究能力，培养合作意识

校园音乐剧教学倡导探究式的教学方法、合作式的编创实践及综合性的艺术活动，通过学生个人与小组的共同努力，在合作学习中合理分工，互帮互助，彼此交流，形成尊重、平等、民主的态度，建立了融洽、友爱的学习氛围，使学生增强了团体协作意识，提高了探究能力，在自主探究学习中促进了学生的学习积极性，更是增进了同学之间的团体合作能力，学会了包容。

校园音乐剧的艺术实践过程中充分体现学生的主体地位，老师和学生之间就是一种民主、合作的关系，所以校园音乐剧的教学活动能够融洽师生、学生之间的关系。同时，因为音乐剧剧情发展的需要，各个角色之间是互相关联、互相促进和影响的，这就要求学生在饰演不同角色的同时，要注意配合好与其他角色的表演关系，这就需要能与他人好好相处，遵从导演的安排、遵照剧本的要求来进行表演，学会彼此尊重。同时，在实践过程中，难免会遇到困难挫折，这就需要同学们之间的相互帮助，为别人做好事，因此，校园音乐剧的实践活动可以很好地培养学生的团结协作能力。

4. 引导审美情趣，营造优良氛围

校园音乐剧包含多项艺术种类，因此它本身就是一项很好的审美媒介，因为各项艺术本身就是美的。加上校园音乐剧的通俗性特点，学生容易掌握其要点，并倍感兴趣，这就十分有利于审美活动的开展。此外，校园音乐剧中所要表达的思想内涵及其潜移默化的品格培养，则有助于学生审美心理结构的完善，进而能促进学生全面和谐地发展。因此，校园音乐剧的审美教育，是通过活动的形式和方法，引导学生主动参与审美活动，并使学生在亲身参与体验中，感受审美的愉悦体验，从中获得美的熏陶和感染。

音乐有利于提高素质、净化心灵、陶冶情操、培养高雅气质，校园音乐剧综合了多种艺术元素，更是有着其他学科无法替代的作用。在校园音乐剧的教学过程中，学生在大量作品鉴赏的基础上，尝试自主创编、合作表演，从中不仅提升了鉴赏水平，拓展了音乐视野，还能在创作不同音乐表现形式中，积累更多的音乐基础知识及技能。校园音乐剧的编创与表演实践，本身就具有综合性的特点，在这一实践活动中，以学生为主体，一切从学生的实际能力和学习现状出发，这就有利于激发学生的积极能动性，在实践活动过程中更易获得美的体验和感受，从而培养了学生的审美能力，并形成浓浓的学习氛围。

校园音乐剧除了有利于学生全面发展外，对教师专业发展、学校构建艺术教育特色项目都有着不可替代的作用。

一方面，为了更好地进行校园音乐剧的教学，教师们需要不断提高音乐及教育教学理论水平，提升教学实践业务能力，并在其中逐步形成自己的教学特色，进而促进了教师的专业发展。在这个过程中，老师的科研意识明显加强，通过不断的教学实践，对课堂教学、课外活动组织及教育科研开展有效结合，逐步形成自己的看法，并在实践中形成教学特色，促进了专业能力的发展。

另一方面，校园音乐剧的教学能突显学校音乐教学特色，促进学校艺术教育的发展。通过参加校园音乐剧表演比赛、音乐剧课堂教学公开展示课、音乐剧讲座等活动，易在同行中产生影响力，成为学校音乐教学的特色项目，很大程度上促进了学校艺术教育工作往更高层次发展。

参考文献

[1] 居其宏 . 音乐剧，我为你疯狂 [M]. 上海：上海教育出版社，2001.

[2] 秋伊，陆晨 . 相约音乐剧 [M]. 广州：暨南大学出版社，2004.

[3] 慕羽 . 西方音乐剧史 [M]. 上海：上海音乐出版社，2004.

[4] 张旭，文硕 . 音乐剧导论 [M]. 上海：上海音乐出版社，2004.

[5] 马修·怀特 . 如何制作音乐剧 [M]. 费元洪，译 . 上海：上海音乐出版社，2016.

[6] 王林毅，王威沫 . 美育与审美 [M]. 北京：国防工业出版社，2014.

[7] 余文森 . 核心素养导向的课堂教学 [M]. 上海：上海教育出版社，2017.

[8] 吴惠敏 . 经典音乐剧鉴赏解读与演唱训练 [M]. 北京：中国纺织出版社，2018.

[9] 徐惠琴 . 音乐课堂体验式学习理论与实践 [M]. 上海：上海音乐出版社，2020.

[10] 刘征宇，吴小兰，刘峪 . 音乐剧，校园音乐剧实用教程 [M]. 重庆：西南师范大学出版社，2018.

[11] 宋柏汶，谢秋菊 . 古典与现代的碰撞：音乐剧艺术理论及其与美声唱法的融合研究 [M]. 北京：中国水利水电出版社，2019.

[12] 郝戎，刘红梅 . 中国音乐剧教学与创作研究 [M]. 北京：文化艺术出版社，2021.

[13] 郭晓彤 . 多维度视角下的音乐剧融合探析 [M]. 北京：新华出版社，2021.

[14] 陈蓉 . 声势音色、节奏与身体 [M]. 上海：上海教育出版社，2016.

[15] 周映辰 . 音乐剧：实践的艺术 [M]. 北京：中国戏剧出版社，2019.

[16] 王亚娜 . 戏剧创作专业音乐剧教学研究论文集 [M]. 北京：中国戏剧出版社，2020.

[17] 费元洪 . 音乐剧《西区故事》鉴赏 [M]. 上海：上海音乐出版社，2017.

[18] 余乐 . 带你去看音乐剧 [M]. 喀什：喀什维吾尔文出版社，2004.

[19] 尤静波 . 西方流行音乐简史 [M]. 北京：中国文联出版社，2002.

[20] 玛格丽特·维默特 . 开启音乐剧《悲惨世界》创作之门——鲍伯利和勋伯格的音乐剧世界 [M]. 朱梦珏，缪安琪，乔雨澄，译 . 上海：文汇出版社，2013.

[21] 郑传寅，黄蓓 . 戏曲进校园中小学生普及读本 [M]. 武汉：湖北教育出版社，2017.

[22] 中华人民共和国教育部 . 普通高中音乐课程标准（2017 年版 2020 年修订）[S]. 北京：人民教育出版社，2020.

[23] 中华人民共和国教育部 . 义务教育音乐课程标准（2011 年版）[S]. 北京：北京师范大学出版社，2012.

后 记

　　音乐剧作为 20 世纪新兴的一门综合性艺术，不仅具有符合当代观众审美情趣的音乐、贴近生活不拘一格的文学戏剧，还有古今中外丰富多姿的舞蹈语汇、现代科技化的灯光音响、以及舞台布置等多种元素，构成其独特的艺术魅力。

　　自 2007 年起，接触了音乐剧《猫》后，我坚持对中学音乐剧教学进行探索和实践，这其中既有令人鼓舞的收获，也有一些不足需要斟酌思考。

一、音乐剧教学的优势

　　1. 学生的参与热情与积极性很高。无论是音乐课堂中对音乐剧作品的鉴赏，或是课内外自主创编校园音乐剧，还是与同学们一起参与音乐剧表演，学生们都表现出极大的热情，都能做到全员参与。在小组搜集音乐剧相关文字、图片、音响资料的探究性学习中，学生们都能做好合理分工与合作，团结协作能力强。在编创表演校园音乐剧中，尽管参与人数众多，甚至是全班同学集体参与，也从未出现过迟到、早退、叫苦的现象，每位同学都能认认真真参与，完成好自己所担任的工作与任务。无论课堂上还是课外活动中，师生之间始终保持相互切磋、共同探究的和谐关系，气氛热烈。

　　2. 每位同学的特长都能得到充分的发挥。因为音乐剧是一门综合性艺术，它的优势充分体现在，不论是查找资料、组织协调工作、舞台表演、美工制作、编剧写作、编曲编词创作等等，每位学生都能在多种任务中找到最符合自己能力、最能彰显自己特长的项目，做自己所长的事，往往都能信心十足，真正参与到活动中来，在与同学的共同促进中，提升自己的各方面能力。

3. 学生的团结协作能力得到了充分的提高。无论是研究性学习或是校园音乐剧的编创表演，不可避免需要与不同的同学进行沟通、交流、配合、协作，才可能把任务完成好。在一定时间的排练中，学生们懂得了如何与人更好地交往、更好地相互帮助，懂得如何团结一致，为了大家共同的兴趣爱好、共同的奋斗目标而努力。不管是主要的组织者，还是共同参与者，他们都有强烈的团结协作意识，并在训练过程中逐步学会如何相互包容，同学间的情谊也变得更加地深厚。

4. 有益于姊妹艺术的学习。音乐剧包含了多种艺术元素，它与戏剧、歌剧、舞剧等姊妹艺术之间有着许多的异同点，在音乐剧的学习中，可以通过音乐剧这一通俗化、流行化的艺术，在对比学习中更深一步地进入到其他的艺术领域，不仅有助于理性思考和艺术实践，更有助于学生对知识点的长期记忆。

5. 为多学科融合教学提供范本。音乐剧协同多门学科开展校本课程，有利于学生掌握多学科融合学习的方法，用宽阔的视野捕捉、分析、欣赏同时代优秀音乐作品，有助于提升审美能力、接受艺术熏陶，对其终身自主学习音乐有着不可替代的作用。

6. 有利于培养全面发展的人。音乐剧作品的鉴赏、演唱演奏、创作表演等活动包含视谱、演唱、演奏、表演等活动，可以提升审美感知、艺术表现、文化理解等多方面的素养，而音乐剧的编创及表演活动也是培养学生创造性意识和创造性思维的最佳途径。由于音乐剧的多元化特征，在学习过程中，还能增进学生对不同文化的理解、尊重、热爱和包容，从而丰富学生的生活情趣，增进学生间的默契度，使学生各方面素质都能得到综合发展。

音乐剧综合多种艺术元素，如文学、舞蹈、美术等，音乐剧的剧情内容更是与历史、时事政治有着密不可分的关系，在对音乐剧作品的分析、感受、体验活动中不仅提升学生的鉴赏水平，更是开阔学生的音乐、文化视野，丰富了更多的知识积累。

二、音乐剧教学的遗憾

在具体的教学实践过程中，由于每年所面对的教学实践对象不同，以及教育教学理念的不断更新充实，教学中所出现的困惑也有着不同的地方，现摘取其中常遇的一些思考：

1. 舞美元素过于简化。舞美是音乐剧中的重要元素之一，对于剧情发展推进及角色性格特征塑造有着不可低估的作用，但在实际操作过程中，往往有许多的想法无法完美展现，一方面是有些工艺的制作需要专业的机器完成，在费用上无法支撑，另一方面是学生的实际操作能力上有一定的局限，只能根据班级当中有美术特长的学生所擅长的美工制作种类来制定方案，因此有时候在设计音乐剧场景或是服装化妆上会出现达不到自己想要的状态的情况。

2. 音响设备无法配足。音乐剧的唱法多样，在正式的音乐剧舞台上，所有的演员都必须佩戴话筒，但在学校当中，尤其音乐课堂上，要根据剧本的需要配足配齐话筒难度特别大，几乎无法保障，尤其是全班参与的校园音乐剧表演，表演的人数多，空间较小，极其有限的音响设备只能轮流使用，或是不用话筒，因此在现场表演当中，音响效果就会大打折扣，往往会影响着表演的效果。

3. 音乐元素过于单调。音乐是音乐剧的灵魂，好的音乐可以让音乐剧鲜活、灵动，但在学生们编创音乐剧音乐部分时会出现：一方面自己创作的作品水平有限，并不一定能很好地从剧情发展及人物情感表达的需要来制作音乐；另一方面他们会根据自己日常的个人喜好及生活积累来选择现有的音乐作品，有时会出现剧情根据现成音乐作品进行改动的情况，音乐创作及改编的难度较大，毕竟作曲与音乐制作对于中学生来讲，也是一件专业性较强的事。因此，一切从自身能力出发，退而求其次，以保证校园音乐剧作品能顺利完成为准，尽可能做到最佳。

4.综合性不够突出。音乐剧是一门集音乐、歌唱、舞蹈、戏剧、文学、表演、美术等多种元素于一体的综合性舞台艺术，无论哪个元素都同等重要。在中学音乐剧教学中，作为普及性美育教育的项目，我们不可能要求每位同学都能做到唱、演、舞皆佳，因此在表演上可能会出现侧重于演唱或者侧重于戏剧表现的印象。同时可能因为各班同学所擅长的方向不同，比如可能出现有的班级有舞蹈编舞特长的同学，这个班级的节目就舞蹈成分多些，反之则该方面显得较为薄弱。

5.素材搜集难度较大。音乐剧为了保证剧场的票房收入，除了个别经典音乐剧作品，绝大多数音乐剧都极少将作品拍摄成视频进行全球发布，因此在音乐剧鉴赏教学中，要搜集到所有所需作品，需花费一定的时间、精力，有的甚至找不到或只能用电影版视频替代。

三、音乐剧教学对老师的影响

1.促进教师专业发展

音乐剧校本课程是一项极具创造性、挑战性的工作，为教师提供了无限的表现与创造的空间，通过课程的不断开发，可以使教师的探究意识逐步加强，并在多次研究中提高教学理论水平，同时在教学实践中形成一定的教学特色，从而提升了教师的教育信念和教学业务能力，促进教师专业化发展。

2.促进教师不断学习

音乐剧校本课程是一门日新月异的崭新课程，为了学生能更好地享受现代文化中的多种艺术形式，音乐老师必须与时俱进、不断学习、提升自我，及时捕捉优秀的音乐文化，努力学习国外可借鉴的音乐教育思想和教学体系，让有限的音乐课堂焕发出它的无限可能性。

"取其精华，去其糟粕"是音乐剧课程的原则，"不断钻研，提升质效”是音乐剧教学的追求，"上出学生喜欢的课，开出学生真正受益的课"，是我们一线教师共同的目标，愿音乐剧能成为学校审美教育中的一枝独秀。

　　总之，探索音乐剧进中学音乐课堂的实践才刚起步，本书的经验总结和反思仅仅是抛砖引玉，希望能为中学音乐剧教学提供一点借鉴，并以此为起点，和更多地同行一起不断地深入探索和研究，为音乐剧的普及和发展做一些有益的工作。